82

新知
文库

XINZHI

They Eat Horses,
Don't They?:
The Truth About
the French

THEY EAT HORSES, DON'T THEY? : THE TRUTH ABOUT THE FRENCH

by Piu Marie Eatwell

Copyright © Piu Marie Eatwell, 2013

巴黎浪漫吗？

关于法国的传闻与真相

［英］皮乌·玛丽·伊特维尔 著

李阳 译

生活·讀書·新知 三联书店

Simplified Chinese Copyright © 2017 by SDX Joint Publishing Company.
All Rights Reserved.
本作品简体中文版权由生活·读书·新知三联书店所有。
未经许可，不得翻印。

图书在版编目（CIP）数据

巴黎浪漫吗？：关于法国的传闻与真相／［英］皮乌·玛丽·伊特维尔
（Piu Marie Eatwell）著；李阳译．—北京：生活·读书·新知三联书店，
2017.10（2018.6重印）
（新知文库）
ISBN 978-7-108-05970-3

Ⅰ.①巴…　Ⅱ.①皮…②李…　Ⅲ.①法国－概况
Ⅳ.①K956.5

中国版本图书馆 CIP 数据核字（2017）第 129097 号

特邀编辑　吴思博
责任编辑　徐国强
装帧设计　陆智昌　康　健
责任印制　徐　方
出版发行　生活·讀書·新知 三联书店
　　　　　（北京市东城区美术馆东街22号 100010）
网　　址　www.sdxjpc.com
图　　字　01-2017-5354
经　　销　新华书店
印　　刷　三河市天润建兴印务有限公司
版　　次　2017年10月北京第1版
　　　　　2018年6月北京第2次印刷
开　　本　635毫米×965毫米　1/16　印张26.5
字　　数　318千字　图59幅
印　　数　10,001-18,000 册
定　　价　48.00元

（印装查询：01064002715；邮购查询：01084010542）

新知文库

出版说明

在今天三联书店的前身——生活书店、读书出版社和新知书店的出版史上，介绍新知识和新观念的图书曾占有很大比重。熟悉三联的读者也都会记得，20世纪80年代后期，我们曾以"新知文库"的名义，出版过一批译介西方现代人文社会科学知识的图书。今年是生活·读书·新知三联书店恢复独立建制20周年，我们再次推出"新知文库"，正是为了接续这一传统。

近半个世纪以来，无论在自然科学方面，还是在人文社会科学方面，知识都在以前所未有的速度更新。涉及自然环境、社会文化等领域的新发现、新探索和新成果层出不穷，并以同样前所未有的深度和广度影响人类的社会和生活。了解这种知识成果的内容，思考其与我们生活的关系，固然是明了社会变迁趋势的必需，但更为重要的，乃是通过知识演进的背景和过程，领悟和体会隐藏其中的理性精神和科学规律。

"新知文库"拟选编一些介绍人文社会科学和自然科学新知识及其如何被发现和传播的图书，陆续出版。希望读者能在愉悦的阅读中获取新知，开阔视野，启迪思维，激发好奇心和想象力。

生活·讀書·新知三联书店
2006年3月

献给阿利克（Alek）、奥斯卡（Oscar）和诺亚（Noah），
我的英法混血的儿子们，
他们既为法国喝彩，也为英国喝彩
——当然要看谁会赢了

目 录

1 前 言

3 餐前酒
典型的法国人头戴贝雷帽，身穿条纹衬衫，骑着自行车，车上挂满了洋葱头……

I
美食之王和王之美食
关于法国饮食的传闻

13 法国的厨艺是世界上最棒的
22 他们吃马肉，是吗？
32 ……还吃蛤蟆腿……还有蜗牛……
39 法国是世界上头号奶酪消费国
47 法国人吃好多大蒜
54 法国人不吃快餐
62 法国人每餐都喝葡萄酒
71 法国人不会喝醉

II
美得过火
关于法国女人的传闻

81　法国女人是世上最时尚的
90　法国女人不会长胖
97　法国女人都是顶呱呱的厨娘
106　法国女人不刮体毛

III
危险关系
关于法国人的性爱、婚姻和孩子的传闻

115　法国人痴迷于性爱
125　法国人对外遇格外宽容
139　法国人喜欢大家庭
146　法国孩子不扔食物

IV
呸！真脏
关于法国管道系统的传闻

155　法国厕所令人作呕
163　法国人不洗澡
171　法国所有卫生间都有坐浴盆

V
哼！关我甚事！
关于法国人风度举止的传闻

181　法国佬不是一般地粗鲁

190 法国人迎接你时总要亲吻
196 法国是个瘾君子的国度
203 法国人对动物很残酷

VI
自由,平等,博爱
关于法国历史和社会的传闻

211 法国是个革命的国家
221 法国是个平等的社会
231 法国人工作不勤劳
236 法国人是吃奶酪的投降猴子

VII
一片文化例外的土地
关于法国文化的传闻

249 法国人是法语偏执狂
259 法国的流行音乐不可救药地难听
270 法国电影一概矫揉造作

VIII
光之城
关于巴黎的传闻

285 巴黎左岸是作家和知识分子的天堂
295 巴黎地铁臭气熏天
301 巴黎是欧洲狗屎之都

IX
法国深处
关于法国节假日的传闻

311　8月法国到处关门
321　法国海滩污染严重
328　法国海滩上挤满了不穿上装的女人
336　法国的村庄非常古雅
344　法国乡村风格非常时尚

X
最好的敌人
关于英法关系的传闻

355　法国人讨厌英国食品
364　英国人占领了法国乡村……法国人占领了英国城市
372　英国人是园艺冠军

381　餐后酒

386　致　谢

388　注　释

406　参考书目

前　言

那是8月里一个阳光明媚的假日，我住进了巴黎拉丁区的一家宾馆度周末。将近十年后，我还住在法国。对于许多侨居法国的人来说，这是个俗不可耐的故事：相识，相恋，结婚。在和我未来的丈夫度过了那整个第一个周末后，我并没有在拉丁区的那家宾馆安营扎寨，而是又到巴黎另外几个破破烂烂的地区里那些坑人的公寓打了打游击。多少个闷热的夏天，我都在通向法国海滨的拥堵公路上排着队，多少个冬天，我又在内陆最深处的高卢乡村度过。如今我终于在法国一座宁静的小村安居了下来，在巴黎度过的那第一个假日，已经恍如隔世了。

刚到法国的头几年，看到周围一切被视为典型法国化的东西我都激动不已，心醉神迷。一只新鲜出炉的羊角面包——多么美妙的法国啊！小酒吧侍者的粗鲁——多么美妙的法国啊！巴黎大街上娇小妩媚，看似弱不禁风的美女们——多么美妙的法国啊！午餐时一杯红葡萄酒——多么美妙的法国啊！在当地市场闲逛购物——多么美妙的法国啊！

慢慢地，我的"法国梦"开始噼啪破碎。我看到的女人，不是全部,甚至都不是大部分,能称得上特别漂亮或者魅力四射。小酒馆里经常能见到的,是彬彬有礼的侍者。餐馆里的羊角面包往往又干又硬。在铺着格子花纹红桌布的雅致的小酒吧旁也常有麦当劳和快餐连锁店在争夺地盘。超市里塞满成排的罐头食品。然而,不知为何,我忽视了这些事情。它们不是真正"法国的"。相反,美丽迷人的女人,新鲜出炉的羊角面包,当地的市场——所有这些才是"法国的"。就仿佛我渴望、需要这个浪漫、迷人、令人梦寐以求的"法国"世界,而对经常大相径庭的现实视而不见。

但是那些快餐连锁店,那些相貌平平的女人,还有堆满垃圾食品的超市,它们实实在在就在那里。它们确凿无疑也是"法国的"。只是它们不属于我心目中的"法国感受"。

我对"法国感受"想得越多,它们就越包括一些具体的概念。比如最明确的有:粗鲁的侍者、小酒吧、漂亮女人、吸烟和冒险的秘密联络。最明确不包括的则有快餐、肥胖的女人和三明治午餐。然而这些东西我却每天都能碰到。

于是渐渐地,我开始注意到身边这种所谓的"法国感受"的例外越来越多。我开始认识到我对法国和法国人的观念,尽管有些是正确的,但也有不少来自我的异想天开。我问了问周围说英语的朋友,发现他们也有许多和我一样的先入之见。不仅如此,还有一个几乎形成了小行业的写作亚流派"Froglit"——主要由在巴黎生活过两三年的外国人写的书构成——负责宣扬、传播和散布这些关于"法国感受"的传说。我将这些关于法国的共同观念记在笔记本上,然后开始调查它们。我到当地图书馆的大部头典籍中爬罗剔抉、寻根究底,还同所有愿意给我几分钟时间的人——无论是说英语的还是说法语的——交流沟通。这些关于法国的传说是真的还是假的?如你将看到的,结果经常是非常出人意料的。

餐前酒
典型的法国人头戴贝雷帽，身穿条纹衬衫，骑着自行车，车上挂满了洋葱头……

"你不是卖洋葱的法国佬，对吧？"那女人问波洛。
——阿加莎·克里斯蒂（Agatha Christie, 1890—1976），英国侦探小说作家，《蒙面女人》（*The Veiled Lady*），1923年

这是一个所有人都知道，却很少有人相信，几乎没人亲眼见过的传说。这不奇怪，假如你的确见过头戴贝雷帽，身穿条纹衬衫，骑着挂满洋葱的自行车的法国人，你要么是经常参加不大时髦的化装舞会，要么已经非常年迈了。我在法国生活了十年，却一次也没见过骑着挂满洋葱的自行车的法国人，只是偶尔在巴黎圣心大教堂（Sacré Coeur）外面看见身穿条纹衬衫，头戴贝雷帽的古怪的老画家（显然是为了吸引旅游者才穿成那样的）。然而，这种典型法国人的形象，却深深地植根于英美人的想象中。那么这种形象到底是怎么来的？

答案是，这种形象是英国人的发明。不过，它归根结底的确来自法国人：一个名叫亨利·奥利维耶（Henri Ollivier）的布列塔尼个体农民。1928年，奥利维耶先生进行了一次冒有风险的旅行，从

他的家乡——渔村罗斯科夫（Roscoff）——来到了大不列颠海岸，挨家挨户地向英国的家庭主妇们推销起他那一串串的洋葱。他赚了大钱，于是罗斯科夫的众多农民们立刻起而效尤。每年，数以百计的农民都带着他们丰收的洋葱跨越英吉利海峡。他们租仓房将洋葱储存起来，然后骑着快散架的破自行车走村串寨四处推销。他们中很多人的名字中似乎都有个"让"（Jean）字，近似于英国的"乔尼"（Johnny），而且他们中不少人都是才十几岁的少年，于是英国人就把他们称为"洋葱乔尼"，意思是"洋葱小子"。他们一般7月来，直到12月或次年1月才离开，晚上就睡在仓房里他们的洋葱堆上。这种"非官方"的英法贸易，在"二战"爆发前一直很旺盛。高潮出现在20世纪20年代末——1400名"乔尼"将9000吨洋葱卖到了英国——然后才在战后岁月里渐渐消失了。对于许多英国人来说，"洋葱乔尼"就是他们能想到的最贴近于法国和法国人的东西了。很快，"洋葱乔尼"就以英国人心目中典型的法国人形象，出现在从奶酪包到电视系列节目的一切事物中。这有些讽刺意味，因为最早的"洋葱乔尼"们尽管来自法国的布列塔尼半岛，但他们实际上说的却不是法语。布列塔尼语是与威尔士语相关的一种凯尔特语言，这些沿街叫卖的流动小贩们自然和威尔士人联合了起来，形成了反对英法敌人的阵线。时至今日，还有一些先前的"洋葱乔尼"们坚持参加威尔士诗歌音乐大会（Welsh Eisteddfod），在这个反对殖民压迫呼吁民族自决的论坛上，会见他们的凯尔特老战友。

"洋葱乔尼"们戴的是贝雷帽——法国农民传统的"布帽"。这种帽子起源于法国西南部，比利牛斯山（Pyrenees）的牧羊人自17世纪起就戴着巴斯克（Basque）贝雷帽。到了20世纪，贝雷帽与左翼知识分子和激进艺术家联系了起来，其中最著名的包括巴勃罗·毕加索（Pablo Picasso）和萨尔瓦多·达利（Salvador Dalí）。20世纪60年代，贝雷帽又成为反叛和激进时尚的强力象征：切·格瓦拉（Che Guevara）的照片上几乎永远都戴着一顶贝雷帽（在他死后，他那戴着红五星黑贝雷帽的标准形象，又在世界各地数以百万计的海报和T恤衫上，迎来了革命后的新生）。贝雷帽还成为形形色色的激进准军事组织的标配饰品，如美国的黑豹党（Black Panthers）、爱尔兰共和军（IRA）和西班牙的巴斯克分离组织埃塔（ETA）。直到20世纪70年代，贝雷帽和布帽都是电影导演的传统帽子，后来才被如今已无处不在的美国棒球帽所取代。

不过，如今在法国已经很少能看见贝雷帽了——除非在西南部尘土飞扬的乡间，偶尔能看到耄耋老人戴着贝雷帽在玩滚球（pétanque）。在巴黎当然看不见，这被认为有些……嗯，不成体统。①如今普通的法国工薪人士最可能戴的是带有帽舌的盔状无边帽（casquette）或者棒球帽，像他们喜爱的说唱明星那样顽皮地将帽子前后掉个个儿，仿佛法国农民传统的戴法一样。2012年7月，法国西南部最后一家传统贝雷帽制造厂在最后时刻被收购，才保住了二十多位贝雷帽制作工匠的饭碗。¹贝雷帽如今已主要用于军帽，在世界各国军队中仍很流行。实际上，这个"吃奶酪的投降猴子"的国家的首要服装标志，今天其主要市场已经是……美国军队了②²，这真是天大的讽刺。在2012年伦敦奥运会开幕式上，是美国运动员戴着贝雷帽出场。而法国代表团——有点缺乏幽默感地——

---

① 即便如此，仍有一些例外情况，贝雷帽会因为礼节需要而出现：例如，法国的橄榄球迷有时会戴上贝雷帽（尤其是到英国客场作战时），大概是要表示他们对国家的忠诚。
② 不过就连美国军队也开始逐步淘汰贝雷帽，改用更便宜、更实用的棒球帽了。2011年6月，五角大楼宣布美国陆军将停用贝雷帽，改用普通作训帽，只在典礼上使用贝雷帽。此举受到部队的欢迎。一位军官在接受《陆军时报》（Army Times）采访时说："我可受不了头上顶着一只湿袜子。"

并没有穿着带有自行车、贝雷帽、条纹衬衫和洋葱元素的服装，却穿着被视为法国时尚大使的德国运动服品牌阿迪达斯的全套行头。

"洋葱乔尼"也经常穿着黑白相间或蓝白相间的船领衫，这是布列塔尼渔民传统的装束。1858年，这种布列塔尼衬衫被改造为法国海军的正式军服，遵循这一传统是因为穿条纹衫使得甲板上的人更容易辨认。当时可没想到这在遥远的未来会成为时尚（那时候穿条纹衫的，还有麻风病人和监狱囚犯）。为了表示对三色旗故乡的怀念，最早的海军衫共有21个条纹，每条代表拿破仑的一次胜仗。后来，布列塔尼渔民身穿的条纹衫，被到多维尔（Deauville）度周末的可可·香奈儿（Coco Chanel）小姐偶然瞥见，激发了她1917年办航海主题时装展览的灵感，此后这种条纹衫就成了世界上最著名的时尚符号之一。曾经只是农民的装束，是一贫如洗、无依无靠的象征，现在条纹衫却摇身一变，成了最时髦的时装款式，受到诸如碧姬·芭铎（Brigitte Bardot）、珍·茜宝（Jean Seberg）和让娜·莫罗（Jeanne Moreau）这类人的青睐。后来，它又被从古驰（Gucci）到纪梵希（Givenchy）的许多时装公司重新改造和诠释了好几百遍，表现了从英俊水手到复古童真的各种形象，例如让–保罗·高提耶（Jean-Paul Gaultier）在1993年为Le Male香水拍的广告片中的男同性恋偶像，以及小帆船公司（Petit Bateau）推出的经典黄色童装和条纹渔夫衫。

然而今天，"洋葱乔尼"已经差不多从英国的景观中消失了。"二战"结束后，敌对制造商之间日益加剧的竞争、英国的贸易保护主义，再加上四处游荡的乔尼们已不符合法国战后新的国家福利政策这一事实，迫使大部分乔尼挂起了他们的贝雷帽。现在只剩下极少数人，还定期到英国沿街挨家挨户地叫卖洋葱。然而，今天的"洋葱乔尼"们很可能会先发上一圈e-mail，提醒客户他们要来了，然后再开着货车兜上一圈（不过，他们也许会在车后放一辆自行车，作为特别的装饰）。"洋葱乔尼"们在罗斯科夫有了自己的博物馆（La Maison des Johnnies et de l'oignon），他们因此将名垂千古了。在这座博物馆里，你能看到法国对英国这几乎被人遗忘的第二次入侵的褪色的照片，你能跟真正的"洋葱乔尼"学习怎样把洋葱编成串儿，还能听到令人怀旧的民歌和诗歌（都有强劲的洋葱主题,催人泪下)。罗斯科夫还举办一年一度的洋葱节,你可以尝到当地美味,如洋葱蛋挞和洋葱可丽饼等。最为威武的是,"洋葱乔尼"作为典型的法国神话人物形象,留在了数以百万计的日本、美国和英国游客的心目中。

法国人则对"洋葱乔尼"成了外国人眼中法国形象的代言人大感不解。鉴于最早的乔尼们是布列塔尼人,是视法国人为异族的民族主义者,这种疑惑并不奇怪。这就好像英国人的形象代言人是耳后别着水仙花卖韭葱的威尔士人一样,是个荒诞的想法。然而,是法国人发明了"荒诞"(Absurd)这一哲学概念,并产生了其最著名的推动者——小说家阿尔贝·加缪(Albert Camus)的,因此法国人不大可能再推出更无意义的国民形象了。如果不论其他,单就荒诞而言,"洋葱乔尼"的确是法国人的典型形象。

◎ **传闻评估:错误。**

I

美食之王和王之美食

关于法国饮食的传闻

法国的厨艺是世界上最棒的

午餐杀死了一半巴黎人,晚餐杀死了另一半。

——孟德斯鸠(Charleslouis Secondat, Baron de Montesquieu,1689—1755)

法国人的厨艺是世界上最棒的,多年来人们都对这话深信不疑。无论是地方风味、小资情调还是珍馐美味(实际上,这些种类都是相辅相成的),法国厨艺在世界美食传统中都可谓精华中的精华,以其辉煌的历史、雅致的风格和巧妙灵活的技艺而无与伦比。对法国人来说,吃什么是超越一切的头等大事,即使科学成就也不能相比,这点是无可怀疑的。18世纪的法国哲人和美食评论家让-安泰尔姆·布里亚-萨瓦兰(Jean-Anthelme Brillat-Savarin)曾说:"发现一道新菜,比发现一颗新星,给人类带来的幸福更大。"法国杰出的剧作家让·阿努依(Jean Anouilh,1910—1987)这样总结法国人社交活动的最终目的:"所有事情最终都是这样结束——概莫能外。无论婚礼、洗礼、决斗、葬礼、诈骗,还是外交活动——所有事情都是一顿美餐的借口。"正如吃是法国人生活的传统主宰,法国菜肴也是世界餐馆的传统主宰。再没有其他哪种菜肴能对世界美食产生这么大的影响了。也许直到今天仍是如此。

> 魔力四射,美丽永驻,风度翩翩,要想做到这些,就要吃好。做饭时,要抱着和美容时一样的心思。让你的晚餐像一首诗,像你的衣裳。
>
> ——夏尔·皮埃尔·蒙瑟莱(Charles Pierre Monselet,1825—1888),法国记者

法国厨艺在历史上主宰欧洲饮食是确定无疑的,至少是从著名的路易十四国王统治时期(1643—1715)开始。这位"太阳王"本人就是一个富有传奇色彩的美食家,一口气能吃下的食物如同鲸吞。他每顿饭都极其丰盛。午餐称为"小桌"(le petit couvert),可是一点儿都不小,通常包括四碗不同的汤、一整只喂得肥肥的野鸡、一只鹧鸪,还有鸡肉、鸭肉、浇了蒜汁的羊肉、两片火腿、煮得很老的鸡蛋、三份分量很大的沙拉,还有满满一大盘甜点、水果和果酱。这顿吃完,国王晚餐还要再吃四十盘菜。路易死的时候,人们发现他的肠胃的尺寸都是普通人的两倍。

在这样饕餮的榜样引导下,法国厨艺在路易十四统治时期蓬勃发展,就不足为奇了。正是在这个时期,名厨弗朗索瓦·皮埃尔·拉·瓦雷纳(François Pierre La Varenne)出版了第一部重要菜谱《法国厨师》(*Le Cuisinier français*),唐·培里侬(Dom Pérignon)发明了香槟酒,由此被称为"香槟王"。西餐的礼仪确立了,法国烹饪术也演化出一套独特的新办法。这套新的厨艺风格突破了中世纪重用香料的传统,改用药草以发挥食物的自然风味。继而,像以往一样,"厨师"这个称谓是一种至高的荣誉了。例如,我们可看

看孔戴亲王（Prince of Condé）的厨师弗朗索瓦·瓦泰尔（François Vatel）的尊贵事件。[2000年时曾有一部同名故事片刻画了瓦泰尔的形象，扮演他的——还能有谁呢？——是杰拉尔·德帕迪约（Gérard Depardieu）。]按照塞维涅侯爵夫人（Marquise de Sévigné）的记述——感谢她使这一事迹得以流传——1671年瓦泰尔受命准备一次盛大的宴会，接待驾临尚蒂伊城堡（Château de Chantilly）的路易十四。在忙乱的准备期间，瓦泰尔一连十二个晚上几乎没有合眼。然而当他开始制作晚宴时，却只有两条鱼送到了他的面前。瓦泰尔没有意识到其余的鱼正在路上，便大叫道："这样丢脸，我没法活了！"他回到了自己的房间，将剑柄顶在门上，向前扑去，在两次不成功后，第三次，剑终于刺穿了他的胸膛。就在这时，那些丢失的鱼送到了，宴会按计划进行了。①

法国大革命使许多顶级大厨失了业，结果他们或者出走海外去为外国君王掌勺（遂使法国厨艺走向了世界），或者开辟一种新的吃饭的地方，从而在巴黎各处扎下根来，那就是：restaurant（餐馆）。Restaurant最初是指一种叫作bouillon restaurant的汤（即"滋补牛肉汤"），由一位布朗热先生（Monsieur Boulanger）于1765年在巴黎开办的世界上第一家restaurant供应。此前，旅店的客人都与店主人同桌共餐，但布朗热发起了改革，让客人在单独的大理石小桌上吃客饭。这个做法深得人心，很快restaurant便雨后春笋般在首都各处开办起来。正是在这时，律师兼记者亚历山大·巴尔塔扎·洛朗·格里莫·德·拉·雷尼耶（Alexandre Balthazar Laurent Grimod

---

① 无论你认为瓦泰尔的行为是高贵姿态还是过分之举，它似乎都缘于法国厨师的某种重名誉的传统。几个世纪后，2003年2月，著名厨师贝尔纳·卢索瓦（Bernard Loiseau）在即将失去一颗米其林星时，用猎枪向自己的嘴里射击而自杀。

de la Reynière）——现代食品新闻之父——出版了他的餐馆指南 *L'Almanach des gourmands*（《老饕日历》，1803—1812）。*Almanach* 是米其林（Michelin）和查格调查（Zagat）的先驱，是格里莫评估巴黎咖啡馆和餐馆的杂志。他建立了一个由著名美食家组成的"品尝小组"，餐馆、糕点店和肉铺的老板们会将自己的菜品送到他们那里进行评估，然后在 *Almanach* 上评定等级，列表排名。① 与此同时，诸如布里亚-萨瓦兰等美食哲学家们也在撰写着思考美食乐趣的文章，其中包含这样的名言：告诉我你吃什么，我就能说出你是一个什么样的人（*Dis-moi ce que tu manges et je te dirai ce que tu es*）。

> 艺术可分五类：绘画、诗歌、音乐、雕塑和建筑，其中最后一类的主要分支是糕点。
> ——安东尼·卡雷姆（1784—1833）

在餐馆（restaurant）蓬勃发展的这段时期，法国最杰出的厨师之一——经常被称为法国厨艺之父的安东尼·卡雷姆（Antonin Carême）——对法国"高级烹饪术"（haute cuisine）的原则和惯例进行了整理和编纂。卡雷姆生于1784年，父亲是个贫困潦倒的酒鬼，但他却通过自己的努力而成为他那个时代首屈一指的糕点师傅。他在国家图书馆钻研过关于希腊和罗马建筑的书籍，这使他用糖制作的宫殿、庙宇、高楼和历史遗迹都惊人地逼真。卡雷姆曾短期为英国摄政王服务，即未来的乔治四世国王，但这段经历并不愉快（他无法忍受伦敦的雾），于是他又转而为俄国沙皇亚历山大一世服务多年。沙皇后来说"是他教会了我们怎样吃"。卡雷姆在晚

---

① 要想获得评级，只须将菜品寄送到香榭丽舍大街（rue des Champs-Elysées）格里莫先生的地址即可，不过格里莫先生有言在先，所有未结清运费的菜品都将拒绝接收。

年专注于撰写后来成为法国高级烹饪术圣经的巨著：《法式大餐艺术》（*L'Art de la cuisine française*）。①这部鸿篇巨制总结了法国烹饪艺术的原则和理念，包括确立了构成法国厨艺柱石的四大"母酱"。卡雷姆是勃艮第人，他的工作（像许多杰出的法国厨师一样）为法国美食奠定了基础，他使蜗牛这样土气的农民食品变成了经典大菜"勃艮第法式蜗牛"（escargots de Bourgogne）。

如果说卡雷姆是法国高级烹饪术的开山鼻祖的话，他的后继者乔治·奥古斯特·埃斯科菲耶（Georges Auguste Escoffier）就是第一位名厨了。埃斯科菲耶出生于一个赤贫家庭（这好像是成为法国名厨的必要条件了），很年轻时便展现了出众的烹饪才华。1884年，他在瑞士卢塞恩（Lucerne）的国家酒店（Hôtel National），结识了崭露头角的年轻旅店经营家凯撒·丽兹（César Ritz）。用他们的话说，以后的一切，就是奢华了。1890年，埃斯科菲耶和丽兹一起接管了伦敦的萨沃伊饭店（Savoy Hotel），继而又接管了巴黎的丽兹大饭店（Ritz），然后是卡尔顿酒店（Carlton）。只有穷人的孩子能理解怎样才算华丽（丽兹也出身寒微，曾做过宾馆服务员），两人为精英人士们重新定义了精致生活。埃斯科菲耶的格言是"越简单越好"（但他从来没做到），不过他的确对卡雷姆过于繁琐的烹饪法进行了简化，使之更适应现代社会，他还开创了至今仍在沿用的一些革新。埃斯科菲耶确立了现代餐馆厨房的"厨师团队"制度：在厨师长的指导下，由不同的副厨师长分担任务；也是他创造了按菜单点菜的制度。埃斯科菲耶还在新式的豪华游轮上开办了餐厅。据说有一次，他为德皇威廉二世献上了一道散发着香槟酒香气的极美

---

① 至少在埃斯科菲耶的《烹饪指南》（*Le Guide culinaire*）问世前是如此。此后卡雷姆的著作被奉为"旧约"，而埃斯科菲耶的著作被视为"新约"。

味的鲑鱼,威廉二世问他:"我该怎样报偿你呢?"他的回答是:"把阿尔萨斯和洛林还给法国。"

20世纪下半叶,法国高级烹饪术再度简化(不过不知何故,这些进步的简化手段并没有真正使之简单下来)。这次简化由20世纪60年代的"新式烹调法"(nouvelle cuisine)引领:分量更小,作料更轻,黄油酱更少〔或者如伊丽莎白·戴维(Elizabeth David)所挖苦的:"更淡,更少,更贵"[2]〕。

法国美食无疑有过辉煌的历史,但它今天还能继续被誉为美食之王和王之美食吗?许多人认为不能了。法国烹饪术近年来遭到不少热骂。食物油腻阻塞血管,菜品介绍令人厌烦,法式餐厅妄自尊大,侍者冷淡已成传统——都像是被架在火上烤一样遭到痛责。人们纷纷说,法国人太沾沾自喜了,他们的顶级厨师太华而不实了。美食时尚的潮流据说已转向他处——转向意大利的简朴和新鲜，转向西班牙的大胆革新，或者转向了日本的现代主义的极简风格。餐饮的流行术语已不再是法语（法语=古板+乏味），而是一些新潮的概念，如融合料理（Fusion Food）、分子料理（Molecular Gastronomy），或者——更好的，将两个时髦词结合在一起——科学融合料理（Science Fusion）。毕竟，如果你有爆炸奶昔、发泡蘑菇、培根和鸡蛋冰激凌，谁还想要老式、简朴的香草三文鱼片呢？①

甚至有"红色圣经"之称的法国自己的米其林指南（Michelin Guide），最近都冷落起祖国的厨艺。2012年的指南将东京评为世界烹饪之都，总共为其评了16颗星，而巴黎才14颗星。②米其林自己最近也感觉到了因其所谓的妄自尊大而受到的广泛批评。一群盛装的厨师退回了他们获得的米其林星，赢得了媒体的一片喝彩（爱挖苦人的人也许会说，退回星比得到星其实更容易吸引到报纸版面）。但是为法国烹饪敲响丧钟的并不只是米其林。所有其他食品媒体都在宣告法国厨艺的死亡。如果从近年来媒体评论的潮流来判断，法国烹饪一定比电视剧《吸血鬼猎人巴菲》（*Buffy the Vampire Slayer*）里的达拉（Darla）死得都多。法国大餐最近（和中国京剧、科西嘉多音唱诵一起）被列入联合国教科文组织（UNESCO）的"非物

---

① "分子料理"是一种很新的烹饪时尚，旨在利用科学技术和化学品，烹调出非同寻常或令人惊奇的食物。主要的倡导者有西班牙厨师费兰·阿德里安（Ferran Adrià）和英国厨师赫斯顿·布卢门撒尔（Heston Blumenthal）。

② 米其林指南是一年一度出版的法国著名的餐馆评级手册，最早由汽车轮胎巨头米其林兄弟于1900年出版，免费散发给汽车司机们。多年来，该指南赢得了巨大的声誉，成为法国的国家财富，但有一个事实经常被人们所忘记，那就是它仍然主要是一个销售汽车轮胎的营销工具。公司的商标——一个圆圆胖胖的橡胶人，突出的是其追求生活享乐的形象，我们称之为"米其林宝宝"，法国人则叫它"必比登"（Bibendum）。

法国的厨艺是世界上最棒的

质文化遗产"名录，其效果恐怕只能像是给已正式进入博物馆的垂死习俗送一个花圈。

不过法国烹饪当真死翘翘了吗？法国人自己似乎还不这么认为。最近很多年，该国最受欢迎的菜肴仍然一直是法国菜，不过传统上独占鳌头的大菜——神圣的"白汁小牛肉"（blanquette de veau），被20世纪60年代"新式烹调法"的产物、暴发户"熏鸭胸"（magret de canard）篡了位。① 广大英国人民（与他们的新闻记者相反）似乎也不认为法国美食完蛋了：在2010年英国进行的一次美食口味调查中，法国菜仅次于意大利菜，排在第二位。³ 对于我们中不那么时髦，不肯花大把银子专看烹饪戏法的人来说，有地方特色的法式大餐，仍然具有永恒不变的魅力，比如在夏天来上一份正宗的尼斯沙拉（salade niçoise），嚼在嘴里嘎吱作响的生菜配上熟透了的圣皮埃尔（Saint Pierre）鲜番茄，酥脆凉爽；在冬天喝一碗丰盛的法式海鲜杂烩汤（bouillabaisse），配上油炸面包丁和火红的辣椒制成的辣味蒜汁（rouille）；再或者吃着浸满焦糖的布列塔尼薄烤饼，呷着卡巴度斯苹果白兰地（Calvados），来一顿浪漫的情侣晚宴（dîner à

> 法式海鲜杂烩汤只有法国人做才好吃。法国人如果用心尝试的话，能拿雪茄烟蒂和空火柴盒制作出又美味又有营养的替代品来。
> ——诺曼·道格拉斯（Norman Douglas, 1868—1952），英国小说家

---

① 根据2011年由民意调查公司TNS Sofres为《美食家实用指南》（*Vie pratique gourmand*）所做的调查。熏鸭胸以21%的得票率，力压比利时的蓝青口薯条（moules-frites）（得票率20%）和北非的古斯古斯面（couscous）（得票率19%）而夺魁。

deux）。①

　　除了在尼斯一带，正宗的尼斯沙拉里面的caillette油橄榄，在地球上其他任何地方都找不到，而法国所有海岸地区都有这样独一无二的水果，这是拜海洋和天空（以及众多政府保护令）所赐。法国美食实际上包括上千种地方风味，"高级烹饪术"只是对这些风味的精炼和滤选。如今的法式大餐是否仍然可坐全球头把交椅？这仍然是美食批评家们争论的话题，不过法国对烹饪术的历史和发展所做出的贡献，仍旧是无与伦比的。法国给世界带来了最早的餐馆、菜单、餐馆评级服务、美食评论、烹饪理念和后台管理制度，更不用说罗西尼嫩牛排（tournedos Rossini）、千层面盒烤鹌鹑（caille en sarcophage）及其他无数精致菜肴给人们带来的愉悦了，法国厨艺当真还有什么缺憾吗？

◎ **传闻评估：大致正确，但有争议。法国厨艺无疑是世界最佳之一，不过竞争正日趋激烈，尤其是来自东方的挑战咄咄逼人。其霸主地位受到了一种新锐烹饪品牌的威胁。这种品牌放弃了蒜香奶油和母酱，代之以液氮和分子调酒术。**

---

① 正宗的尼斯沙拉里都有什么食材是个被激烈争论的话题，不过我们总应该认为尼斯当地人有些发言权吧？他们固执地声称只有生蔬菜配上芥末，因此加上煮熟的土豆，就是巴黎小酒馆可恶的改良了。

他们吃马肉,是吗?

我饿死了,我能吃下一匹马。

——英国俗话

众所周知,法国人是"嗜马者"(Hippophagy)。你会问,什么是嗜马者?嗯,那可不是说吞食在非洲河边栖息的性情凶猛的大型厚皮动物(对于什么都吃的法国人来说,那地方太遥远了,他们才不去呢)。嗜马者很简单,就是马肉的消费者。英国人似乎坚信,法国人经常性地、满不在乎地把人类第二好的朋友送上餐桌,配着黑椒牛排一起大快朵颐。人们普遍认为,法兰西是一个随时准备射杀(并吃掉)几乎一切活物的民族,在他们眼里,一切生物无论体形大小,都是潜在的可食之物。这是真的吗?

令人惊异的事实是,吃马肉在法国是社会打造的习惯,并且是极其晚近才出现的现象。⁴吃马肉在古代文化中有着漫长而卓著的历史:例如,据说中亚的鞑靼人或者蒙古人早晨会将一块生马肉放在马鞍下,到了晚上这块肉就会被捣成很好的肉馅——据说这就是著名的"鞑靼牛排"(steak tartare)的起源。不幸的是,这个浪漫的传说恐怕是不真实的。据说这道菜的得名是因为一个不那么有趣的事实：马肉最早是配着鞑靼酱油吃的。然而，在基督教世界，吃马肉在传统上是严格的禁忌，直到19世纪中叶前，法兰西人都像欧洲所有其他民族的人一样，一提起吃马肉就感到恶心。8世纪时，吃马肉被教皇格里高利三世（Gregory Ⅲ）作为"恶行"禁止。不过不用说，教皇当时对于镇压北方的异教民族——他们杀马、吃马肉——和他对动物的福祉，至少是同样感兴趣的。马肉作为一种食物，只有在人们身陷绝境时才会食用——比如，大革命时期的法国农民在食物短缺时，或者拿破仑的大军在严冬深入俄国作战时。

　　实际上，法国人是直到19世纪60年代甚至更晚，才真正开始吃马肉的，这在很大程度上要归因于一位名叫艾蒂安·若弗鲁瓦·圣-伊莱尔（Étienne Geoffroy Saint-Hilaire）的动物学家，和一位狂热的老兵埃米尔·德克鲁瓦（Emile Decroix）。德克鲁瓦痴迷于（向不肯轻信的公众）证明马肉是可食的。为达此目的，他当众大嚼大咽吃过好几百匹死马的肉。这些马都是因为各种可以想象的疾病而死的。为了比较，他甚至还吃过一条疯狗的肉（以证明如果吃了疯狗的肉都能活下来，吃马肉就更没问题了）。德克鲁瓦和他的科学家同道们以冷酷无情的理性主义方法说服了人们：巴黎的穷人杀了他们可怜的马吃肉，总比挨饿要强。他们还认为，对于一匹垂垂老矣的马来说，最终色香味俱全地呈现在餐盘中，比之令人厌恶地死在犁沟里，也许更为愉快、更加文明。不过，他们这番努力也许动机并不那么崇高，把廉价的马肉推给穷人，将产生长远的影响，这使得牛肉和猪肉对于富人来说就不那么贵了。

　　法国公众仍不肯相信。于是大量的"马肉宴"开始举办，邀请新闻界参加——其中有一场特别著名，是1865年在巴黎的"大饭店"（Grand Hotel）举行的。根据权威媒体《拉鲁斯美食大全》

(*Larousse Gastronomique*)的报道,这场令人难以置信(或者说异想天开)的宴会的菜单据说如下:[5]

意式细面马肉汤(Horse-Broth Vermicelli)
马肉香肠和熟肉(Horse Sausage and Charcuterie)
清炖马肉(Boiled Horse)
红烩马肉(Horse à la Mode)
蔬菜炖马肉(Horse Ragout)
马肉里脊炒蘑菇(Fillet of Horse with Mushrooms)
马油煎土豆(Potatoes Sautéed in Horse Fat)
马油沙拉(Salad dressed in Horse Fat)
马骨髓朗姆酒蛋糕(Rum Gateau with Horse Bone Marrow)
白马庄园红酒(Wine: Château Cheval-Blanc)[①]

巴黎的马肉宴在英国也激发了类似的盛举,比如19世纪60年代在拉姆斯盖特(Ramsgate),经过精挑细选的马肉菜肴都委婉地使用了法语名称,统称为chevaline delicacies(马肉佳肴)。然而有意思的是,马肉在英国却没能流行起来。[6]

在海峡的另一端,尽管举办了不少活动,媒体也极力鼓吹,立法机构甚至还在1866年颁布了一部马肉消费法,但巴黎的穷人们就是不可理喻地不肯吃掉他们年迈的老马。直到法国食马史上一件举世震惊的事件发生——1870—1871年普法战争中的巴黎之围。巴黎

---

① 且不说马肉是免费的,白马庄园红酒可是波尔多特级葡萄酒中最名贵的品种之一。不过对于那些看了菜单后认为自己只能喝红酒的人们,必须提醒一句,对当时的很多巴黎人来说,另一个现实的选择就是挨饿。

在入侵的普鲁士军队围困下，正常的食品供应被切断。结果，饥饿和绝望导致一些从未被考虑吃掉的动物成了巴黎人饮食的一部分。马肉首先被端上了餐桌，继而是猫肉、狗肉和鼠肉。最后——当圣诞节临近，在烤鼠肉将成为明星菜肴这一悲凉前景就要呈现时——轮到了巴黎动物园的珍奇异兽们。骆驼、袋鼠，甚至著名的双子星大象卡斯托耳（Castor）和波鲁克斯（Pollux），都被拍卖给了巴黎的屠户。屠户们靠把斑马肉片和象鼻子肉块——显然，根据解剖学原理，象鼻子是大象身上最有价值的部分——卖给巴黎的富人而赚了大钱。[1871年1月6日，英国作家、政治家和外交官亨利·拉布谢尔（Henry Labouchère）在日记中写道："昨天，我吃了波鲁克斯的一片肉作为晚餐……肉又粗又硬，还油腻腻的，只要英国家庭还能搞到牛肉或羊肉，我可不推荐他们吃大象肉。"][7]当时一份著名的圣诞节餐厅菜单开列了这样一些引人注目的特色菜：清炖象肉汤（Elephant Consommé）、英式烤骆驼肉（Roasted Camel à l'Anglaise）、猫鼠斗（Cat surrounded by Rats）和罐煨袋鼠肉（Jugged Kangaroo）。收录从长颈鹿肉到狼肉的各种烹饪食谱的书也面世了。

维尔森咖啡馆（CAFÉ VOISIN）菜单：1870年12月25日，巴黎被围困的第99天

前菜：

黄油，小萝卜，酿馅驴头，沙丁鱼

汤：

红豆汤和烤面包丁

清炖象肉汤

〜

开胃菜：

英式烤骆驼肉和炸手指鱼

罐煨袋鼠肉

辣椒酱烤熊排

〜

主菜：

鹿肉酱烤狼腿

猫鼠斗

西洋菜沙拉

陶罐松露煨羚羊肉

波尔多葡萄酒烩蘑菇

黄油豌豆

〜

甜点：

果酱米布丁

奶酪：

格律耶尔干酪(Gruyère)

毫不奇怪，巴黎之围解除后，马肉作为食品似乎再寻常不过了。古老的禁忌终于被打破了，19世纪末20世纪初，法国人吃马肉的习惯变得越来越强烈。1895年到1904年，马肉的消费量增长了77%。[8] 1876年，巴黎的屠户共卖出了9000多匹马、骡子和驴的肉，总重量超过了370万磅。[9]马肉的可贵之处在于铁和硝酸盐含量高而脂肪含量相对很低，因而经常被医生写入处方，来治疗从贫血到肺结核在内的各种疾病。战马和夏尔马的主人都很乐于把他们的老马送进屠户的院子里。

20世纪上半叶，马肉消费达到了登峰造极的地步：1913年时，法国本土的马肉已经供不应求，不得不从国外进口马肉。马肉铺（boucheries chevalines）在这段时期蓬勃发展，尤其是在劳动阶级居住区，如巴黎第十九区或北部加来海峡省（Nord-Pas-de-Calais），其鲜明标志是在门上挂着马头。由于爱马的贵族不吃马肉，因此马肉比其他肉便宜，一直是劳动阶级的食物：即使在其消费的巅峰期，马肉也是与低社会地位和贫穷联系在一起的。[10]

从20世纪50年代起，马的作用发生了变化，不再是一种用于驮物或作战的牲口了（这些功能分别被拖拉机和核导弹等取代了）。对于此前一直热衷于吃马肉的中产阶级来说，马成了一种非常不同的东西：宠物。人们疯狂地喜爱起小矮马来。不过，法国的一般消费者对于吃掉他们的新朋友这件事似乎并没有感到太多困窘，法国的马肉业在上世纪中期仍然维持着强劲的势头（1964年共消耗了110 290吨马肉）[11]。然而，灾难性的事情很快就发生了：魔鬼创造了碧姬·芭铎。20世纪80年代她作为动物保护主义者，像60年代她作为性感明星一样人气火爆，于是她对法国人吃马肉的习惯，发出了自教皇格里高利三世之后最无与伦比的沉重一击。她谴责食用已成为人类伙伴的动物的行为，痛斥马匹在运往屠宰场的途中所遭受的虐待（必须承认，那的确很可怕），也许至少部分上应归因于她，法国马肉的消耗量在20世纪90年代急剧下降了。

然后就到了现在。法国人今天还吃马肉吗？答案是他们中的一部分人还吃（不过人数已经不像你想象的那么多了）。2004年，法国人吃掉了25 380吨马肉（主要是从国外进口的）——还不到意大利人吃掉的（65 950吨）一半。意大利一直是法国马肉的主要出口市场，每年的交易额达9000万欧元。[12]根据法国肉类制造商协会OFIVAL的统计数字，从1980年到2001年，法国的马肉消费量下降了60%。相对于其他肉类，法国人消费的马肉根本不算多——1993年平均每个法国人只吃掉了0.7千克马肉，而吃掉的牛肉却是27千克。[13]实际上，今天的法国人像过去一样，只是在有更可怕的事情逼迫下，才倾向于吃马肉：比如，疯牛病（Bovine Spongiform Encephalopathy，简称BSE）爆发时。（20世纪90年代中期疯牛病危机期间，欧盟发出了禁止英国牛肉出口到其余欧盟国家的十年禁令，马肉消费量因此激增。）即使现在，普通法国人仍宁肯吃马肉也不吃英国牛肉。很多法国人其实都以为，疯牛病的缩写BSE表示的是British Spongiform Encephalopathy（英国海绵状脑病），而非Bovine Spongiform Encephalopathy（牛海绵状脑病）。实际上，再没有什么东西比疯牛病的幽灵更令乐芝牛奶酪（Laughing Cow）的祖国感到害怕了。

与此同时，法国爱马者和食马者之间的争斗经久不衰。2010年，一项试图以立法形式禁止吃马肉的尝试失败了，尽管动物保护联盟的确在努力通过情愿运动促使马肉从许多法国超市下架。马肉在法国，主要通过一些被称为"马肉屠宰商"（chevaline butchers）的专卖店销售（这种肉店以往在法国的繁华街道上随处可见，如今在整个巴黎就只剩下几十家了）。现在马也有了养老院，老马们在辛苦劳作了一生后，可以享受这一奢侈。甚至还有一项法律条文，使马主人可以规定，他们的马在出售后不得送进屠宰场（如今三分之二的法国轻型马和矮种马都享受到了这种保护）。[14]

一匹老马超级神奇的新用途

> 在巴黎，什么稀奇古怪的事都能看到，甚至得到鼓励，其中之一就是一项最新的美食革新：吃马肉。
>
> 让马来为人类的营养做贡献，这种社会现象其实一点儿也不新鲜。古代日耳曼人和北欧人就很明显地爱吃马肉。北亚的游牧部落也把马肉当成美味佳肴。
>
> 肉铺里卖的肉时价实在太高了，用马肉来代替牛肉和羊肉，先生们和主妇们，你们怎么看待这想法呢？
>
> 马肉宴如今在巴黎、图卢兹和柏林都很流行。这些地方的兽医学校宣称，马骨汤比老式的牛骨汤好得多，营养价值不可估量，而且还经济实惠得多。
>
> ——选自《世界各国肉食佳肴趣闻》(*The Curiosities of Food；or the Dainties and Delicacies of Different Nations obtained from the Animal Kingdom*)，彼得·伦德·西蒙兹（Peter Lund Simmonds）著，伦敦，1859年

当然，法国屠马商协会也在炮火全开地反击。他们主导着支持马肉消费的舆论。其最具说服力的言论是："管好你自己的事情。"其最不具说服力的说法是，一旦马肉消费停止，法国作为肉马饲养的九个马品种将会消亡。①吃马肉还得到了法国赛马界和种马农场

---

① 无论如何，你不能被这样的说法说服：一个物种的持续存活会依赖于其被吃。

的支持。就连法国著名驯马师兼歌剧导演、被粉丝们尊称为"巴塔巴斯"（Bartabas）的克莱门特·马蒂（Clément Marty），也曾公开呼吁："如果你爱马，就吃马肉吧！"（Si vous aimez les chevaux, mangez-en!）

就吃马肉问题，如今法国正进行着一场激烈的争论，一方是悠闲松散的传统人士，一方是城市改革者。某种意义上，这场争执类似于21世纪初英国的猎狐之争——两国的主要差异在于，除了极少数死硬的激进分子外，法国公众对于吃马是对是错这个问题似乎并不在意，不像英国公众那样为用猎犬捕狐是否合乎道德争得面红耳赤。

对于马肉问题，大多数法国人这种比较无所谓的态度，从法国人对2013年"马门"丑闻的反应便可清楚看出。危机的爆发是因为芬德斯（Findus）、皮卡德（Picard）等一些冷冻食品制造商生产的，包括汉堡包、意大利面和香辣肉酱在内的"百分之百牛肉"产品，被发现其成分近乎"百分之百马肉"。遍及欧盟范围的调查，揭露了一张由屠宰场、分包商、交易商、肉类加工商和冷冻食品分销商构成的纷繁纠缠的网络。在法国，一家总部在朗格多克省（Languedoc）的肉类加工公司，受到了法国政府的起诉，被指控给马肉贴上了牛肉标签出售。像所有其他人一样，法国政府和消费者都为食物来源的可追踪性问题所激怒。法国立刻展开了政府调查，并就推定的原产国贴"牛肉"标签问题，向欧盟发出了查处要求。

英国人对吃马肉表达了愤怒之情，然而法国人对此的回应是，使劲地耸了耸肩，表示英国人对于动物令人费解地感情夸张了。正如《世界报》（*Le Monde*）的美食评论家让-克洛德·里博（Jean-Claude Ribaut）所说的："那是英国人把种族优越感也应用到了兔肉、内脏香肠、蛙肉和牛头上。"他补充道，英国人和法国人不同，法国人在法律上将马定为耕畜,"而英国人却将马视为家畜。那是他们的权利",他另外还指出,马肉脂肪低,很适于制成鞑靼牛排。[15]《世界报》还搬出一位专家,挖掘了一番饮食历史和文化,向其读者解释了古怪的英国人厌恶吃马肉的原因:按照这位杰出学者的说法,这种厌恶要归因于英国发动了工业革命,使得马摆脱了役畜地位,比在欧洲大陆其他国家更早地变成了宠物。[16]

法国国家电视台在超市里采访的法国消费者,对吃马肉倒不是非常反感和愤怒,他们气愤的是不知道自己吃的是什么。也许法国人是有些道理的。毕竟,如果你能眼皮都不动一下地大啖章鱼或河豚刺身(如今这些都已成为伦敦时尚餐馆的标配),那么蘸着蒜泥、味噌和酱油吃生马肉片又算得上什么问题呢?(实际上,"马门"丑闻揭示的是,英国的众多亚洲餐馆小心谨慎但公开地销售马肉,已有很多年了。)正如英吉利海峡两岸的众多评论家们所指出的,"马门"事件的真正问题主要不是吃马肉是对是错,而是人们在大量跨国公司生产线上吃到的食品的可追踪性的迅速消失。

不过,永远别指责法国人没能使形势转变得对他们有利。按照他们国家级媒体的说法,解决这一危机的办法很简单:法国牛肉万岁!

◎ **传闻评估:部分正确。法国人中既有爱马者,也有食马者。但无论如何,法国人吃的马肉比意大利人要少得多。**

……还吃蛤蟆腿……还有蜗牛……

如果你的工作要求你吃一只青蛙,那么最好是早起第一件事就吃。如果你的工作要求你吃两只青蛙,那么最好先吃最大的那只。
——马克·吐温(Mark Twain,1835—1910),美国作家

毫无疑问,在英国公众的想象中,蛤蟆和蜗牛是不可抹杀地与法国人联系在一起的,主要是因为据说法国人吃这些小动物。英国人给其高卢邻居起的绰号,就反映了这种存在已久的联想:蛤蟆、蛤蟆佬、乔尼蛤蟆……但是蛤蟆佬们果真像英国人想象的那样,会吃掉数量巨大的两栖动物的身体部件吗?也许值得更深入地探究一番。

就蛙类而言,法国人与这种善于跳跃的两栖动物的关联,可以追溯到很古老的时代。也许起自古代法国国王的纹章,据说是"三只直立的蛤蟆,呈跳跃状"[吉利姆(Guillim)著《纹章展示》

（*Display of Heraldrie*），1611年］。具有讽刺意味的是，最早将法国人称为"蛤蟆"的文字记录似乎出自法国人自己：早在16世纪，法国药师和公认的预言家诺斯特拉达穆斯（Nostradamus）在提及法国人时，使用了crapaud（蟾蜍）一词。他说了一句典型的隐晦谶语：那些古老的蛤蟆将夺取Sara（les anciens crapauds prenderont Sara）。［由于Sara是将Aras颠倒过来，当路易十四统治下的法国人从西班牙人手中夺取了阿拉斯城（Arras）后，诺斯特拉达穆斯这句话便被视为预言。］当巴黎的大部分地区还是一片沼泽时，"蛤蟆"一词也曾广泛用于指称巴黎人——18世纪凡尔赛宫里就经常会听到一句话："这件事，那些蛤蟆们会怎么看呢？"[17]不过在英国，"蛤蟆"最早是用来指东英吉利（East Anglia）沼泽和荷兰湿地平原的定居者的。"尼克蛤蟆"（Nic Frog）曾经就是荷兰人的绰号。这种两栖动物的称号转移到法国人头上，是17世纪中叶的事情了，18世纪初时又因为拿破仑战争而大大推进。[18]在随后的岁月里，英国人因为了解到法国人有将蛙腿制成美食的嗜好，又进一步加深了这种印象。小仲马（Alexandre Dumas）在其《经典美食大词典》（*Grand Dictionnaire de cuisine*，1873年）里提到，英国人由于极其厌恶蛙腿，大约有"六十年"一直在画法国人吃蛙腿的漫画。

> 天在下雨，起雾了，
> 那是蛤蟆在聚会，
> 天在下雨，起风了，
> 那是蜗牛在聚会。
> ——法国童谣

至于说法国人用来指英国人的"烤牛肉"的"Rosbif"一词，大概是源于英王陛下的臣民们的饮食偏好。①英国人历史上一

---

① 不过这说法现在过时了，因为众所周知，今天无所不在的英国国菜是咖喱菜。

直与红色相关联，大概是因为滑铁卢战役时惠灵顿（Wellington）大军穿的是红色军服。[19]出于同样的原因，他们在当时也被称为"龙虾兵"。[20]也有一些刻薄的法国评论家将"烤牛肉"和"龙虾兵"解释为暗指普通英国人晒过太阳后皮肤的颜色。法国人在提及英国人的皮肤时，不友好的称谓还有很多，比如有一个还挺可爱的叫法"菊苣头"（菊苣只能在黑暗中种植，以保持其叶子呈白色）。

法国人真的像我们以为的那样，是冷血的两栖动物的贪婪食客吗？其实似乎不是这样。实际上，法国人吃掉的蛙腿根本不像我们想象的那么多。欧洲最大的蛙腿进口国不是法国，而是小小的比利时。从1999年到2009年，比利时进口的蛙腿高达24 696吨。而"蛙兰西"（Frogland）本身只进口了10 453吨。就连美国人吃起青蛙来也不像你想象的那样客气，最近十年美国进口了21 491吨蛙腿。[21]实际上，蛙腿在世界上很多地方都被视为美食。在远东，它们被做成汤，或者成簇地浸在焦糖色的黏稠的芝麻酱里。在美国南部各州，蛙腿是法国后裔饮食中不可缺少的一部分。他们或者将蛙腿裹上面包屑来炸，或者将其串在烤肉叉上烧烤。得克萨斯州（Texas）的很多人都会深情地回忆起小时候逮青蛙的日子。在这个孤星之州（Lone Star State，得克萨斯的别称），烤蛙腿配玉米面包和紫壳豌豆，仍然被视为一道经典的夏季名菜。而法国的情况却不同，蛙腿正越来越被视为一种多少有些怪异的菜肴，人们又重新追求起以土生土长、最具原产地特色的食材制成的传统美食。如果你当真在法国看见了蛙腿，它们八成浸在黄油、大蒜和欧芹中。它们的味道据说像鸡肉——很美味，就像电影《沉默的羔羊》中汉尼拔·莱克特（Hannibal Lecter）形容法国人本身一样。不过对明白人不用多说：如果你想亲自烹饪蛙腿，你要知道新鲜的蛙腿和僵硬的鸡肉显然应该用极为不同的方法料理。18世纪80年代，意大利科学家路易吉·伽尔伐尼（Luigi Galvani）在其先锋性的生物电学研究中使用了死青蛙，这绝非偶然：当蛙腿在平底锅里直接接触到热时，很可能会抽搐。不过，在场的人都确信这些青蛙的确是死的。

用蛤蟆治咽喉炎

数百年来，蜗牛和蛤蟆都被认为有药用价值，能用于治疗从风寒到湿疹的很多疾病，甚至包括性欲过度。吉卜赛人很早就利用蛤蟆的不同部位治发烧。19世纪时，法国人就广泛用蜗牛原汤来治疗感冒。巴尔扎克（Balzac）的小说《乡村医生》（*The Country Doctor*，发表于1833年）中就有这一情节。蜗牛原汤十分流行，以至安东尼·卡雷姆在其出版于1832年的法国厨艺经典专著《法式大餐艺术》中都提供了一个食谱："取12只蜗牛和40余只蛙腿，加韭菜和萝卜，与水同煮，滤出汤汁，加番红花，早晚饮用。"直到今天，法国的药房中还能买到含有蛙类提取液的咳嗽糖浆。性欲过度患者也可试试蟾毒疗法，也就是顺势疗法Rana Bufo 5CH。

这使我们的话题来到了令人伤感的蜗牛身上。蜗牛与蛙腿不同，在法国被大量吃掉。法国人是世界上腹足类动物的最大消费者，每年要吃掉将近10亿只蜗牛。[22]蜗牛是法国民间文学的重要组成部分，是无数故事、神话和童谣中的角色。对于这种地位卑微的小动物，法国每个地区却都有自己的叫法：在圣东日（Saintonge）叫cagouilles，在普罗旺斯（Provence）叫carago，在

> 没人知道事情是怎么开始的。也许是有一天,几个法国大厨聚在一起聊天,他们看见了一只蜗牛,于是其中一位说道:"我敢打赌,如果我们把这玩意儿称为'食用蜗牛'(escargot),游客们也会吃的。"说罢他们放声大笑起来,因为"escargot"在法语中的意思是"一大包蠕动的浓痰"。
>
> ——戴夫·巴里(Dave Barry)所著《你唯一需要的旅行指南》(Only Travel Guide You'll Ever Need)

洛林(Lorraine)叫carnar,在阿尔萨斯(Alsace)叫schnacka,在普瓦图(Poitou)叫lumas,在佛兰德斯(Flanders)叫caracol,在鲁西永(Roussillon)叫carcalauda,在尼斯(Nice)叫cantaleu。法国美食与这种腹足类动物紧密相连,就如蜗牛与其壳一样:法国美食中有一道标志性的名菜——勃艮第蜗牛,也就是在蜗牛腹中填入蒜香奶油和欧芹烹制。① 勃艮第蜗牛这道菜的诞生富于传奇色彩。据说在1814年,法国杰出的政治家和外交家夏尔-莫里斯·德·塔列朗-佩里戈尔(Charles-Maurice de Talleyrand-Périgord,通常简称为"塔列朗"),要求他的厨师安东尼·卡雷姆为欢迎俄国沙皇亚历山大一世的晚宴创出点儿花样来,于是来自勃艮第的卡雷姆,像变魔术一样把黄油和大蒜配成了酱。这种酱汁立刻风靡一时,成为法国节庆不可或缺的元素,与另一种令法国人迷恋,却令外国游客望而生畏的调料不相上下,那就是鹅肝酱(foie

---

① 像蛙腿一样。出于某种原因,在法国厨艺中,所有被认为多少有些恶心的食材,都会被厚厚地涂上黄油,再配上大蒜和欧芹。也许是因为任何东西配上这种神奇的调料,味道都会很不错。

gras）。

　　从前，大雨后逮蜗牛曾是一项在法国极受欢迎的家庭娱乐活动，就像英国人采黑莓、得克萨斯人逮青蛙一样。许多上了年纪的法国人一想起拿着棍子在灌木丛中捅来捅去的那些温馨的童年时光，眼睛都会湿润起来。他们在探到的一切黏糊糊的物体中精挑细拣，一旦逮住了蜗牛，就会先用百里香叶将其喂肥，再用大量的盐将其腌制以准备烹饪，继而清洗数次以除去黏液，最后投入沸水中。最好的勃艮第蜗牛以往都是在原产地著名的葡萄园里饲养的，然后由农民收集起来，装在篮子里用火车运往巴黎的时尚餐馆。然而今天，勃艮第蜗牛实际上已经灭绝了，而且在野外逮蜗牛也有了严格的限制。为了满足对"勃艮第蜗牛"的巨大需求，法国蜗牛养殖商们现在从中欧和东欧大量进口蜗牛。这些蜗牛也是由当地农民在野外捕捉到的。实际上，如果你在法国小酒馆里点一道"勃艮第蜗牛"，十有八九这蜗牛来自于土耳其、波兰、匈牙利、罗马尼亚或者乌克兰。相对肯定的是它们不大可能出自勃艮第。

　　对于"勃艮第蜗牛"这个词，法国人和所有其他人一样，有着许多困惑。这也许是指真正的勃艮第蜗牛，但更可能指的是"以勃艮第方式"（其烹饪秘诀要归功于卡雷姆）制作的那道名菜。勃艮第蜗牛的物种被确定为"盖罩大蜗牛"（Helix pomatia），这个物种并非专产于勃艮第——因此今天的"勃艮第蜗牛"可以，而且通常就是，来自于东欧。来自土耳其的"盖罩大蜗牛"物种，通常既被当作实际的勃艮第蜗牛，也被以那种方式烹饪成"勃艮第蜗牛"端上餐桌。法国的蜗牛农场出产有角蜗牛（Cornu aspersum）或大小灰蜗牛（gros/petit gris），这是你能够确信的唯一真正的法国蜗牛品种。不幸的是，真正的法国蜗牛如今也很少见了。

> 所有人都因为绿树遮蔽的阳台而心旷神怡,然而当菜单一上来,他们就纷纷哆嗦了起来。
>
> ——法国人对参加特快列车之旅来凡尔赛的美国游客的描述,引自勒内-皮埃尔·戈塞(Renée-Pierre Gosset)所著《巴黎旅游》(Les Touristes À Paris),1950年

"勃艮第蜗牛"这道菜用的已经不再是产自勃艮第的蜗牛了,这问题重要吗?一切蜗牛当真生来平等吗?并不尽然。关键在于腹足类动物身上留存来自土壤的有毒金属物质和其他物质的比率很高,比如镉、铅、锡、铜、汞、砷和氡等。所以,也许你吃的波兰、罗马尼亚、乌克兰蜗牛同样配有大蒜和黄油,但你却有可能摄入切尔诺贝利核电站的辐射物。更不用说人们已知某些无良商人将非洲大蜗牛切成小块,冒充正宗的勃艮第蜗牛了(不幸的是,这种非洲大蜗牛容留有一种能引发脑膜炎的寄生蠕虫)。最好是坚持吃法国本土生长的软体动物,至少你还知道它们是什么,因此也就知道自己吃下的是什么肉。更好的办法是,在你点"勃艮第蜗牛"之前,如果你问了菜单上的蜗牛究竟是Helix pomatia(盖罩大蜗牛)、Helix lucorum(亮大蜗牛),还是Cornu aspersum(有角蜗牛),那就毫不含糊地再请傲慢的巴黎餐馆服务员先尝一片蛙肉。这样他就绝不会再小瞧你,觉得你不懂行了。

◎ 传闻评估:部分正确。法国人并不像所有人想象的那样偏爱蛙腿,但他们是贪婪的蜗牛食用者。

法国是世界上头号奶酪消费国

> 甜点没有奶酪,就好比美女只有一只眼睛。
> ——让-安泰尔姆·布里亚-萨瓦兰(1755—1826)

在美国动画电视剧《辛普森一家》(*The Simpsons*)中,学校操场管理员威利(Willie)曾说过一句臭名昭著的话:法国是一个"吃奶酪的投降猴子"的国家。虽然退一步说,把法国人和猴子联系起来很容易引发争议,谈论法国人是否胆小懦弱是另一章的话题,但是吃奶酪显然毫无争议是法国人常做的事。奶酪之于法国,就如汉堡包之于美国,以及如今咖喱鸡之于英国,已成为国民传统的一部分。实际上,平均每个法国人每年要吃掉26公斤奶酪(而美国人平均是15公斤,英国人则是11公斤)。[23]"当你管理着一个有246种不同奶酪的国家时,人们会对你有什么期望呢?"戴高乐将军曾这样抱怨道。那当然是制定246种保护令了。其实,戴高乐严重低估了法国出产的奶酪品种数。实际的数量是将近1000种。许多奶酪都是由法国地方上的手艺人或工匠用生奶制作的,现在通过AOP认证受到欧盟法律的保护[即"原产地命名保护"(Appellation d'origine protégée），以前受AOC认证保护，即"原产地命名控制"（Appellation d'origine controlee）]。²⁴奶酪比法国出产的任何产品（葡萄酒除外），都更能体现法国人的"风土"（terroir）观念，即这样一种思想：我们所吃的食物不是工厂生产的无名产品，而是一种有个性的活生生的实体，这种个性是由它是什么、出自哪里，以及人们对它做过些什么决定的。法国著名美食评论家古农斯基[Curnonsky，真名为莫里斯·埃德蒙·萨扬（Maurice Edmond Sailland）]曾写道："上好的厨艺是使食材体现出其原本的味道。"

AOP标签就是为保护这一观念而设计的。因此，被许多人奉为法国奶酪之王的贴有AOP标签的蓝纹罗克福尔干酪（Roquefort），只能用拉科讷绵羊（Laucane sheep）产的生奶制成。这种绵羊是用在阿韦龙省（Aveyron département）及周边地区预先划定的区域生长的牧草喂养的。奶酪要用罗克福尔青霉菌（Penicillium roqueforti）发酵，在苏尔宗河畔罗克福尔（Roquefort-sur-Soulzon）镇阴冷、潮湿的山洞里陈化。自远古时代起，位于法国中央高原（Massif Central）南部的罗克福尔镇就在小山的山洞里制作这种奶酪了。当地流传着这样一个故事：一个牧羊人远远地看到一个美丽的牧羊女，连忙去追她，以致将自己的午餐忘在了山洞里。当很久以后他回来寻找午餐时，看到面包和奶酪都已发霉了，他尝了一口奶酪，结果神奇的事情发生了，用古农斯基的话来说，"罗克福尔的精灵为它注入了强烈的泥土气息和草原的芬芳，它的出现就仿佛遥远的天际打开了一扇窗户"。²⁵

如果说上帝曾赐予法国奶酪生产者们一次生机，那么今天他们的日子就不大好过了。在国际媒体的煽惑下，人们对李斯特菌（listeria）的恐惧日益加剧。欧盟卑鄙的立法限制了生奶和未经巴氏高温消毒的鲜奶的使用（生奶是手工奶酪的关键原料，也是鉴赏家眼中唯一真正的奶），一点点地消灭了法国土特产奶酪的生产。对于真正的奶酪发烧友来说，巴氏杀菌就如原子弹般灭绝了奶中的一切有机体，无论好坏，其中不仅包括细菌，也包括良性的肠道微生物。①经过巴氏杀菌处理的奶，已经不再是一种活着的生物体，里面不再充满看不见的生命，也不再拥有它所出自的畜类的那种野性的味道，而只是一种由雌性哺乳动物产生的，含有蛋白质、脂肪和乳糖的白色液体。同样，经过巴氏杀菌的蓝纹奶酪也不再是永恒跳跃的奶，而只是一种有着看得见的真菌菌丝体的死物质。②

法国美食评论家中的"大奶酪"

> 莫里斯·埃德蒙·萨扬（1872—1956），也就是古农斯基或者"美食王子"（Prince des Gastronomes），是20世纪初法国最富盛名的美食评论家。他是法国奶酪的诗人，或者毋宁说是引导者。他说法国北方的马鲁瓦耶奶酪（Maroilles）是"法国奶酪交响乐中萨克斯管的声音"。可惜的是，他没有为法国奶酪交响乐团的其他奶酪分配乐器，所以卡芒贝尔（Camembert）、布里（Brie）和孔泰（Comté）等奶酪的音质，始终是人们猜测的话题。古农斯基在情感上不喜欢奶酪拼盘，认为每餐应当以一个单一音符结束，而不是以几种不同风味的不和谐音告终。他

---

① 尽管媒体围绕生奶有很多不利的报道，2008年法国国家农业科学研究院(Institut national de la recherche agronomique，简称INRA)一项题为《奶中有什么？》(*Qu'est-ce que le lait cru?*)的研究表明，经过巴氏杀菌的奶比生奶更容易检出单核细胞增多性李斯特氏菌 (*Listeria monocytogenes*)。
② 令法国手工奶酪业深恶痛绝的巴氏杀菌法，可谓法国人搬起石头砸自己的脚。法国化学家和微生物学家路易·巴斯德（Louis Pasteur）发明了这项技术，然而这项技术却给他的同胞带来了烦恼。

还将法国人的风土观念,也就是食材与其生长环境的联系,提高到前所未有的高度,他甚至主张:"……永远别吃松鸡的左腿,因为那是松鸡下蹲时用的腿,那里的血液循环比较迟缓。"他还要求做给他的牛排要烹制得"像婴儿屁股一样呈粉色",这点也过于偏颇了。他还说过法国的煎炸技术"是天才的巴黎人最崇高的创造"。

格特鲁德·施泰因(Gertrude Stein)曾写道,古农斯基就像是一个"身体无定形的动物,像一只未完成的黄油桶"。餐馆老板们只要看见他多重下巴下系着整洁的白餐巾坐在他们的餐桌前等待服务,就会颤抖起来。他是因跌出了他在巴黎的公寓的窗户而身亡的,据说是因为他必须节食,结果导致了晕厥。

生奶奶酪在2011年法国奶酪总产量中只占15%,而土特产奶酪铺的数量也在从1966年到1998年的32年间减少了四分之三。[26]在法国乳品产业大腕们看来,奶酪就是给法国赚大钱的"白油"。但是对小本经营的手工奶酪制造者们来说,情况就不同了。根据土特产奶酪协会(Association Fromages de Terroirs)的统计,最近30年在法国有超过50种土特产奶酪消失了。由于上了年纪的奶农们不肯将他们的秘方外传,这种趋势难以遏制。例如,一种叫作 la galette des Montsd'Or的配洋葱的奶酪,已经生产了400年,却在21世纪初随着最后一位制作者的去世而失传了。那位制作者拒绝透露秘密的配方。[27]其他土特产奶酪也像我们说的那样岌岌可危:例如,在卢瓦尔河谷,只剩下三位制作者仍在制作包有一层橘皮,以上弗雷兹县(Haut Forez)牛的奶为原料的鲜亮的蒙布里松蓝纹奶酪(Fourme de Montbrison)。法国著名流行歌手乔治·布拉桑(Georges Brassens)

曾经引用中世纪诗人弗朗索瓦·维庸（François Villon）的诗唱道："古老的雪哪里去了？"（Où sont les neiges d'antan?）对此法国的奶酪发烧友们也许会接道："古老的奶酪哪里去了？"（Mais où sont les fromages d'antan?）

　　法国的媒体一直在哀叹这样一个事实：今天的法国人似乎更有兴趣将钱花在手机和小汽车，而不是高卢民族传统的首要之务美食上。2012年1月，由法国国家广播公司的电视五台（France 5）进行的街头电视采访表明，很多法国人根本不知道"生奶"和"巴氏杀菌奶"之间的差异。① 他们大量购买散装奶酪并冷藏在冰箱里。他们甚至不知道各种老式卡芒贝尔奶酪和贴有"原产地命名保

---

① 2012年1月19日，法国电视五台，*La Guerre des fromages qui puent*. Gilles Capelle / Galaxie Presse / France Télévision。

法国是世界上头号奶酪消费国

> 罗克福尔奶酪只宜跪下来吃。
> ——亚历山大·巴尔塔扎·洛朗·格里莫·德·拉·雷尼耶(1758—1837)

护"（AOP）标签的卡芒贝尔奶酪（Camembert de Normandie AOP）之间的差别。很少有人知道。差别起源于1926年诺曼底卡芒贝尔村的村民们放弃了保护他们奶酪的努力。因此，实际上如今的卡芒贝尔奶酪有可能来自世界各地——埃及、塔斯马尼亚、厄瓜多尔，甚至泰国。而在最早的原产地以传统方法制作的卡芒贝尔奶酪，却只能以"原产地命名保护"（AOP）标签来保护了。贴这种标签的奶酪在法国的超市里都难得一见——在乡间的小干酪店发现的可能性倒更大一些，假如那个品种的卡芒贝尔奶酪还存在的话。假如你有幸见识过真正的卡芒贝尔奶酪，你会发现其芳香堪比上帝的脚味，的确是一种神奇而美妙的臭味。不过，法国人恐怕正在丧失传统上代代相传的味觉。他们的口味在变化。新一代法国人已不再喜欢土特产奶酪那种浓烈、刺鼻的香味，而更偏好于诸如芭比贝尔（Babybel）或乐芝牛（La Vache qui rit）等奶酪经过处理的柔和味道。

但是法国作为世界头号奶酪大国的地位，还在受到比国内日益加剧的冷漠和无知更大的威胁。因为在法国人抛弃佛姆·德·阿姆博特干酪（Fourme d'Ambert），改吃装在瓶子里的液体奶酪斯奎齐（Squizzi）时，诸如美国等其他国家的人却开始领悟法国人神圣的"风土"观念了。20世纪80年代，惧怕细菌的英国人和美国人将巴氏杀菌抬高到"第十一诫"（Eleventh Commandment）的地步。然而，在厌倦了工厂出产的奶酪的寡淡味道后，发明了"Cheez Whizz"奶酪品牌的国度却改变了信仰，满腔热情地拥抱起手工奶酪来。臭烘烘的奶酪突然在美国风行起来,"霉菌熟了"成新"腐"。近年来,生奶奶酪的产量在美国翻了几千倍。纽约、佛蒙特(Vermont)、洛杉矶、威斯康星(Wisconsin)……手工奶酪制造店铺如雨后春笋般蔓延开来。Le terroir(风土)——这个几年前英语还无法翻译的概念,成了食品工程专业的研究生们口中的流行词。在纽约,手工奶酪"百老汇风土"(Broadway terroir)居然是在市中心的一座摩天大楼里制作的。① 在佛蒙特,一位从华尔街辞职的前银行家改行制作起手工奶酪,当他发现自己缺乏让庄稼长熟的适当条件后,竟然在一面山坡上炸出了十几个洞。纽约的米其林星级餐馆已经在提供半法国半美国的手工艺奶酪了(而在几年前,它们还只能提供百分之百产自法国的奶酪)。被法国人视为奇耻大辱的是,2011年加拿大魁北克省政府负责资助新商业项目的机构魁北克投资署(Investissement Québec)拍摄了一条广告,内容是一个魁北克农民正赶着羊群穿过草地,广告词是:"过不了多久就轮到法国人吃我的奶酪了。"法国的奶酪死忠们感到深深的绝望。法国奶酪重蹈法国葡萄酒的覆辙还需要多久?就像旧世界的顶级酒庄(grands crus)纷纷被杰卡斯酒庄(Jacob's Creek)、蚝湾酒庄(Oyster Bay)等新世界的暴发户取代一样,经典的法国奶酪,如Crottin de Chavignol、Pont-l'Évêque和Picodon de l'Ardèche等品牌被诸如Twig Farm、Slyboro、Redwood Hill和Cowgirl Creamery抢班夺权,肯定也只是个时间问题。

更糟糕的不仅是法国人厌烦起他们自己的手工奶酪,而且

---

① 假如"百老汇风土"奶酪能获得"原产地命名保护"标签(AOP),那么思考它的界定特征会是一件很有意思的事情。二氧化碳、光化学烟雾,以及汽车尾气都会一下子浮现在人们的脑海里。

他们甚至不再是当今世界头号奶酪消费国了。全球奶酪消费冠军——也许令人惊讶——居然是酷爱羊乳酪的希腊人，他们平均每人每年要吃掉31公斤奶酪，这是个惊人的数字。[28]土特产奶酪协会认为这是个极其严重的问题，他们发布了一套奶酪挂历，画面是一些衣着暴露的女人跨坐在奶酪轮上，分别冠以康塔尔奶酪小姐（Mademoiselle Cantal）、格律耶尔奶酪小姐（Mademoiselle Gruyère）等名字，试图使土特产奶酪萎靡邋遢的形象性感起来。现在甚至有了"奶酪和文化遗产"的大学文凭（Diplôme Universitaire Fromage et Patrimoine），由一些经过挑选的大学和奶酪业的专家合作开办，旨在将奶酪制作的高超手艺传授给年轻一代。

如果你相信法国媒体上的话，那么新世界有一个阴谋，那就是要毁灭法国奶酪这一辉煌遗产。但是——尽管法国人很喜欢将自己的土特产奶酪危机归咎于所有其他人——问题真的是出在自家而不是外面。法国人需要重振他们继香水之后第二大嗅觉遗产的雄风。如果他们不再贪吃加工食品，而是买自家的土特产奶酪，那么乐芝牛脸上的笑容就真的要消失了。

◎ **传闻评估：错误。世界吃奶酪冠军的桂冠，已经戴到了希腊人的头上。**

法国人吃好多大蒜

世上有五种元素：土、气、火、水和蒜。
——路易·费利克斯·迪亚特（Louis Felix Diat，1885—1957），法国名厨

从遥远的远古时代起，人们就对卑微的大蒜（*Allium sativum*）毁誉参半。大蒜属于可怜的葱属植物，葱属植物又属于豆科，这个家族中还有韭菜、大葱、洋葱和细香葱等。大蒜因其烹饪、药用和据说能驱除吸血鬼的功能而一直享有半神秘的地位。法国名厨和餐馆老板马塞尔·布莱斯坦（Marcel Boulestin），20世纪20年代末曾是伦敦名重一时的法国餐厅（Restaurant Français）拥有者，坊间流传着他的一句名言："和平和幸福在地理上始于常用大蒜做菜的地方，这的确不是夸大其词。"大蒜以其药用功能著称，早在约瑟夫·李斯特（Joseph Lister）[①]

[①] 约瑟夫·李斯特，1827—1912，英国维多利亚时代的外科医师、外科消毒法的创始人之一、第一代李斯特男爵。1867年他发表论文公布了自己的外科消毒研究成果，其成果在不到10年的时间里使手术后死亡率从45%降到15%。挽救了亿万人的生命。——译注

出生前，或者路易·巴斯德①证实其抗菌作用之前很久，大蒜就被牧羊人用于伤口消毒了。到第一次世界大战时，英国政府曾号召公众将自家种的大蒜捐献给伤员。实际上，大蒜由于被极其广泛地应用于治疗战场创伤而被称为"俄国盘尼西林"（Russian penicillin）。[29]纳瓦拉的亨利（Henri of Navarre），也就是后来的法国国王亨利四世（Henri Ⅳ，1589—1610），在婴儿时期就被大人们拿大蒜擦嘴唇，以祛邪避害，结果他对大蒜的酷爱维持了一生。因为听说大蒜有壮阳作用，所以亨利每天都要吃上一瓣。据说他的"气息能在二十步外熏倒一头牛"。[30]

另一方面，人吃了蒜后，嘴里会不可避免地长久泛着辛辣的气味，这给蒜赢得了"臭玫瑰"的名声。蒜在历史上留下的恶名一点儿也不比其因医药功能挣来的赞誉少。在古希腊，吃过大蒜的人被禁止进入自然女神西布莉（Cybele）的神庙；在中世纪，卡斯蒂利亚国王阿方索（King Alfonso of Castile）曾经下令，他手下的任何骑士如果吃了洋葱或大蒜则在一个月内禁止进入王宫。[31]印度还流传着一句老话：大蒜就好比十个母亲，能把姑娘赶跑。

> 吃蒜吧。这有助于你恢复体力，还能让纠缠不休的讨厌鬼滚开。
> ——亚历山大·维拉亚特（Alexandre Vialatte，1901—1971），法国作家

除了意大利的罗勒和牛至外，大蒜可能是与欧洲大陆的烹饪联系最久远的草本植物了——因此其辛辣

---

① 路易·巴斯德（1822—1895），法国微生物学家、化学家。他研究了微生物的类型、习性、营养、繁殖、作用等，奠定了工业微生物学和医学微生物学的基础，并开创了微生物生理学。——译注

的气味也与欧陆人可疑的气息联系在了一起。在20世纪20年代美国关于蒜的俚语中，有"意大利香""口臭"和"布朗克斯香草"等说法。小仲马在其《经典美食大词典》（1873年）中曾写道："所有人都能闻到大蒜的气味，除了吃蒜的人自己，所以他不明白为什么他一走近，所有人就都转身而去了。"小仲马还注意到普罗旺斯菜尤其"仰仗大蒜"，结果普罗旺斯的空气都"浸渍在这种植物的香气中"。假如没有大蒜，法国烹饪就会缺少无数道标志性名菜，如：aïoli（一种普罗旺斯蒜泥蛋黄酱，传统上配经典鱼汤或海鲜杂烩上的油炸面包丁）、奶油青口（moules à la crème）、奶酪火锅（fondue），当然也少不了勃艮第蜗牛，通常是浸在蒜泥黄油酱中上桌的。大蒜也是一些法国奶酪中的关键成分，其中最引人注目的也许要数布尔桑奶酪（Boursin）了，这是已摆上全世界大多数超市货架的一种蒜味软干酪。

虽然世界上共生长着三百多种蒜，英国和美国却通常将蒜分为两大类——一种是"软脖子"蒜，就是菜园里种的普通品种，超市里最常见的；另一种有一个梗，叫"硬脖子"蒜，主要是供鉴赏家把玩的。在法国，蒜的种类主要不是按脖子软硬区分，而是依照颜色和收获时间：小的硬头的"白"蒜，通常在冬天出现在街上的市场，因而称为"秋蒜"（l'ail d'automne）；更美味、玫瑰头的"粉"蒜，一般出现在春天，于是被称为"春蒜"（l'ail de printemps）。[法语中称老式的粗毛线运动衫的词——le chandail——实际上就来自于marchand d'ail（蒜贩子）的简写，而这种粗毛线衫最早就是上世纪初巴黎中央市场（Les Halles）的老水果蔬菜市场的蒜贩子们穿的上衣]。[32]有三种法国蒜被授予了原产地保护的身份，分别是塔恩-加龙省（Tarn-et-Garonne）的洛马涅地区（Lomagne）和德龙省（Drôme）的白蒜，以及塔恩省洛特雷克（Lautrec）出产的粉蒜。这些蒜中,最昂贵的是丰产且散发着浓郁蒜香的洛特雷克粉玫瑰蒜。这种蒜已在当地种植了好几百年,相传是中世纪时传入的,当时一位游商付不起旅馆住宿费,就用几头味道强烈的球形种蒜抵了债。这几头球形种蒜种进地里后,长出了极其辛辣的品种,人们精挑细拣后,将其扎成传统的束,走进了全球各地的餐馆。

总而言之,大蒜对法国传统烹饪来说,就如同贝雷帽之于巴斯克地区(Basque Country),我们很难想象如何将二者分开。正因为大蒜与法国烹饪密不可分,在公众想象中,大蒜的臭味也与法国人的口气紧密相连。仅仅几十年前,乘坐巴黎地铁就如同不可避免地扎进了大蒜、吉坦尼斯卷烟(Gitanes)和廉价香水的冲天臭气团中——这一事实得到了1945年发行的一本美军的宣传手册的证实。这本小册子是为安抚"二战"时期驻扎法国的美军官

兵对法国人的抱怨而写的,标题为《法国人的112个恼人之处》(*112 Gripes about the French*),试图通情达理地回应美国大兵对法国人的怨愤。其中最常见的一项抱怨是:"如果你乘坐地铁,那臭气能把你熏死,有大蒜,有汗味——还有香水味!"小册子的作者对这项抱怨的回答是承认"今天的法国地铁的确太拥挤了,太闷热了,太不干净了,而且气味很糟糕"。但是

他们辩解道:"你闻到蒜臭味,是因为精于烹饪的法国人,用的蒜比我们多。"[33]

然而,这种地下的臭味如今已成了可待追忆的历史。巴黎地铁已不再洋溢着这种臭玫瑰的气味了(不过里面仍然有大量其他恶臭之气——这将在后面的章节讲述)。现如今,法国就国民印象而言,(至少从统计数字上来看)已不再是吃蒜冠军了。当今世界上最大的蒜消费国不是法国,甚至不是意大利,而是韩国。韩国平均每人每年吃掉的蒜达到惊人的10公斤。[34]法国在世界蒜生产国中也没能名列前茅。世界大蒜生产联盟中的执牛耳者实际上是中国,生产了全世界75%的大蒜(总产量达到惊人的1250万吨),其后是印度和韩国。[35]法国的大蒜产业在全世界只能算是沧海一粟。如果你在英国或法国买蒜,十有八九买到的是从西班牙、阿根廷、中国或埃及进口的蒜。单是2006年,英国就从中国进口了大约25 000吨鲜蒜。甚至在英国的怀特岛(Isle of Wight)都有商业性的蒜种植业(不过规模极小)。

辛辣革命

> 法国大蒜有一个令人好奇的特点,很多品种都是以法国革命历上的月份命名的。法国革命历是当年的革命政府发起的一项奇特的历法实验,从1793年到1805年,维持了12年,然后被明智地放弃了。于是法国蒜的品种就有了如下奇特的名字:"芽月蒜"(Germidour,芽月是春天的第一个月)、"获月蒜"(Messidrome,获月是夏天的第一个月)和"果月蒜"(Fructidor,果月是夏天的最后一个月)等等。革命历的主要目的是消除历法的一切宗教痕迹,使之更加合理化。其时间始于葡

命开始的日子,十二个月的传统名称被描述巴黎天气的"诗意"词汇所取代,圣徒纪念日被代表法国动植物、庄稼和无产阶级生产工具的爱国日所取代。新生的法兰西共和国公民们庆祝的是犁日、镐日、掘根锹日、防风草日、菜花日,或者当然少不了的,蒜日。时至今日,法语名词中仍存有革命历的残余,如著名的菜肴"热月龙虾"(Lobster Thermidor),法国海军有"花月"(Floréal)级军舰。

> 他又说道,火车上有个法国人给了他一块巨大的三明治,散发着浓烈的大蒜味,他真想把那块三明治砸向那家伙的头。
> ——福特·马多克斯·福特(Ford Madox Ford,1873—1939),英国小说家,《普罗旺斯》(Provence)

事实是法国的大蒜消费量近年来直线下降。尤其在年轻一代中更是如此,他们更热衷于汉堡包和寿司,而不是配着蒜泥蛋黄酱的海鲜杂烩汤或者浸在蒜泥黄油酱中的蜗牛。新近的统计数字表明,今天法国大蒜最大数量的消费者是老年人和中年人,年轻人或者有小孩子的家庭处于消费阶梯的最底层。[36]与之相反的是,美国的大蒜市场却呈现出增长态势:如今美国人吃掉的大蒜是20世纪80年代的三倍。无疑,这一增长的部分原因是盎格鲁-撒克逊人的后代重新发现了这种最为芳香的葱属植物的近乎神奇的促进健康作用。[37]

大蒜会不会也静悄悄地重蹈法国土特产奶酪的覆辙呢?如果真是这样的话,怎么没见有很多人大声疾呼呢?也许是因为现如今为法国食品发动的战争实在太多了。在为挽救法国奶酪和葡萄酒而进行的血战正如火如荼之际,高卢人的另一种辛辣的传统食物似乎变得奄奄一息,甚至都没有人泛出一点蒜臭味来……

◎ **传闻评估:部分正确。**法国人传统上吃很多大蒜,但目前他们对蒜的消费量在逐年下降,且已经被当今世界头号蒜消费国——韩国——远远甩在了后面。

法国人吃好多大蒜

法国人不吃快餐

> 快餐是一种堕落的愉悦。首先,这是一种认知上的迷狂:当我们沉溺于大快朵颐的时候,得到的是一种犯禁和破戒的罪恶快感。
> ——菲利普·德莱姆(Philippe Delerm)《狄更斯,棉花糖以及其他一些好吃的东西》(*Dickens, Barbe papa et autres Nourritures delectables*),2005年

无疑,人们普遍认为法国人不吃快餐。他们当然不吃。就一般法国人而言,"午餐"意味着在阳光明媚的小酒馆露台上,开上一瓶红酒,和三两好友轻松愉快的吃上一顿。学童们则会享用食堂为他们准备的四道菜的午餐,其中必有鹅肝酱和轮流展示法国最佳风味的乳酪菜肴。法国人可不会匆忙地从桌上抓起一块萎蔫的三明治——里面夹的还是塑料袋包装的奶酪和硝酸盐腌过的火腿,一边吃还一边拼命地想写完昨天的目标产品介绍,或者接听电话,或者为孩子安排行为心理医生的咨询。法国人根本不做快餐,是吧?

要想了解快餐在当今法国的地位,就必须回溯历史。法国人

创造了一个专门的词语来称呼快餐：malbouffe。而且，法兰西是一个信奉笛卡尔的二元论的民族，malbouffe自然有个相对应的词——bonne bouffe。好bouffe和坏bouffe争夺法国人肠胃的战斗你来我往地拉锯了好多年。第一击是由一群法国农民击出的。1999年，他们在一个名叫若泽·博韦（José Bové）的人带领下，开着拖拉机穿过了一家早期的麦当劳餐厅。当时这家餐厅正在比利牛斯山中部的米约（Millau）兴建。那阵子法国农民正在抗议美国限制进口法国罗克福尔羊奶干酪，于是便向这座塑料袋装奶酪片的圣殿发动了报复。他们将砖头掷进餐厅的窗户，还向看热闹的群众分发罗克福尔奶酪。博韦付出了蹲班房的代价，但却成了法国人崇拜的反抗美式malbouffe侵略的英雄，他那留着八字胡的小恶魔形象，成了高卢现实存在的抵御麦当劳统治的法国勇士的象征。米约骚乱后，法国各地又发生了一系列麦当劳"事件"，包括向麦当劳餐厅倾倒粪便和烂苹果，各种各样的生态武士抢走餐厅门口的麦当劳叔叔的雕像，其中一伙人说那个小丑形象是"标准化和盲从跟风的商业帝国派来的潜意识的大使"。³⁸

麦当劳法国公司的回应是，迅速（且巧妙地）改变了其在潜意识中传递的信息。抛弃了饰有在法国乡间代表山姆大叔形象的金色拱门的巨大电线杆、霓虹灯以及过于花哨的红黄相间的美国式就餐环境。引进了氛围沙发

法国人不吃快餐

音乐、舒适的天鹅绒沙发和扶手椅,以及在绿色森林背景衬托下的素雅拱门。汉堡包可以选择从康塔尔(Cantal)到卡芒贝尔的标有原产地保护标签的奶酪,全粒法式芥末也是可选附件。于是麦当劳式法棍面包(McBaguette)诞生了,还有麦当劳式火腿乳酪三明治(McCroque-Monsieur)和夏洛来牛肉(Charolais)汉堡包。①法国麦当劳在已有的餐厅里增添了麦当劳咖啡馆(McCafé),提供品种丰富的咖啡、由奢华的法国连锁店拉杜蕾(Ladurée)出品的蛋白杏仁饼,甚至还有侍应生服务。这种行为传达出的信息很明白:这家麦当劳也许是美国诞生的,但却是法国制造的。这个战略很奏效。如今,法国已经是麦当劳的世界第二大市场了,仅次于美国。[39]每天都有170万法国人在麦当劳就餐。这家连锁店的营业额为一年42亿欧元。[40]五分之四的法国人都知道麦当劳著名的法语口号:"venez comme vous êtes。"("想来就来。")法国人显然很喜欢这个口号。"汉堡王"(Burger King,在麦当劳刚刚起家时,曾是其主要的竞争者之一)犯下了一个致命的错误,它卖的是美国的餐饮体验,而没有机敏地实现本土化。它连翻盘机会都没得到。"皇堡"(Whopper,汉堡王的招牌食品)被"巨无霸"(Big Mac)扫地出门,今天谁是快餐业的老大已经无可争议了。[在法国汉堡市场,麦当劳现在唯一的竞争对手是比利时的连锁企业Quick,尽管肯德基(KFC)和赛百味(Subway)也有不错的市场表现。在缺席了15年之后,汉堡王于2012年12月重返法国,但它与"金色拱门"的竞争可谓任重

---

① 夏洛来牛是一种历史悠久的品种独特的白色菜牛,自7世纪起便在勃艮第养殖。麦当劳于2011年在其餐厅推出夏洛来牛肉汉堡,这是法国的麦当劳汉堡首次以其牛肉的原产地来命名。

道远。]

"麦当劳法国"最赚眼球最胆大包天的营销策略,当数2001年该公司宣布参展巴黎规模宏大的农业博览会Salon d'Agriculture了。Salon d'Agriculture是巴黎与法国农村一年一度的交际,是政客们去与乡巴佬握手拍照,巴黎的中产家庭瞪大眼睛去看猪屁股能拉出多少粪的地方。当麦当劳宣布要闯这个龙潭虎穴时根本没人相信。有人甚至发出了可怕的预言——米约事件势将重演,麦当劳的摊位将遭到血洗。真的吗?根本没有的事。麦当劳的参展获得了轰动性的成功,被普遍赞誉为"堪称楷模"。有谁能抱怨?麦当劳每年从法国农民那里购买了成千上万吨的肉和土豆。该公司实际上是法国牛肉的最大买家之一。[41]没有人会向他们最好的主顾扔砖头。就连若泽·博韦也不会。其实,博韦可以说是帮了麦当劳一个大忙:是他刺激"麦当劳叔叔"学会了说法语,从而赢得了法国民众的心(和胃口)。

从20世纪90年代的反麦当劳怒潮,到后来的麦当劳叔叔被逐渐接受,法国的快餐消费量飞速增长。截至2010年,法国人的家庭之外用餐10顿里有7顿都是快餐,法国人的就餐时长也从1975年的平均每顿1小时38分钟降到了31分钟。[42]法国目前是欧洲汉堡包第二大消费国,仅次于英国,遥遥领先于德国、西班牙和意大利。[43]而且,随着该国快餐业的蓬勃发展,国民的腰围也在不断膨胀:法国国家统计局(Institut national de la statistique et des études économiques,简称INSEE)2007年的一项调查发现,超过三分之一的法国人体重超标,其中包括16%的年轻人。[44]这些统计数字比起美国和英国的同类数字来,虽说是小巫见大巫,不过到2025年时法国人就会迎头赶上了。并不是所有人都对此心生欢喜。法国政府就很担心未来一代的奥比利克斯（Obélixe）①们会耗尽国家的自然资源和公共医疗卫生服务，于是立法禁止在儿童电视时段播出快餐甜食的广告，或在学校用自动售货机出售可乐类饮料和薯片。2011年10月，在瓦勒-德瓦兹省（Val-d'Oise）的弗朗孔维尔城（Franconville）——一个儿童肥胖率历来较高的地区——父母们举行了一次集会示威，以阻止麦当劳在当地学校附近和体育休闲中心战略性的建店行动。就连法国版的杰米·奥利弗（Jamie Oliver）②——名厨电视主持人西里尔·利尼亚克（Cyril Lignac）③都曾突然访问巴黎郊区的学校，苦口婆心地劝说倔强的少年们别去肯德基，回归学校食堂。

不过，法国也不是所有人都厌恶快餐。快餐业的确有一些令人惊奇的辩护者——尤其是一小撮法国知识分子。例如弗朗索瓦·西蒙（François Simon）——法国最令人生畏的餐饮批评家——2010年曾"微服私访"了一家麦当劳餐厅，为ARTE电视台检验了一份至尊汉堡（Big Tasty）。④他得出了出人意料的结论，尽管"美味的范围大大收缩了"，但还不算太坏。他还把最高的赞誉留给了加双

---

① 奥比利克斯：法国著名漫画系列《阿斯泰利克斯历险记》（*Astérix*，又译《高卢英雄传》）中的主要人物，主人公阿斯泰利克斯的朋友，力大无穷的高卢勇士。——译注
② 杰米·奥利弗：英国名厨，主持的节目《原味主厨》（*The Naked Chef*）在英国广播公司（BBC）播出后一夜爆红，节目远销国外，并被誉为"餐饮界的贝克汉姆"。他还创办了一家名为"15"的慈善餐厅，训练15名贫穷青年做厨师。——译注
③ 西里尔·利尼亚克是个三十来岁，温文尔雅的年轻人，他那轻松愉快的风格和胡子拉碴的外表很合中产阶级家庭主妇们的口味。他很厌恶被比作杰米·奥利弗。据说他曾贬斥奥利弗先生只是个会做些"小点心"的厨子，而他本人正相反，是由最上等的烹饪传统训练出来的大厨（不过他后来否认曾说过这样的话）。他是靠学习针对贫苦儿童的系列培训教材而开启烹饪生涯的，继而在学校食堂掌过勺，这当然都是巧合。而他在巴黎开办的餐厅也叫"15"（Quinzième），不过那只是因为餐厅位于巴黎第15区。然而，平心而论，西里尔在衣着的品位上的确比杰米强多了，他意识到男人到了某个年龄还穿着连帽衫和尼龙搭扣的运动鞋就会被认为有失庄重了。
④ 节目名叫《麦当劳，情迷法兰西》（*McDo, une passion française*），由斯坦尼斯拉斯·克莱兰（Stanislas Kraland）拍摄，于2010年12月29日播出（ARTE France/Doc en Stock）。

份巧克力软糖的焦糖麦旋风（Caramel McFlurry）。最后他以其典型的简洁明快兼具黑色幽默的风格，总结了自己的观点："在麦当劳，你可以体验一下贫苦生活。真是难以言状——那纯粹是一种感情，垃圾食品的极致。在我看来，冰激凌本应有一种倔强的诱惑力，既使你厌恶，又能引发你灵魂的自我独白……"他不无讽刺地承认"在我灵魂的深处，有个傻瓜喜爱这种东西，而我必须不时地喂饱这个傻瓜，听从他的命令"。

快餐时代的美食王子

弗朗索瓦·西蒙出生于1953年，是当今最令人生畏也最受人尊敬的法国饮食批评家之一。法国的餐馆老板们一在《费加罗报》（*Le Figaro*）上看见他尖刻的评论，就会浑身发抖。据说2007年皮克斯（Pixar）公司的电影《美食总动员》（*Ratatouille*）中的美食批评家安东·埃戈（Anton Ego）的原型就是他。

西蒙曾将在米其林星级餐厅盖伊·萨沃伊（Guy Savoy）就餐的体验称为"三星级刑罚"，痛斥萨沃伊先生在过季的时候仍然供应其招牌的洋蓟和松露汤。而在戈-米约指南（Gault-Millau guide）中创下20/20满分奇迹的大厨马克·韦拉（Marc Veyrat），则被他描绘为有夸大狂倾向的"冒牌农民"。西蒙有个独门特色，从来不在媒体上完全暴露自己的面容，这使得他在为写餐馆评论而进行调查时能隐瞒自己的身份。

据说他能用二百多种不同的方法来烹饪鸡，包括用可口可乐，传说他在自己的婚宴上就曾做过这道菜——无疑他做快餐也会是最高水平。

对老于世故的巴黎知识分子们来说,麦当劳代表着一种有趣的社会现象:对时代潮流无言的反抗,对与家庭饮食和外出就餐相关的神圣法国规矩的叛逆。不过,对快餐的社会经济影响感兴趣的还不止是法国知识分子。顶尖的法国大厨们,如阿兰·迪卡斯(Alain Ducasse)等发现法国人的生活正进入更快的车道,这种转变将带来潜在的社会和经济机会。在巴黎和法国其他大城市,时髦的三明治连锁店如雨后春笋般开了起来。在当地小酒馆吃一块黑椒牛排(steak au poivre),喝半杯温葡萄酒的巴黎上班族标准午餐已经一去不复返了。如今他们可能只吃一个火腿奶酪三明治(croque-monsieur),再配上几片康塔尔乳酪,或者一块涂鹅肝酱或芥末酱的奶油圆球蛋糕(brioche),甚至是寿司(法国现在是欧洲最大的寿司消费国)。(不过法国人还是保持了在工作午餐中喝一杯或三杯葡萄酒的传统,以便下午能集中精力。即使在巴黎最忙碌的法律事务所,会议室内也总会摆上一瓶葡萄酒,以及英国著名快餐连锁店Pret-à-Manger的三明治)。弗朗索瓦·西蒙等批评家对此问题的态度很明朗。法国餐饮作为世界主宰的地位强大无比,完全容得下为少许旅客开些垃圾食品连锁店这种逆流邪风,这丝毫不会危及母舰。尽管他们偶尔也在私下里嘲笑一下麦当劳的招牌汉堡或麦旋风之类,但他们认为,法国人总会回到法式大餐的餐桌前的。所谓汉堡包、炸薯条之类的,难道不是传统的牛排薯条(steak frites)的变种吗?

今天年轻的法国人是就想和垃圾食品调调情呢,还是真要把它当成终生伴侣,目前还很难说。精美的大餐对十来岁的少年学生们来说,通常还不是首要考虑的事情,饮料和性才是这个年龄段的人普遍更为关心的。今天的快餐贩子可能就是明天的美食批评家。另一方面,不可否认未来的法国人将变得越来越快(也越来越胖)。无论法国人与快餐暴风雨般的关系在接下去的二十年会发生怎样的变化,有一件事是肯定的:他们也会"吮指回味乐无穷"的。

◎ **传闻评估:错误。**

法国人每餐都喝葡萄酒

勃艮第让你冒傻气，波尔多让你说傻话，香槟酒让你干傻事。
——让-安泰尔姆·布里亚-萨瓦兰（1755—1826）

安德烈·西蒙（André Simon）是出生于法国的美食家和葡萄酒商，20世纪初曾长期称霸英国葡萄酒市场。他曾有一番高论："美食离了美酒就是死尸，美酒离了美食就是鬼魂；二者结合并且门当户对，才是灵与肉的融合。二者是生活的伴侣。"几十年前，法国人吃一顿饭不配葡萄酒，在美食家看来简直是不可思议的。巴黎和各地区铺着彩色格子布的小酒馆餐桌上，午餐时分都会备好一瓶当地餐酒，晚餐时分则至少是三四杯日常餐酒；甚至早餐时，经常泡吧的人都会到当地咖啡馆，通常以一杯浓缩咖啡、一杯红葡萄酒，再配上每日必有的羊角面包，开启新一天的生活。滴酒不沾的人会被投以最深切的怀疑的目光。"从来不喝葡萄酒的人都是大傻瓜或伪君子，"诗人夏尔·波德莱尔（Charles Baudelaire）曾这样评论道，"一个只喝水的人，一定是有什么不可告人的秘密瞒着他的同伴们。"[45]实际上，法国人的生活离不开葡萄酒，就如其他国家的人

离不开水。中世纪人们饮用葡萄酒是因为在当时酒比水更卫生,这个习惯被很好地保留了下来并进入了卫生体系健全的年代。

但是情况似乎在变化。如今,法国仍然是世界上最大的葡萄酒生产国(其后是意大利和西班牙)。[46]在葡萄酒消费联盟中,法国人也坐在第四把交椅上,每人每年喝46升,相当于每人每月3瓶。[①]然而就世界葡萄酒消费量而言,法国的数字仍如葡萄酒瓶塞一样不牢靠,事实上,过去30

> 对于美食家来说,葡萄酒不是饮品,而是调味品,只要你的主人选对了酒。
> ——爱德华·德·波曼恩(Édouard de Pomaine, 1875—1964),法国科学家和播音员

---

① 令人惊讶的是,世界葡萄酒消费的头把交椅竟然由城邦国家梵蒂冈坐着,其800名忠实的臣民每人每年能喝掉惊人的55升酒。坐第二把交椅的是太平洋上的弹丸飞地诺福克岛(Norfolk Island),其2300名居民——据说是英国人和塔希提人(Tahitian)的后裔,祖先可追溯至1789年4月28日布莱船长指挥的英国"邦蒂号"(Bounty)武装运输船哗变的船员——平均每人每年饮54.5升酒。第三位也是个袖珍小国——卢森堡,年人均饮酒量为52升。

年该国葡萄酒消费量直线下降，从1980年的500亿升降至2008年的320亿升。[47]在两代人的时间里，法国人每年喝掉的葡萄酒瓶数从70亿降到了40亿——相当于每个成年人每星期少喝了一瓶。在1970年，法国人的饮酒量是矿泉水和果汁消费量的两倍，这种情况如今逆转了：2002年时，他们喝掉的水是酒的两倍。[48]

> 当我打胜仗时，我喝香槟来庆祝……
> 当我打败仗时，我也喝香槟，来安慰自己。
> ——拿破仑·波拿巴（1769—1821）

是什么导致了这种水酒逆转的变化呢？原因似乎在于法国人对葡萄的态度发生了深刻的代际转变。2011年图卢兹大学（University of Toulouse）的学者们的一项研究[49]调查了法国各代人——65岁以上的人、30—40岁的人、30岁以下的人——饮葡萄酒的习惯，结果发现只有最老的一代人每天都饮葡萄酒。对他们来说，葡萄酒具有象征法国家庭生活和宴饮欢乐的神圣地位。这群人爱讲亨利四世用瑞朗松（Jurançon）葡萄酒受洗的故事，会回忆自己在战场上大汗淋漓时痛饮troussepinette①的经历，以及军队作为标准定量每天配发的"烧杯葡萄酒"。对这代人来说，午餐桌上没有一瓶当地葡萄酒是不可想象的。三四十岁的一代人则相反，对葡萄酒只有最基本的了解，即酒中含有不同类型的葡萄，是在不同的酿造期酿造的，贴着复杂的标签。他们知道贴有"原产地命名保护"（AOC）标签的顶级法国葡萄酒享有巨大的声誉，因此假如有机会的话，他们会买最好的酒向老板或同事炫耀。然而在他们眼中，葡萄酒已不再是家庭日常餐桌上必不可少的伴侣了，而是大约一星期一次与朋友或同事畅饮

---

① 一种黑刺李酒，出产于卢瓦尔河谷地区的旺代省（Vendée）。

的醇醪。最后，对最年轻的一代——那些用计算机接线连接成社会网络的30岁以下的人们——来说，除了在家里偶尔陪长辈喝几杯外，出了家门基本不喝葡萄酒。①除了生于地方葡萄酒世家的少数年轻发烧友外，法国Y世代（Generation Y）②的葡萄酒知识实际上等于零。虽然他们承认葡萄酒对于民族和文化有极其重大的意义，但他们对酒神巴克斯（Bacchus）的醇醪的普遍态度是困惑不解和望而却步，认为它是斯芬克斯这样的怪物主宰的过去时代的一种神秘而邪恶的东西。

所以看来盎格鲁–撒克逊人的传说——法国是个酒鬼国度，人们一天也离不开葡萄酒——只适用于上了年纪的一部分人了。年轻的法国人在饮品种类方面，正在向盎格鲁-撒克逊标准趋同。对法国葡萄酒业来说，事态的这种发展是难以接受的。而且法国国内市场也并非令陷入困境的法国葡萄酒制造商焦头烂额的唯一地方。35年来，一场为了征服全世界味蕾的，在新旧世界的葡萄酒间风行的味蕾进行的战争在全球展开。1976年5月24日在法国首都举办的"巴黎评判"（Judgement of Paris），是个影响深远的事件。一些久负盛名的葡萄酒评论家对新旧世界的葡萄酒［霞多丽（Chardonnays）和红葡萄酒］进行了盲品。操办这一活动的英国酒商史蒂文·斯珀里尔（Steven Spurrier）一向亲法，然而令他大为吃惊，也令法国人深感耻辱的是，最终加利福尼亚红葡萄酒被判定为全场最佳。这场评判导致上千种新世界葡萄酒进军由旧世界把持的市场。葡萄酒世界大战就此爆发。世界上最大的葡萄酒进口国是英国。尽管法国葡萄酒

---

① 但这并不意味着这群人不喝酒，对此我们在下一章就能了解。
② Y世代基本上是指20世纪80年代后出生的一代人。有时也指使用Facebook（脸书）的一代人或千禧一代（Millennial Generation，指1981年后出生，到千年期结束时达到成年年龄的人），这一代人普遍被视为越来越熟悉数字和电子技术。

传统上主宰着英国葡萄酒进口市场，但到了2012年，这个名单上的榜首变成了澳大利亚，紧随其后的是意大利，①法国只能屈居第三。[50] 虽然香槟酒和得到"原产地命名保护"（AOC）的法国葡萄酒走势依然强劲，但作为地方特产的一些法国葡萄酒，却在诸如杰卡斯（Jacob's Creek）（在低端市场）和本富格兰奇（Penfolds Grange）（在高端市场）等品牌的大举进攻下节节败退。

每年，在欧洲的葡萄园一片萧条之际，成千上万亩葡萄却在新大陆上欣欣向荣（其中最为壮观的是澳大利亚和智利）。[51]但是新旧世界的葡萄酒之战还远不只是个简单的地理问题，而是关于葡萄酒最终究竟是什么的一场概念战。对法国人来说，葡萄酒在很大程度上不是靠葡萄的类型来识别的［实际上所有勃艮第红葡萄酒都出自黑品诺（Pinot Noir）葡萄，所有勃艮第白葡萄酒都出自霞多丽葡萄］。葡萄酒是与风土观念密不可分的：某种葡萄酒是用某种底土的某个山坡的某个葡萄园的某种葡萄酿造的，在某个特定的年份，在某个酒窖的某些酒桶里陈的。因此，仅仅通过葡萄类型——比如，美罗（Merlot）葡萄——来说明葡萄酒的特色，在法国严格来讲是毫无意义的，因为生长于智利的利马里山谷（Limari Valley）的美罗葡萄酿成的酒，与生长于法国梅多克（Médoc）的瓦莱拉克（Valeyrac）的美罗葡萄酿成的酒，完全不是一回事。某瓶酒出自某个葡萄园这种表达法赋予美罗葡萄的"表达力"才是重要的。这种逻辑造成了法国葡萄酒标签高深莫测的复杂性。法国葡萄酒标签不可避免地会标明产区［例如，马松村（Mâcon-Villages）］、酒庄

---

① 虽然意大利葡萄酒在2012年的进口排行榜上不敌澳大利亚，但却是英国市场上增长最迅速的葡萄酒。这在部分上要归功于"灰品诺效应"［Pinot Grigio effect,指"灰品诺"葡萄迅速取代霞多丽和白苏维农（Sauvignon Blanc），成为白葡萄酒的"标杆"］，但也是因为普罗塞克（Prosecco）作为昂贵的香槟酒的替代品的强势崛起。

[例如,布律莱独立酒庄(Domaine de Champ Brûlé)]、生产商[例如,樊尚(Vincent)]、酿造日期和"原产地命名保护"(AOC)声明,但是不会明显地提及葡萄类型(很显然,鉴于你对法国葡萄酒地图的深刻了解,葡萄类型是你早该知道的)。相反的是,新世界的葡萄酒标签就不用劳驾酿酒学博士了。实际上,在加州的路边餐馆就可能有一位女服务员热情地向你介绍:"您好!这里有蒙特利县(Monterey County)黑钻酒庄(Blackstone Winery)出品的霞多丽酒,您需要来一杯吗?"[①]

新世界的葡萄酒制造商主要以葡萄种类来识别特定品牌的葡萄酒,这种办法获得了巨大成功。例如,很多人都以为霞多丽是杰卡斯庄园出产的葡萄酒,而不是勃艮第一些最经典品牌的葡萄酒所声明的葡萄品种。就仿佛被称为霞多丽的葡萄品种——以及由这种葡萄酿造的酒,被新世界某些品牌的葡萄酒据为己有了一样。与此同

---

① 以葡萄类型而不是葡萄产地作为葡萄酒的标签,是由纳帕溪谷(Napa Valley)的创始人之一罗伯特·蒙大维(Robert Mondavi)首倡的,如今新世界的大部分葡萄酒都纷纷仿效。这样的标签没有向你介绍太多葡萄酒的情况,但却更容易被记住。

时，霞多丽又因为引人遐想的葡萄酒标签和广告语，被强烈地认同为是美国、南非或者澳大利亚、新西兰阳光灿烂的气候的产物：正如澳大利亚人的广告所宣称的，霞多丽是"酒瓶中的阳光"。

  法国人自己则诅咒新世界的葡萄酒，说它们与旧世界葡萄酒的味道完全不同，都是些添加了诸如橡木片等人工添加剂的硕大、丰满的水果炸弹——更像是帕米拉·安德森（Pamela Anderson）而不是艾曼纽·贝阿（Emmanuelle Béart）。①法国人对新世界葡萄酒一个常年的抱怨是，它们以人工添加剂掩盖了天然味道，给葡萄酒清一色地强加了水果味和烟熏味。被指责散布了这种单调味道的"罪魁祸首"是美国葡萄酒评论家罗伯特·帕克（Robert Parker）。帕克的时事通讯《葡萄酒倡导者》(The Wine Advocate)，以百分制为葡萄酒打分评级（据说帕克品过酒后打的正分和负分，能使葡萄酒的价值增加或减少500万英镑）。帕克对法国葡萄酒体系的复杂和等级分化的结构非常愤怒，自20世纪70年代晚期就以一个品酒"独行侠"的姿态，单枪匹马挥舞着酒瓶向庞大的高卢葡萄酒体系发起了挑战。他曾说："我带来的是民主观念。我不胡说什么你的家庭回到了革命前、你攫取的财富比我所能想象的还要多之类的话。假如这种葡萄酒不好喝，我就直言不讳。"[52]他还判定，澳大利亚最著名的葡萄酒本富格兰奇，"已经取代法国波尔多的柏图斯酒（Pétrus），成为世界上最具异国情调和最浓缩的葡萄酒"。他的百分制葡萄酒评级体系给富有的主顾们——那些想喝最好的葡萄酒却没有时间精挑细选的人——带来了福音。假如一位得克萨斯的百万富翁告诉你

---

① 帕米拉·安德森，1967年生于加拿大，影视演员兼模特，以艳星而著称，是《花花公子》杂志的封面常客；艾曼纽·贝阿，1963年生于法国，影星，被很多人视为法国美神。——译注

他有一瓶"波尔多93",他十有八九说的是帕克打的分,而不是葡萄酒的酿造期。①

对于法国葡萄种植业,还有新的威胁从更远的远方袭来。中国人对法国葡萄酒,尤其是波尔

> 我一生向来滴酒不沾。这可是在法国啊!然而法国人民仍然选我做总统。
> ——尼古拉·萨科齐(Nicolas Sarkozy,2007—2012),法国第23任总统

多葡萄酒的渴望,似乎是无法满足的:中国现在已成为波尔多葡萄酒的头号买主。[53]然而,中国人并不满足于从吉伦特(Gironde)河畔买酒喝——他们看来还想亲自酿酒。过去五年多,有大约20座波尔多葡萄酒庄被中国人收购。2012年,当一位中国买家提出以800万欧元收购勃艮第古老的热夫雷尚贝坦酒庄(Château de Gevrey-Chambertin)时,整个法国葡萄酒界都掀起了波澜。(为什么中国人收购勃艮第酒庄引发了这么大的动静,原因之一是买主的出价比卖主最初的叫价高出了大约600万欧元,而且曾有一个法国当地的酿酒商联合财团参与了竞价,以期将这座葡萄园留在法国大家庭内,然而显然,他们失败了。)

法国葡萄酒的前景如何?至少目前看上去是阴云密布而不是曙光在前。不过,风土观念正在世界上越来越多的地方生根开花,却是肯定的。人们已重新认识到,葡萄酒应反映太阳和土壤的味道,而不是化学实验室的味道。波尔多由家庭经营的酒庄出产的葡萄

---

① 2004年出品的法国纪录片《美酒家族》(Mondovino),是对法国小葡萄酒制造商们一曲满怀深情的挽歌,也是对全球化大潮一次尖刻的攻击。片中有一个帕克在汉堡王的霓虹灯广告前咧嘴而笑的镜头。《美酒家族》是获得了戛纳电影节金棕榈奖(Palme d'Or)提名的为数不多的纪录片之一。

酒，与纳帕溪谷4万英亩种植园拼凑起来的生产能力相比也许微不足道，但你至少能肯定酒的成分是上帝（而不是某些微补氧操作机）提供的。但是，看在上帝的分上，别听信法国侍者那些由来已久的花言巧语去喝一瓶低级葡萄酒——是的，那酒瓶的确也是带软木塞的，但那跟风土可没什么关系。

◎ **传闻评估：错误。65岁以上的法国人每餐都饮葡萄酒，65岁以下的法国人更愿意喝依云矿泉水（Evian）、巴杜阿矿泉水（Badoit）或者果汁。**

法国人不会喝醉

没必要为成仙而喝得酩酊大醉。

——维克多·雨果（Victor Hugo），《悲惨世界》(*Les MisÉrables*)，1862

"英国佬都是酒鬼。"这是西班牙的一句老话。大多数欧洲人都会赞同。喧嚣的周末在阿尔卑斯山全是男人的滑雪度假村里扬威的英国酒鬼，到处撒酒疯的英国足球流氓，都使英国人成了饮酒过度的代名词。英国人与烂醉如泥联系在一起已根本不算是新鲜事。19世纪中叶，法国诗人魏尔伦（Paul Verlaine）曾到伦敦谋了个教法语的差事。他回忆说伦敦是一些喝得醉醺醺，劝别人改变信仰的伪君子的聚集之地：

> 伦敦黑得像乌鸦，吵得像鸭子。一切罪恶都明目张胆，人们还都彬彬有礼、假装正经。酒鬼们总是喝得醉醺醺的。伦敦面积非常广大，但实质上就是一群尔虞我诈的丑闻传播者的市集。伦敦既丑陋又乏味，除了没完没了的码头，没有任何值得

一看的伟大建筑。[54]

自然,法国人为自己不会像英国人那样喝得醉醺醺而感到骄傲。所以有人说(法国人也很愿意相信),法国人喝酒很文明,只是午餐和晚餐时在家里喝。他们不会像英国人或爱尔兰人那样星期五晚上到酒吧或夜总会去纵酒狂欢,然后在人行道上吐得一塌糊涂。正如一生都在细心观察,直到被巴黎街头的一辆洗衣店货车撞倒的法国哲学家罗兰·巴特(Roland Barthes)所评述的:"其他国家的人饮酒都是为了买醉,这是为所有人所接受的;而在法国,喝醉只是结果,从来不是目的。饮酒只是为了感受快乐带来的眩晕,而不是为了寻求某种必须产生的效果:葡萄酒不仅是一种催情药,也是一种悠闲的取乐行为。"[55]

喝酒但不喝醉的艺术

让-安泰尔姆·布里亚-萨瓦兰(1755—1826)是法国首屈一指的美食家和美食作家。他的杰作《味道的生理学》(*La Physiologie du goût*),是讲述有关餐桌乐趣的一部散文和妙语集,自1825年以来一直在不断重印,已成为美食文学的经典。布里

> 亚-萨瓦兰是个游历丰富的人，对他见到的人都有独特的观感。他贬斥瑞士人"非常文明，但却是傻瓜，因为他们没有时间娱乐"。其他国家得到的评价还要更糟：他认为英国人是"不懂得欣赏生活中更精致事物的势利小人"，认为美国人是"有魅力的野蛮人"。
>
> 布里亚-萨瓦兰被认为与亚历山大·格里莫·德·拉·雷尼耶一起，奠定了美食散文的风格。《味道的生理学》中有个重要人物是嗜酒如命的比森将军（General Bisson），像是一个法国神话人物，能喝下巨量的葡萄酒，却显不出丝毫醉酒的迹象。
>
> "比森将军……每天晚餐都能喝八瓶葡萄酒，而且……从来看不出有什么不适来。他的杯子比一般人的都大，他还比所有人都更频繁地干杯。不过他才不在乎呢，因为他灌下六盎司酒后，仍然能谈笑风生、发号施令，就好像他只喝了一点点似的。"

这样说当然是不错的，对于传统上的法国中上等阶层或小资人士来说，在大庭广众之下显露醉态是极其不雅的事情。法国人的"良好教养"（savoir-vivre）——即形成于19世纪的区别资产阶级和暴民的一整套极其复杂且具有成文形式的正式"礼貌"——非常强调庄重，也就是说，要给人以总是能控制自己的身体、情绪和语言的印象。①56因此在职场举行的圣诞聚会上，跌跌撞撞、步履蹒跚，嘴里不停地嘟囔对老板的忠诚爱戴，或者晕头转向地瘫倒在地

---

① "良好教养"是了解法国小资产阶级时必不可少的概念，在关于法国妇女和举止风度的章节里还将深入探讨。

上，都是此类圈子里完全不能接受的行为。另一方面，"良好教养"又与场合密切相关，诸如餐馆等公共场合（矜持和自制是必不可少的）与亲朋间的酒宴等私人场合（客人都是事先筛选的，因此不大会有令人畏惧的闲杂人等），还是有严格区别的。[57]因此，在经过挑选的场合稍微放松些自制力是可以被允许的。这种情况的一个典型例证是漫长的开胃酒时段，这种时候法国人会显得非常温柔可爱，会有大量的葡萄酒和香槟酒端上来，却仅配以解酒力极弱的精致开胃小菜，于是一个老成持重之人喝得酩酊大醉却还在巧妙掩饰，这种事情绝非鲜见。当然，醉酒戒律的这种小小的松动严格地仅限于男人。对于女人来说，在公众场合显出醉态，是法国礼节中不可饶恕的大罪，实际上这样的女人一般都会被设想为是英国人。正如一本重要的关于法国礼仪的书——写于19世纪80年代，但至今仍具权威性——的作者所指出的，一位女士如果想保持美丽和端庄，就决不可饮"纯正的葡萄酒"，更不能沾烈酒了。[58]

> 喜欢好葡萄酒的人绝不会是醉鬼；他的乐趣在于欣赏酒的品质，而不是消耗其数量，狂饮无度会把人类降低到畜生的水准。
> ——马塞尔·布莱斯坦（Marcel Boulestin, 1878—1943），法国名厨

如今传统的法国小资产阶级已经垂垂老矣，成了濒危物种。那么未来的一代又是怎样的呢？唉，我们发现——虽然爷爷辈的人一边文质彬彬地小啜着勃艮第葡萄酒，一边纵论莫里哀和拉辛的短长——孙子辈的人却十有八九学了他们英美同龄人的坏榜样，通宵达旦地痛饮烈酒。尽管（如上一章所述）法国各年龄段人群的日常葡萄酒消费量都在大幅下降，自2007年以来，该国年轻人中狂饮不羁者的数量却在激增。实际上，"le binge-drinking"（狂饮）一词已经作为

新的英语外来语,进入了法语中[这个词的更正式说法,尽管被法兰西学院(Académie française)所抵制,是更浅显易记的"biture express"(迅速取醉)——更讲究的说法是"high-speed drunkenness"(快速醉酒)]。2005年至2007年,法国年轻人因饮酒过度而被送进医院的人数增长了50%,这也成为法国青年死亡的首要原因,据说平均每天有三人死于饮酒过量。[59]尽管法国道路交通事故的总体发生率已经大大降低,全国年轻人中酒驾导致的事故却仍然高发,许多致命的事故都是因小汽车失控撞上了路旁的梧桐树而发生的。道路两旁成排的梧桐树本是法国各地乡村的特色,法国人对此问题的回应却是典型的法国作派,他们砍掉了这些树。① 而且,好几座法国大城市——比如法国第二大城市里昂(Lyons)——都宣布,所有卖酒的店铺都必须在晚10点前关门。

  法国人当然指责英国人把酗酒之风传进了法国。在2011年泛欧洲组织"欧洲学校酒精和其他药品调查计划"(ESPAD)进行的一项对欧洲青年的调查中,[60]15—16岁的法国少年有44%的人承认曾在过去一个月中狂饮。这高于欧洲的平均水平,不过比英国的水平(52%)还是要低。另一方面,尽管英国学生能把他们的法国同龄人喝趴下,但是若论抽烟、服用非处方性镇静剂和吸食大麻等等,后者则能轻松胜出。实际上,法国学生是整个欧洲瘾最大的吸食大麻者:据说他们一生的服用量在欧洲平均水平的两倍以上。如果比较食用和滥用非法药品(即烟、酒、巴比妥类药物和其他药物)的总体情况,法国学生实在要高于英国学生。法国各年龄段的人服用大麻的比例都非常惊人。几乎没有一天不曝出这样的新闻:看似规规矩矩的围着围墙的花园里,甚至监狱的空地上,却生长着大量违

---

① 也许更说明问题的是,自2012年4月起,对21岁以下的司机强制实行"零酒精"限令。

禁作物。当法国孩子开始饮酒时，他们爱喝的可不是葡萄酒，而是波普甜酒或者烈酒（尤其是威士忌目前在法国青年中非常流行），鸡尾酒也是大热。

近年来，典型的法国少年聚会给人的印象已发生了巨大变化。不再像1980年使13岁的苏菲·玛索（Sophie Marceau）一举成名的法国著名青春影片《初吻》（*La Boum*）中所表现的那样，是在迪斯科舞厅搂抱接吻那种天真幼稚的事情了。粗犷而逼真的英国少年电视剧《皮囊》（*Skins*），自2007年起在法国播出，先是在Canal +电视台，继而在少年频道"六月"（June）。这部剧在法国十多岁的少年中产生了巨大影响，激发了全国各地模仿《皮囊》中的聚会的风潮。有那么两三年，法国十来岁的少女会把自己裹在塑料薄膜里，以取悦她们的男同学，而男同学们则会在"秘密"聚会上用手机拍下这些场面，"秘密"聚会的地点则是提前几小时在社交网站上发布的。继而"皮囊"式聚会变得司空见惯，被会展行业接手，改造成多少有些伤风败俗的化装晚会活动。被认为很"酷"的场景一直在变化，这回受到了另一部更加阳刚而不伤感的青春电影的启发——2012年出品的美国电影《X计划》（*Project X*），讲述了一个最终失控的宏大聚会的故事。模仿《X计划》的活动开始风靡法国，包括2012年夏天在弗雷瑞斯湾（Fréjus）附近的里维埃拉（Riviera）海滩举行的一场聚会，约400名十多岁的少年仿佛从天而降，捣毁了一座无人居住的别墅。《X计划》式聚会如今受到了法国警方的严密监视。警方花费大量时间，布置大量人力在网上搜索此类活动的信息，警告组织者会将他们带离现场。

比所有实际的聚会本身更具有重要意义的，是聚会后少年们在各种社交网站上的"晒照"与互动。基本上，世界各地的少年都大抵如此，但在法国，年轻一代公开展示他们不那么私密的生活，就导致法国人的一个终极噩梦变成了现实：礼仪被破坏了。法国人在公共场合和私人空间神圣的差别——各自有自己的行为规范——在面对千禧一代时就很难执行了。千禧一代执意将他们喜爱的食品、高跟鞋，以及众多不相干的东西暴露给由23亿互联网用户构成的观众。那么"良好教养"包含的那些神圣原则是否已经"礼坏乐崩"了？还很难说，不知已经跨出外太空的法国新一代会不会再返回地球，与往昔的遵纪守法和自我约束重新结合起来。如果不的话，他们的老爷爷恐怕也只能……点上烟斗，把烦恼一气吹走了。

◎ **传闻评估：错误。较老的法国人会醉酒并隐瞒。较年轻的法国人既会大醉也会微醺，他们会把自己各种各样的醉态及裸照发到社交网络上。**

II

美得过火

关于法国女人的传闻

法国女人是世上最时尚的

时尚之于法国,犹如金矿之于秘鲁。

——让-巴普蒂斯特·科尔伯特(Jean-Baptiste Colbert,1619—1683),路易十四的财政大臣

法国女人对时尚的感觉是传奇性的。人们普遍认为,高卢女子有一种神秘的本领,能使自己看上去光鲜靓丽、妩媚迷人,哪怕她们实际上长着一张像狗的早餐一般的脸(法国人甚至将这样一种观念奉若神明:一个相貌平平的女子,也会有其难以言喻的魅力。为此他们创造了一个矛盾的词语:belle-laide,意思是"美丽的丑女人")。不过,不管怎样,由于某种神秘的说不清的原因,你就是注意不到这种毫不费力的时尚。也许最能集中体现这种现象的,就是传奇的可可·香奈儿以及以她命名的套装:漂亮,时髦,光彩夺目,短上衣和闪闪发光的细高跟鞋协调搭配。她的形象实在是威力巨大,以

至于形成了货真价实的小产业——出书指导英美女士如何像法国女人一样穿着、打扮和追求时尚，简而言之，如何"发现你内在的法国女人"。

> 假如一个女人穿着很差，你会注意到她的衣裳，但如果她穿着完美，你就会注意到她本人。
> ——可可·香奈儿（1883—1971）

实际上，法国城市小资（the bourgeois）女性的时尚感并没有太大的"秘密"。[请注意：我们这里谈论的是城市小资女子的时尚，通常是指巴黎和巴黎大区（Île de France），以及少数其他特定地区的女子，不是法国女人整体。照例，Froglit①作家们从都市女人中的有限事例外推，得出关于整个法国的广泛结论。]像外国人所惊叹的巴黎人的许多特点一样，法国女性的风度也基本上来源于"良好教养"的规则，这将在下文详述。②这些规则今天仍然适用于许多法国中上层人士。

"良好教养"包括很多规则，均有明确的特定目的。首先，其存在是要将有教养和品位的人与暴民区别开来。其次，是为维持界限和等级的。第三，也是最重要的，是为维持社会现状的。"良好教养"的规则远非狭义上的"礼仪"问题——比如怎样迎接人、怎样布置桌子之类（尽管规则中的确包括这些事情）。"良好教养"实际上是一种生活方式——这就是其规则被称为les règles de savoir-vivre（"知道如何生活的规则"），而不仅仅是"如何做某些事情"

---

① Froglit，名词：是一个高度商业化和公式化的轻松幽默的虚构类和非虚构类作品流派，通常由定居法国的英美侨民写成，一般都带有一种自传式的偏见，致力于赞扬、阐释、讽刺或传播一些关于法国的老生常谈式的观点。
② "良好教养"的规则将在第Ⅴ部分第1节作进一步探讨。

的原因。按照"良好教养"的规则,自我展示是一件非常重要的事。个人的外表实际上是礼貌和尊重他人的一种表现。关键的规则包括:[1]

修饰("le soin")。这意味着对个人护理和衣着的所有微小细节都要格外注意——指甲不能不修,头发不能不梳,鞋子不能肮脏,纽扣不能缺失。穿着睡衣在街角小店恶言恶语是不可以的。到学校接孩子时衣服上也不能有昨天的婴儿唾液。

和谐("l'harmonie")。这意味着一个人的衣着和装饰要协调(即不能有冲突的颜色),但也意味着人的外表要和所在的地方及社会地位相适应。因此,比如一个放荡不羁的艺术家可以允许留少许胡茬或发茬,可以打深红色的领带,但在办公场所,这显然是万万不能的。一位职业女性在工作日午餐时分招待客户,她可以点葡萄酒并结账;然而到了晚上,当她和丈夫或者朋友在餐馆就餐时,礼节规定她就要将这些事情让给男士们了。

小资低领衫素雅的魅力

法国女性的传统风度非常强调素雅,即隐示下面是什么,而不是使其全部显露出来。例如,这里是一位19世纪的作家斯塔菲男爵夫人在与恼人的低领衫问题相关的礼仪方面的忠告:

"有三种样式的'低领衫'可供你选择,须根据女人的体形决定。在法兰西第二帝国期间,低领衫被归为如下三类:'全低领''半低领'和'四分之一低领'。有着优美而迷人的肩膀的女士适于'全低领';皮肤白皙的女士适于'半低领'或'四分之一低领';只有脖子迷人的女士宜选择'四分之一低领',一种前后都是尖领口的非常内敛的衣服……"

> "假如你必须——而不是需要——穿一种低领口的衣服,为什么不用薄纱或花边来掩饰一下呢?毕竟,低领衫会使你不得体地暴露在不怀好意的人眼中。看到胸部和胳膊从低领衫中显露出来,其不完美之处却被并没有完全遮盖住皮肤的透明的云掩饰了,这是妩媚迷人的。一切隐藏的东西都有一种深奥的未知感和神秘感,使你想象真正的美丽是在衣服下面。"
>
> ——引自《我关于取悦和获得爱的秘密》(*Mes Secrets pour plaire et pour être aimée*),1896年

谨慎("la discretion")。用19世纪著名的礼仪权威斯塔菲男爵夫人(Baronne Staffe)的话来说,"一个并不真正具有魅力,除非靠风度和打扮的女人,她是在寻求不被人注意"。即使今天,法国人在泛欧洲的调查中仍然最频繁地说出这样的话:"别过分惹眼,这非常重要。"²法国小资产阶级对谨慎的痴迷已近乎走火入魔。为什么会出现这种情况呢?不完全清楚,也许他们是被大革命后的暴民吓坏了。只要稍微露点儿富,比如被发现有件闪光的珠宝,就会被认为可能在法国的某处海外殖民地藏有大量钱财,从而被课以财产税。因此任何发光的颜色,实际上是任何色彩艳丽或稀奇古怪的东西,都是完全不能外露的。惹眼的设计师标签,以及所有必然会指向社会暴发户或新贵(这是法国人最不能饶恕的社会罪恶)身份的东西,也都如此。大多数法国小资女士的衣柜,如果不兼做书柜的话,都会储有至少50副灰色墨镜。

端庄("le maintien")。一个人的行为必须始终有所约束,端庄有礼。这意味着当你落座时,必须轻而优雅,决不能重重地坐下;走路的姿势也须雅致,步履匀称而从容;不能露齿而笑,表

达任何感情时都无论如何不能过度,除非是在私下场合(即便如此,表达感情的程度也需依环境而定)。实际上,整个人生在某种意义上都变成了一出戏,在每一幕中、每个场景里,你都必须扮演适当的角色,必须说剧本里的台词。如果你阅读法国人关于"良好教养"的指南,你会纳闷角色扮演什么时候会结束(假如能结束的话)。有没有无适当剧本的生活场景?

　　法国中上等阶层的一些女性矜持、美丽,又不失一种谦逊的典

> 只有在巴黎，你才能看到真正美丽的最具魅力的脸：四十出头的女人，长着精致的鼻子、雌鹿般的眼睛，让人们看上去赏心悦目。
>
> ——科莱特（Colette，1873—1954），法国小说家，《克劳汀的家庭》（*Claudine en Ménage*），1902年

雅，如果以上述规则来看，完全是理所当然的。对于许多女性，也许是大多数女性，这样做都会很好看：保持一种古典的、有自身特色的优雅，维护一种素雅、迷人的仪态，但又从不张扬其存在。这使得外表并不完美的女人谨慎地隐藏起了其缺陷（巴黎女人决不会暴露其身体的任何部分，除非那个部分是完美的，这使得我们在巴黎市中心乘坐公共交通工具时，很少会看到不堪入目的景象）。这样的外观也使得女人们可以优雅地老去，而无须求助夹、挤、拉或将塑料填入乳腺组织等美容手段。实际上，礼仪指南书中对于已达暮年但仍然保养得很好，没有被岁月侵蚀的女人给予了特别的尊敬。永远高雅的可可·香奈儿曾经说过："任何人过了40岁都不再年轻了，但是你在任何年龄都能拥有不可抗拒的魅力。"

另一方面，矜持、有自身特色的优雅，对于年轻奔放，或者在衣着上有叛逆性的女性来说又不必然好看。实际上，从今天较年轻的法国女性间流行的文身、鼻环、眉穿刺、鲜艳色彩和暴露的文胸带来看，传统的法国小资情调在很大程度上是与较老一代的女人相联系的。如今法国豆蔻少女的论坛似乎更关心到哪里能淘到英国青春电视系列剧《皮囊》中人物埃菲（Effy）的那种哥特朋克式靴子，而不是将低领衫和迷你裙搭配在一起是否有违社交礼仪。[对于到哪里去找埃菲式的衣装，法国少年网民们的建议是，不可避免

地要试试Zara或Top Shop等网上品牌店，或者，也是最好的办法，去伦敦的卡姆登市场（Camden Market），那里已成为法国青少年的服装新圣地。］今天的法国少女们比她们母亲那代身材要高，体形要大，体重要沉。①在我住处附近的地方小镇上，我经常能看到身材纤巧的四十多岁的女子，穿着香奈儿套装，像鸟儿一样优雅、轻快地走着，旁边是她高大得多、健壮得多、体形也庞大得多的18岁左右的女儿，留着朋克发型，文着刺青，身上随意穿着孔，戴着各种环。真是奇特的一对。

成熟不会被时光摧毁

> 2004年末，法国市场调查公司益普索（Ipsos）对1002名法国人进行了调查，想看看在法国人心目中世界上最美的女性是谁。调查结果多少有些出人意料。获得前两名的女人——女演员莫妮卡·贝鲁奇（Monica Bellucci）和伊莎贝尔·阿佳妮（Isabelle Adjani）——虽然都说法语，但分别出生于意大利和阿尔及利亚，说明法国人的口味多少有些倾向于异国情调。调查结果还表明，法国人对女人的观点与他们对葡萄酒一样——年代愈久愈醇。
>
> 上榜的女性有一半以上都已经超过了40岁。实际上，除了众望所归的国宝级演员卡特琳娜·德诺芙（Catherine Deneuve）——当时已经61岁——之外，另有五位入选者都已将近50岁，她们是电影明星伊莎贝尔·阿佳妮、温文尔雅的女演员

---

① 2006年对法国男人和女人进行的全国性人口动态统计调查"全国测量行动"（Campagne de mensuration）显示，法国自20世纪70年代起出现了一大批"非常高的女性"，身高最高可达190厘米。

科琳娜·图泽（Corinne Touzet）（在法国以外相对不为人知）、女主播克莱尔·沙扎尔（Claire Chazal），以及女演员卡罗尔·布凯（Carole Bouquet）和莎朗·斯通（Sharon Stone）。榜上最年轻的是朱莉娅·罗伯茨（Julia Roberts），当时也已是成熟的37岁。年过四十的女人们看到这一结果应当感到欣慰，至少就法国人而言，她们正处于自己最好的年华。

1. 莫妮卡·贝鲁奇
2. 伊莎贝尔·阿佳妮
3. 科琳娜·图泽
4. 朱莉娅·罗伯茨
5. 苏菲·玛索（Sophie Marceau）
6. 克莱尔·沙扎尔
7. 卡罗尔·布凯
8. 卡特琳娜·德诺芙
9. 艾曼纽·贝阿
10. 莎朗·斯通

资料来源：Ipsos/Coyote, "Les Français élisent la plus belle femme du monde", 2004年11月10日。

> 时尚会消退，唯有风度不变。
> ——可可·香奈儿（1883—1971）

路易十四的情妇曼特农夫人（Madame de Maintenon）曾说

过:"一个不够美丽的女子,只有一半人生。"按照法国传统的礼仪规则,以修饰打扮和谨言慎行而形成的妩媚和谐、优雅诱人的仪态……照亮灰暗的男人世界而又不侮辱、挑战和毁灭它,是女人的社会责任。也许新一代的法国女性已经——以其增长的身高,大胆而自信的艳丽T恤衫、鼻环和文身——接过了火炬。

◎ **传闻评估**:这个传闻的真相很难评估,因为"风度"标准的组成具有天然的主观性。但是某些法国女人,主要是中产阶级和年纪较大的女人,在外貌上形成了很多人认为高贵、有自身特点的典雅和美丽,仍然可以说是一个事实。

法国女人不会长胖

> 当我偎依在男人怀里时,我永远不希望自己比一只鸟重。
> ——可可·香奈儿,著名女装设计师(1883—1971)

这个说法是本书中唯一被注册成了商标的传说〔"法国女人不会长胖®"这说法,被美籍法裔作家米雷耶·朱利亚诺(Mireille Guiliano)在美国专利局注册为专利商品,她揭秘法国女性令人羡慕的倩影的同名指南书于2006年出版〕。朱利亚诺的书问世后,跟风炒作者甚众,如今旨在揭示所谓"法国悖论"之谜的指南手册已呈泛滥之势。所谓"法国悖论",就是法国女人如何做到一方面沉迷于红酒、奶酪和羊角面包,一方面又能保持令人渴望的身材。例如,一位美国博客作者在访问过巴黎后写下的一段文字就很典型:"法国女人以漂亮、性感和苗条而著称。在法国的女人(Women in France)穿着迷你裙走来走去①,看上去优雅曼妙、窈窕轻盈,似乎

---

① 这显然是错误的。大部分法国成年女子都会认为穿迷你裙是粗俗的。这样的描述更近乎于爱好健美的曼哈顿人心目中的美丽,跟法国人一点儿关系也没有,但这实际上是许多外国人对法国女子的赞美之词。照例,我们会坚持对我们心目中扭曲的法国人形象进行曲解。

全都享受着人生中最大的快乐。她们吃着全脂的乳品、黄油、正宗奶酪、甜品、红肉、意大利面、美味面包，此外还要再喝上一杯葡萄酒或香槟酒，然而她们的肥胖率仍然很低。"

这段引文中使用了"在法国的女人（Women in France）"这种说法，很是耐人寻味。在法国的几个热门旅游目的地中，巴黎及其周边的大巴黎地区是遥遥领先的最受欢迎之地，紧随其后的则是蔚蓝海岸（Côte d'Azur）。因此，绝大多数英美游客遇到法国女人，都是在巴黎历史悠久的市中心，以及蔚蓝海岸迷人的沙滩上。然而，正如许多专写法国的作家和评论家们想让我们相信的，这些穿着考究、身材窈窕、风姿绰约的样板代表着法国女人的全体。

那么法国女人究竟会不会长胖？有鉴于在当地家乐福超市排队时出现在我面前的女性大屁股的数量和次数，我禁不住要说，至少她们中的一部分是会发胖的。法国历史上肥胖率很低，这当然不错，但形势在变化。法国药企罗氏集团（Roche）所属的ObÉpi调查公司在一项对法国人口肥胖率进行的为期三年的调查中发现，2012年法国成年总人口中的47%超重或肥胖，其中包括42%的法国女人。1997—2012年，法国人的肥胖率增长了76%，其中18—25岁的青年女子增长最大。[3]

不过法国女人的"普遍"身材与英吉利海峡对岸她们的表亲相比又如何呢？英国和法国曾各做了一项全国体型调查，碰巧在同一时间里为这个问题提供了一个引人注目（又出人意料）的答案。两

> 皮包骨头的猫和大腹便便的女人，都是一家之耻。
>
> ——科西嘉谚语

项调查分别是英国政府贸易与工业部（Department of Trade and Industry）与国内主要零售商于2001—2002年联合举办的"全英体型调查"（UK National Sizing Survey），和法国纺织行业于2003—2005年举行的法国"全国测量行动"（Campagne nationale de mensuration）。两项调查均使用了高科技扫描技术，测量了英吉利海峡两岸数以千计的男人和女人的身材。数据经整理后，分别形成了英国和法国女人关键的"平均"统计数字如下（法国的统计数据被换算成了英制）：[4]

	身高	胸围	腰围	臀围	体重
英国	5英尺3.5英寸	38.5英寸	34英寸	40.5英寸	10英石3.5磅
法国	5英尺3英寸	37英寸	31.5英寸	39.5英寸	9英石11.5磅

肥胖——太可怕了！

> 太胖的女人每走一步都得像海豹一样气喘吁吁，或者汗水流得像条河。她像大象一样重，她的体形很庞大，她那巨大的屁股晃晃悠悠，尽管这也许是她天生的特色，但仍然难看至极。她那肥嘟嘟的脸颊和垫着厚厚脂肪的眼皮，使她那张脸成了令人作呕的面具。她失去了美丽，失去了体形，也失去了魅力。
>
> ——引自斯塔菲男爵夫人所著《厕所》（Le Cabinet de Toilette），1897年

这两项统计最惊人之处是英法女人广泛的相似性。法国女人平均比英国女人矮半英尺（无论在体形方面还是在尺码方面），两者之间只有极细微的差距。英法女性之间在体形上的这种细微差别能够解释由此产生的"肥胖问题"吗？

但是所有这些都不能改变一个事实，至少在巴黎和外国游客及侨民最多的其他地区，骨感而雅致的法国女人的确极其众多，她们穿着高跟鞋和非常协调的前胸敞开的波莱罗搭肩款款而行，摇曳生姿。有多个关于法国肥胖率的报告都关注了一个事实：整体平均率掩盖了法国女性基于地理位置、阶级和受教育程度所产生的巨大差异。[5]女性肥胖率最高的地区是法国的北部和东部——引人注目的是经济萧条的北部加来海峡省，游人如织的普罗旺斯、蔚蓝海岸和卢瓦尔河谷地区肥胖率则最低，而且没有高中毕业文凭（Baccalauréat）或者其他文凭的女子，可能比她们高中毕业了的同胞要重大约3公斤。[6]经济合作与发展组织（OECD）2011年发布的一份报告称，法国受教育程度较低的女性中的超重者，几乎是受教育程度较高的女性的三倍。这项"不平等指数"在英国则要低很多。英国受教育程度较低的女性超重者大约是其中产阶级同胞的一倍半。[7]

为什么巴黎小资产阶级女性是所有法国人中最不可能发胖的？嗯，部分上是因为教养，部分上也因为社会压力。"良好教养"规则——法国大革命后传统的礼仪典范——极其强调女人优雅而

> 人性最深处的邪恶之源，就是瘦女人和胖女人的暗战。
>
> ——雷米·德·古尔蒙（Rémy de Gourmont，1858—1915），法国象征主义诗人、小说家和评论家

自律地展现自我的重要性，包括衣着要素雅，消费要节制。①正如著名的风度举止作家斯塔菲男爵夫人在其大受欢迎的19世纪礼仪手册《人情世故》(Usages du monde)②中所写的，"不贪吃"对小资产阶级的年轻姑娘尤为重要，因为贪吃"会毁掉人的外观，显得缺乏教养"。⁸苗条则是法国女人向外界展示她们属于富裕的小资产阶级或中产阶级的传统重要手段之一。

苗条＝上层女性，而腰间赘肉＝下层女性，这些等式在法国人心态和文化中根深蒂固。绝大多数公众生活中的法国女性——从电视节目主持人到政客——都令人难以置信地身材窈窕、魅力四射。你会怀疑，法国还有没有不像赛格琳·罗雅尔（Ségolène Royal）、卡拉·布吕尼（Carla Bruni）或者瓦莱丽·特里耶韦莱（Valérie Trierweiler）的女人？③毕竟，难道不是女权主义的兴起才使得所有女士即使没有影星玛丽昂·科迪亚（Marion Cotillard）之貌，也能获得强有力的地位吗？法国国民心态中将女性认同于苗条和魅力，意味着让法国人直面他们新生的肥胖危机特别困难。英国媒体对2012年ObÉpi公司的调查结果（以一定程度的幸灾乐祸）进行了

---

① 对于"良好教养"规则更详细的探讨，见关于法国女人和风度的一章。
② 这部法国礼仪的"圣经"于1889年初版，19世纪一共出了24版，至今仍在印行。
③ 赛格琳·罗雅尔，法国政治家，1953年出生，2007年法国总统选举中败北的社会党候选人，法国前总统弗朗索瓦·奥朗德的前女友；卡拉·布吕尼，法国前模特、歌手、演员、音乐人，1967年出生，法国前总统尼古拉·萨科齐的夫人；瓦莱丽·特里耶韦莱，法国记者，1965年出生，也是法国前总统弗朗索瓦·奥朗德的前女友。——译注

报道，但法国媒体却缄默了。尽管法国新闻界最近对儿童肥胖问题很是大惊小怪了一番，成人肥胖问题却显然没有受到重视。就连法国的女装店铺似乎都不大肯承认他们的主顾有了新的体形比例。尽管法国人的服装尺寸已经按照2006年的产业尺寸调查进行了修订，但看看法国服装店里普遍的存货，如果你产生了法国所有女人最大尺码是10的印象，那并不为过。在法国"全国测量行动"中，三分之一参与调查的女性承认在服装店中难以找到合身的衣服。调查报告指责她们太胖或太瘦——即使抱怨的女人绝大多数是在正常身材范围内的。说实在的，法国身材报告的调子和内容有时真是莫名其妙。例如，法国女性的平均身高是与2006年世界小姐候选人的平均身高相比较的，结论是发现法国女性矮了14厘米。一份半官方的报告用选美比赛的标准来评估一国女性的身体素质，似乎无论如何有些说不过去。

既然服装店里尺码合身的女装如此匮乏，那么法国加大号服装市场如病毒传播一般广泛兴起也就毫不奇怪了。在谷歌法国网页搜索"habillement femme grande taille"（大号女装），会跳出好几十个非常火爆的向法国女性在线兜售超大号服装的法国或外国店铺的名字，如：La Redoute、Dorothy Perkins、Kiabi、Evans、C&A……名单还在不断加长。法国一家大号女装网店评论道："向身材较高的女性出售大尺码女装，已经成为一种时尚现象，有很多人关注。大尺码女装现在也有了自己的式样。时装设计师正在提供全套衣着，有大号裙装、裤子，还有内衣。"专门为有"肉感美"的人服务的互联网约会代理机构数量也在迅猛增长，为游离了"传统美丽标准"的人提供约会机会。这些人会使普通的约会代理机构感到"压力山大"，从而可能篡改他们的身材数据，或羞于发布他们的照片。还有专为肉感美的人争取权利的组织成立，包括在工作场所反对对他们的歧视。① 与此同时，法国政府尽管没有公开对成人肥胖问题表示关切，却悄悄地采取了行动以捍卫法国最大的营销资产之一：其作为奢华之地、时尚之地和拥有窈窕美丽的女人的举世闻名的声誉。法国政府已提出了提案，禁止食品产业使用易致人发胖的棕榈油［即"能多益修正案"（Nutella amendment）］，甚至还由国家卫生机构向矮胖的法国人提供免费的健身课程。

　　总而言之，法国人似乎坚决否认自己在镜子里开始发胖的新形象这一事实。但这种否认是无济于事的，并不因外国来访者喷出了成堆垃圾而有所助益。这些外国人花了一年左右的时间，专门在巴黎市中心各区或蔚蓝海岸的沙滩上"评估"女性的身材，然后激动万分地将对法国女人不可思议的苗条的钦佩和惊奇带回自己的国家。这样的滚滚浊流何时是个头呢？也许有那么一天，当越来越多不符合小资理想的法国女人们终于发出了声音的时候。也许有那么一天，当法国的胖女士们放声歌唱起来的时候……

◎ **传闻评估：错误：越来越多的法国女人正在发胖。**

---

① 法国各地都成立了为"肉感美"的人争取权利的组织，包括：Allegro Fortissimo（巴黎及其市郊）、Amitiés rondissimes（卢瓦尔省）、Gros（巴黎）、Grossomodo（加尔省）、Pakyna（瓦兹省）、Ronde Attitude（罗讷河口省）、Rondeurs en plus和Tout en rondeur（加来海峡省）。

法国女人都是顶呱呱的厨娘

烹饪首先是一种爱的行为,是女人们日积月累创造出的一种抒发自己情感的语言。在这个领域,她们有绝对的力量。

——法蒂玛·哈尔(Fatéma Hal),摩洛哥裔法国厨师,著名的巴黎曼苏里亚(Mansouria)餐厅的所有者;《边境线上的女孩儿》(*Fille des Frontières*),2011年

法国女人作为厨神的形象是个老太太。我们是在描绘bonne femme(老妇)的家庭传统厨艺的文字中发现这一形象的,就是像身材娇小、满头银发的罗贝托太太(Madame Robertot)那样的女人。20世纪20年代末,罗贝托太太曾鼓励刚从英国寄宿学校毕业,年方16岁的伊丽莎白·戴维(Elizabeth David)将终身奉献给法国厨艺。罗贝托太太用一根铁棒掌控着她的厨房。每个星期,她都连跑带颠地到当时的巴黎中央市场(Les Halles)采购一周的所需。她的包包被新鲜的水果和蔬菜撑得鼓鼓囊囊。她从不吹嘘发明了什么高级厨艺,她的餐桌上只有"可爱但却既不奢华也不艳丽"的食品。没有精致的酱料和堂皇的布丁,取而代之的是米饭和鲜番茄制

成的朴素沙拉；珊瑚色、象牙色和翡翠色，"像夏天的裙子一样五彩缤纷"的各种汤；还有让人垂涎欲滴的杏仁和巧克力做的起酥。[9]

伊丽莎白·戴维受到像罗贝托太太这样的bonne femme的厨艺启示，为陈旧且被战争严重耗损的英国烹饪注入了一缕异国情调的生机。几十年后，她对bonne femme朴实的描写被新一代法国女英雄的崇拜者们利用，与老套的法国女超人形象融合，变成了不断演变的漂亮、骨感且诱人的新形象。戴维笔下的罗贝托太太，又矮又胖又丑，而新型的bonne femme则窈窕美丽，风姿绰约。于是如今法国女人们在厨房中的形象——正如无数外国赞美者所描绘的——是某种现实生活中不大可能存在的歌剧女主角形象。她们显然要穿着颤颤巍巍的高跟鞋，步履轻盈地到幼儿园接了五个孩子，再飞速地把他们带回家，喂他们吃大受欢迎的鸡丝。配着她事先准备好的三种不同的酱。而在有条不紊地做好这些家务的同时，她还保有着高强度的工作，还能把她那保养得很完美的脚趾一再修剪好。无疑，这种bonne femme形象及其厨艺，值得深入地研究一番。

首先值得注意的是，bonne femme的厨艺从未像名厨一样在法国的社会等级体系中获得过一席之地。在法国，高级烹饪与小资烹饪或家庭烹饪在传统上有天壤之别，比在英国的差别要大得多。也就是说，在大厨和厨子之间，一边是精

> 男人们强烈地依附于那些知道怎样用精致且可口的小食品取悦他们的女人。
> ——奥诺雷·德·巴尔扎克（Honoré de Balzac，1799—1850），法国作家

致厨艺的神圣殿堂，另一边是朴素、丰富的家庭伙食。在法国历史上的大部分时期，男人都是大厨，而女人都是厨子。女人把持家庭厨房，在世界上大多数社会都是铁律，但无论何时当烹饪术获得较

大的社会声望或者创制出精密复杂的花样时，厨房的控制权就莫名其妙且不约而同地转到男人手中了。①[10]因此当17世纪法国发展出高级烹饪后，名重一时的顶级大厨，如塔耶旺（Taillevent）和拉瓦雷纳（La Varenne）等，无一例外都是男人。他们经常都是行伍出身，在军队里做炊事员。法国大革命后，他们的大多数前雇主都被砍了头，他们只好在刚刚兴起的餐馆厨房里或不断壮大的资产阶级家庭里找工作。像以往一样，上流社会都会寻找男性大厨。只有最落魄的家庭，才会在万般无奈的情况下雇用神的弃儿——女性厨子。

1893年在巴黎举行的一次厨师工会会议投票否决了妇女在巴黎大宾馆和餐馆厨房里做学徒工的机会，理由是她们不会切芥菜。然而，烹饪术作为家政学的一个分支，显然是一个与此不搭界的棘手问题。在学校里，烹饪术是允许传授给女孩子的，因为"卫生、缝纫、熨烫和烹饪的规则"被视为做女人的非常适当的准备，尤其是下等阶层的女人，未来的责任就是掌管家庭和灶台。[11]想在餐饮业方面有所发展的女士，则被导向了被认为比需要艺术创造天才的厨师更适合女性气质的方向：宾馆管理者（女

> 好厨师并不一定是性情温和的好女人。她们必须为艺术家气质留些空间。
> ——马塞尔·布莱斯坦（Marcel Boulestin，1878—1943），法国名厨

---

① 男性"大厨"和女性"厨子"之间这种歧视性的差别，到了21世纪又将其丑陋的脑袋伸进了英国。一小撮男性名厨主宰了电视台的烹饪节目。很说明问题的是，大厨杰米（Jamie）的妻子朱尔丝·奥利弗（Jools Oliver）出了本书［《负九比一：一位诚实母亲的日记》（*Minus Nine to One: The Diary of an Honest Mum*），Penguin，2006］，介绍的是她们家和孩子们的菜谱。塔娜·拉姆塞（Tana Ramsay）在得到大肆宣扬的菜谱书《家庭厨房》（*Family Kitchen*，Harper Collins，2006）中宣称尽管丈夫戈登（Gordon）是餐馆大厨，塔娜却"牢牢掌握着家里的厨勺"。世界真是变化快啊……

法国女人都是顶呱呱的厨娘

性被认为尤其适于管理单调和例行的事务），或者面点师。欧洲宾馆管理业的许多顶级学校都是由女性建立的，即使在今天，法国高端餐馆厨房里的面点师，也极可能是由一位女士带队的，这些都绝非偶然。少数渗入餐饮业的"漏网之鱼"，也往往集中于开咖啡馆或小旅馆、乡村旅馆。这些旅馆一般只有几间客房，提供传统饮食和酒宴：不大可能有香槟酒和鱼子酱，较多的是各种多汁的烤猪肉菜肴，继之以丰盛的法式苹果挞。也有法国女人因为制作这类饮食而出了名的，如：很早就上了地图的"里昂妈妈"（Mères Lyonnais）青年旅舍；圣米歇尔山（Mont St Michel）著名的"普拉尔妈妈"

［据说发明了遐迩闻名的"普拉尔煎蛋卷"（Omelette Poulard）——蛋卷和起酥的合体，至今仍在圣米歇尔山以她命名的餐馆里供应］；当然不能不提著名的"塔坦姐妹"（Tatin sisters），传说创制了因她们而得名的上下颠倒的苹果馅饼——"塔坦挞"（tarte tatin）。

苹果馅饼的艺术

"塔坦挞"是世界上最有名的苹果挞，围绕着它的起源的传说数不胜数。据说它是在19世纪80年代，因为塔坦姐妹中的一位不慎犯了个错误，而被偶然发明的。当时塔坦姐妹在卢瓦尔-谢尔省（Loir-et-Cher）的拉莫特-伯夫龙（Lamotte-Beuvron）小镇经营着一家简朴的乡间旅馆。有一次塔坦姐妹之一将一只苹果馅饼放进了烤炉，却忘了在上面覆盖油酥面皮。结果烤焦的酥脆的甜点，竟成了家庭的招牌特色。当美食评论家古农斯基发布了食谱之后，这道甜点又被抬举到与顶级餐馆的面点相媲美的高度。

巴黎马克西姆餐厅（Maxim's）的老板路易·沃达布勒（Louis Vaudable），也为塔坦挞变得家喻户晓出了力。不过他对他的"发现"的描述，典型地反映了"高级烹饪"界的男性大厨，是怎样窃取等而下之的"小资烹饪"界他们的女同事的食谱，然后又将其神话化的。他的说法只能姑妄听之：

"我年轻的时候经常在拉莫特-伯夫龙一带打猎，结果在一家由两位老太太经营的很小的旅馆里，发现了一道令人叫绝的甜点，菜单上的名字是'tarte solognote'。我向厨房询问食谱，结果被断然拒绝。但我没有退缩，应聘做了该店的一名园丁。三天后，我被解雇了，因为他们发现我连个圆白菜都不会种。然而我

> 搞到了食谱,这道甜点现在名叫'塔坦姐妹苹果挞'了。"
> ——引自J. Barbary de Langlade, *Maxim's: Cent ans de vie parisienne*, 1990

实际上,在法国历史上几乎所有杰出大厨的背后,都有从他们祖母的厨房里飘出的芳香激发他们的灵感:正是从婆婆妈妈们朴实粗陋的原材料中,那些男性天才们创制出了复杂而精致的菜肴。烹饪术语就很说明问题:法国历史上杰出的男性大厨传统上被冠以专业的头衔"Maître Cuisinier"(烹饪大师),而女性厨子则往往以家庭称呼呼之,如Mère(妈妈)、Soeur(姐妹),或Tante(姑姑/姨)。

然而,当今的法国的"高级烹饪"界,对于女性来说仍然是个敲不开的坚果壳。截至2006年,法国厨师中只有6%是女性,与英国的20%形成了鲜明反差。[12]法国厨师的国家资格证书——"C.A.P. de cuisine"直到20世纪80年代才对女性开放。即便今日,"高级烹饪"仍然是个男性占压倒优势的职业,人们普遍的态度依然是,女厨师太多会坏了整锅汤。行业的主要组织"法国烹饪大师协会"(Association des maîtres cuisiniers de France)实际上百分之百由男人组成,法国的绝大多数名厨据说都是这个"共济会"式的老伙计俱乐部成员。"法国烹饪大师协会"在2001年曾引发众怒,因其否决了女厨师安妮·索菲·皮克(Anne Sophie Pic)的候选资格。皮克随之因其在瓦朗斯(Valence)开办的"皮克之家"(Maison Pic)餐厅而获得了三颗米其林星,并当选为2007年的年度厨师,还被授予2011年的世界最佳女厨师"凯歌香槟"奖(Veuve Clicquot)。

法国女权主义者掀起了一场风暴反对这种所谓的歧视。阳性/中性的法语单词chef(厨师),被女权主义者们进行了非正式的性别改造，创造了cheffe一词。大约是最近五年来，一大批好斗的新生女厨师如雨后春笋般在法国到处涌现，她们上电视台做烹饪节目嘉宾，大张旗鼓地经营著名餐馆，或者在众多电视厨艺竞赛中过关斩将。除了女厨师中的翘楚——光芒四射的安妮·索菲·皮克外，还有许多其他厨房里的女主角崭露头角，如鲁吉·迪亚（Rougui Dia），一位有塞内加尔血统的极其美丽的女厨师，2005年因被聘为著名的法国—俄罗斯合营餐馆"彼得罗相144"（Petrossian 144）的厨师长而引起了一阵轰动；经营伦敦康诺特酒店（Connaught Hotel）的埃莱娜·达罗兹（Hélène Darroze）；还有安妮·阿拉萨内（Anne Alassane），2010年法国"厨神"（"Masterchef"）大赛的优胜者。然而，在纯净的"高级烹饪"领域里，女性仍可谓凤毛麟角。

可丽饼万岁！

以下为自称会做被确定为"法国烹饪经典"的16种美食的法国人（包括男女）的百分比［尽管比萨饼和古斯古斯面（couscous）出现在"法国烹饪经典"名单中会令很多人感到惊奇］：

可丽饼（Crêpes）	80%
苹果挞（Tarte aux pommes）	73%
洛林乳蛋饼（Quiche lorraine）	69%
芝士奶油焗土豆（Gratin dauphinois）	69%
比萨饼（Pizza）	63%
蛋黄酱（Mayonnaise）	63%
巧克力慕斯（Mousse au chocolat）	62%
红酒炖牛肉（Boeuf bourguignon）	56%

续表

白酱炖小牛肉（Blanquette de veau）	51%
羔羊腿（Gigot d'agneau）	51%
甜点"漂浮之岛"（Île flottante）	44%
古斯古斯面（Couscous）	39%
法式干煎鳎目鱼（Sole meunière）	35%
草莓夏洛特蛋糕（Charlotte aux fraises）	34%
豆焖肉（Cassoulet）	30%
鱼羹（Soupe de poissons）	24%

资料来源："Les Français et la cuisine", Ipsos/Logica Business Consulting, 2011年9月21日。

那么法国人的家庭厨房，那个传统上由 bonne femme 当家作主的平凡空间又如何呢？事实表明，尽管法国女人仍然很少成为餐馆里的大厨，但在家里做饭的还是她们。法国市场调查公司益普索2011年的调查显示，72%的法国家庭由女人主厨。[13]当她们被问及法国烹饪的16大"经典美食"是全都会做还是只会做其中一部分时，法国女人普遍认为她们只会做其中的一半多一点（9.8种），排在第一位的是法式薄饼可丽饼，其次是苹果挞，继而是洛林乳蛋饼和芝士奶油焗土豆。在这方面，法国女人似乎比英国女人强。根据英国"美食频道"（Good Food Channel）2011年对2000名英国女人所做的调查，英国女人平均只会做7种食品。英国厨房里最常见的3种食品分别是牧羊人馅饼（shepherd's pie）、焙盘菜（casserole）和意式烤宽面条（lasagne）。无论是在益普索还是在"美食频道"的调查中，法国和英国女人都认为自己的厨艺不如母亲一代。不过有意思的是，法国人无论男女，做饭的次数似乎实际上都不如英国人多。经济合作与发展组织（OECD）2011年对29个成员国的一项调查显示，平均每天下厨的法国人只有63%（恰好低于经合组织的平均水平64%），而英国人的这一数字却达到了75%。[14]看来，法国女人的厨艺知识和造诣高于她们的盎格鲁-撒克逊表亲，但她们和她们的男同胞实际上都是说得多练得少。出现这种情况的原因不难猜测。法国有着欧洲最高的出生率和妇女就业率，[15]法国女人越来越感到时间紧迫。因此法国小资人士也越来越喜欢时髦的冷冻食品。①

所以看来实际情况与流行观点相反——法国女人在家做饭的时间比英国女人还少。还不仅如此，那些想靠厨艺挣到面包的女人，在突破晋升障碍以达到职业峰巅的斗争中也陷入了越来越艰难的苦战。不管那些传统的Froglit作家们吹得怎样天花乱坠，事实上法国女人已经很难做到事业家庭双丰收了。不过，嗨，为什么非要戳破美梦呢？咱还是继续卧在东拼西凑的鸡丝传说温暖的光芒抚慰下舒服舒服吧。其实，今天晚上我多想像个小宝贝一样啊……

◎ **传闻评估：错误。法国女人比英国女人了解更多的菜谱，但法国人平均做饭的时间比英国人还少，而且法国女人想要闯进"高级烹饪"界的神圣殿堂，比英国女人要难得多。**

---

① 法国中产阶级居然迷恋冷冻食品，真是疯了！要想理解这一点，你必须忘掉冰岛而想想皮卡德（Picard），也就是说，想一想冰上的阿兰·迪卡斯（Alain Ducasse，法国大厨及因其而得名的著名餐厅）。皮卡德是发展最快的法国食品界巨头之一，2008年的营业额超过了12.4亿欧元。该连锁企业在一位厨艺大师监督下，专业经营法国经典美食的高质量冷冻产品。单是其著名的巧克力夹心蛋糕moelleux au chocolat———种巧克力慕斯和海绵布丁的合体———一年就能卖200万个。不过，和其他冷冻食品连锁企业一样，皮卡德也因"马门危机"而受到了重创。

法国女人不刮体毛

噢,美女那柔软的绒毛,
请接受我像亲吻一般的诗句!
　　——泰奥菲尔·戈蒂耶(Théophile Gautier, 1811—1872),法国诗人,《秘密博物馆》(Musée Secret),1864年

法国女人体毛浓密,是盎格鲁–撒克逊人关于法国人的所有最古老的传说之一。有整座整座的网站,男人们都在争论法国姑娘的腋窝、双腿和/或身体的其他部位,究竟是光滑如丝呢,还是长满像狗熊一样乱蓬蓬的粗毛,令人避之唯恐不及。这个毛茸茸的传说与其他传说中的法国女人特性格格不入,这种动物一向是被赞颂和吹捧到完美的。像法国女人在公共海滩上会脱得一丝不挂的传说一样,这个传说描述的也是高卢女性神秘莫测的形象中的另一面:她们冷艳、自律、雅致,与此同时也比她们的清教徒姐妹更"自然"、更"解放"。

围绕女性身体除头以外的任何部分出现体毛而发生的争论,一点儿也不新鲜。"毛蓬蓬还是光溜溜"的争论自古代就一直没有

停息。古罗马人惧怕体毛多的女人：奥维德（Ovid）在其长篇大论《爱的艺术》（*Ars Amatoria*）中，呼吁女人们要确保"腋下别像野羊一样乱蓬蓬，腿上别倒竖着粗硬的毛！"[16]去除女性的体毛，很早就是神圣的伊斯兰仪式了。旧时阿拉伯宫廷里的穆斯林贵妇们，都熟谙在全身涂满蜡，然后再用两根丝线脱毛的技巧——这秘密通过亚历克西斯·皮埃蒙特斯（Alexis Piémontais）那本大受欢迎，但书名却有些忸怩作态的16世纪鸿篇巨制——《非凡的摩尔太太们如何保证其女儿腋下或其他部位绝无体毛的惊天秘密》（*The Marvellous Secret of How the Great Moorish Ladies Ensure that their Daughters Do Not Have any Hair under their Arms or Other Places*）——透露给了高卢女人们。直到19世纪，西欧艺术家几乎无一例外地不对女性体毛作任何表现。人们对这一不成文的戒律遵守得非常严格，以至艺术评论家约翰·罗斯金（John Ruskin）无法和他的妻子埃菲（Effie）行夫妻之实，主要原因是埃菲的外阴与米开朗基罗无毛的裸体女人雕塑不一致，因而与人们向他所描述的不符，不合他的要求。[17]20世纪前的欧洲的确也有极少的艺术品描绘了女性外阴值得骄傲的粗毛——或者说是令人厌恶的乱毛，看你自己怎么看了——至今仍在搅扰我们。例如，居斯塔夫·库尔贝（Gustave Courbet）创作的《世界的起源》（*L'Origine du monde*）：一件逼真得令人惊骇的描绘多毛的女性阴阜的特写。1994年，当这幅画作在法国被印上一本书的封面时，警察突袭了一些书店，以"有伤风化"为由，将招摇地展示在橱窗里的一些书当即移除。2009年，当该画作再度被印上书籍封面时，葡萄牙也发生了类似的收缴事件。然而，印有该画的明信片，却是巴黎奥塞美术馆（Musée d'Orsay）礼品商店中继雷诺阿（Renoir）的《煎饼磨坊的舞会》（*Bal du Moulin de la Galette*）之后的第二畅销品；[18]该画还享有一项殊荣，它大概是世界上唯一一件能在重要美术馆中公开展出，却在有人试图发到社交网站时要受到网站审查的艺术品。①19

另一方面，尽管女性的体毛在历史上一直受到辱骂和诽谤，西欧之外的文明也有视女性身体多毛为美的。例如在前南斯拉夫各国，多毛的女子传统上一直受到极大的尊崇。直到"二战"前，巴尔干地区的女人们都习惯于减下一些头发，塞进长筒袜中，以显得腿部毛茸茸的。20 20世纪60年代和70年代的嬉皮士运动宣告了一个短暂的宝瓶座时代的来临。有那么一阵子，女人们参加社交聚会时可以不以她们的体毛为耻了。在1972年出版的著名的性宣传手册《性之快乐》(The Joy of Sex)中，作者亚历克斯·康福特（Alex Comfort）劝告女士们，腋下（实际上是更下面的部位）"无论如何不能剃毛"，这样才可以维护她们天然的情色；无论男女，体香剂都必须"绝对禁止"。[该书初版中，木炭插图中原始人模样的情侣，简直像是直接出自法国西南多尔多涅（Dordogne）河谷的拉斯科（Lascaux）洞窟壁画。]

现代人偏爱光溜的腋窝，是20世纪初美国脱毛霜和剃刀制造商市场营销攻势的结果。在那之前，西方女性（除妓女和歌舞女外）觉得必须清除的，只有少数不幸的人的脸毛；因为其余大部分女性的身体，都是小心翼翼地包裹着的。然而，1915年，一个里程碑式的广告出现在美国上层女性的杂志《时尚芭莎》(Harper's Bazaar)的5月刊上。21 杂志中有一个特写画面，一个穿着古罗马宽长袍式睡衣的女人，抬起一只胳膊，露出了光滑润泽的腋窝，所配的标题

---

① 2013年2月，一个艺术爱好者在巴黎的一家古董店里发现了一件残缺的裸体人像画，他说是《世界的起源》的上半部，结果引起了一番轰动。然而，当该画最终被确定为独立作品后，就没多少人再对它感兴趣了。

是"夏装配上现代舞,必须除去腌臜毛"。由此开启了一场"腋下战役"——一连数年的杂志广告闪击攻势,旨在使女人们相信她们有尚未知晓的需求。攻势始于《时尚芭莎》,到1917年时,已蔓延到更符合中产阶级趣味的《玛蔻》(McCall's)杂志。1922年,供女性使用的剃刀和脱毛霜首次出现在西尔斯·罗巴克百货公司(Sears Roebuck)的商品目录上,同年该公司开始出售袖子透明的衣服。至此,腋窝之战以无毛者大获全胜告终。继而,随着20世纪30年代裙子底边的提高和长筒袜的发明,女性杂志编辑们有了向女人下肢的"腿毛森林"宣战的机会。旅游套餐、太阳浴和海滩塑体的出现,牢牢地确立了女性双腿深色皮肤、光洁无毛的形象。1991年,对从20岁到81岁的美国女人的一项调查发现,她们中81%的人剃去了腿上和/或腋下的毛。[22]

剃毛行动于1946年跨越了大西洋,这是战后美国尼龙长筒袜到来的结果。[23]1972年进行的一项调查发现,80%的受访法国女性会定期剃去腿上和腋下的体毛,不过其中43%的人只有在体毛看得见时才会去剃。[24]这在当时难说是对法国女人多毛传说的认可。那么今天的法国女人又怎样呢?恐怕又要让相信法国人毛茸茸的人失望了。益普索2006年曾为脱毛膏品牌奈尔(Nair)进行过一项调查,法国全国范围内共有1016人接受了调查。[25]调查结果显示,77%的法国人认为无体毛对女性的魅力至关重要。在接受调查的女性中,83%的人剃腿毛,73%的人剃腋毛,54%的人会剃去比基尼线外的所有体毛。有相当大一部分法国男人(44%)宣称,假如他们的伴侣不再剃除体毛,他们将极其不快,35岁以下的男人中甚至有更大的比例(57%)宣称这是一个严肃的关系问题。非常奇怪的是,如果你问起这个问题,法国人会对你说不刮体毛的是德国女人。不过那就是另一回事了。

所以说法国女人像所有其他女人一样，也忙于用拔、打蜡、线绞、脱毛霜或电解等各种各样的办法清除体毛。她们甚至更激进。在法国年轻女子们看来，传统的比基尼线和巴西三角裤已显得有些过时了，现在流行的是"地铁票"（ticket de Métro）（这个……嗯，也许你能想明白）。甚至骨盆全清也越来越受欢迎，这办法又叫"好莱坞"（Hollywood）或者"斯芬克斯"［Sphinx，乍一听会以为与埃及的狮身人面像有关，但其实源自于"斯芬克斯猫"（Sphynx），是1966年在加拿大多伦多培育出的一种无毛的家猫］。

不过喜欢体毛厌恶光溜的人也不必沮丧，悠闲的北欧国家的女人们依然如故。她们在捍卫灌木丛般的浓毛。2012年3月，一群瑞典女权主义者在马尔摩（Malmö）举行了示威活动，展示她们"毛茸茸的腋窝"，以抗议"美丽法西斯主义"，号召女人们回归野性，"重蓄体毛"。而且不管你相不相信，那些除尽体毛、身体光洁的典型法国女人们的灵魂深处，仍然潜藏着无拘无束、放荡不羁的

毛茸茸的精神。如果你不信我的话，就请看看直到现在仍是卢浮宫第二著名油画的［现藏于卢浮宫朗斯（Lens）分馆］德拉克洛瓦（Delacroix）的《自由引导人民》(*La Liberté guidant le peuple*)。这幅画是法国非正式的国徽，刻画的是袒胸露乳的自由女神正引导着法国人民向压迫者冲锋。她一手高举着三色旗，一手紧握着上了刺刀的毛瑟枪。请仔细看看自由女神的右臂，也就是挥舞着旗帜的那只胳膊下的腋窝。不，再仔细看看。是吧！明白我的意思了吗？

◎ **传闻评估：错误。**

III

危险关系

关于法国人的性爱、婚姻和孩子的传闻

法国人痴迷于性爱

看着我，亲爱的，看看我同时在做的所有事情：丑闻、诱惑、坏榜样、乱伦、通奸、鸡奸。噢，撒旦啊！我灵魂中独一无二的神啊，赐予我更多的灵感吧，让我冒烟的心继续堕落吧，然后再看看我是怎样沉溺于所有这一切中的！

——萨德侯爵（Marquis de Sade，1740—1814），法国情色作家、浪子，引自《闺房哲学》（*la philosophie dans le boudoir*），1795年

对许多外国人来说，"法国人"这个词会唤起一个形象，只有一个形象：性爱。从电影《强暴我》（*baise-moi*）中典型法国男人咄咄逼人的盯视，到高卢"妖女"（femme fatale）的闷骚；从萨德侯爵的放荡不羁，到胡子拉碴的歌星塞尔日·甘斯布（Serge Gainsbourg）沉重的呼吸；从让–雅克·贝奈克斯（Jean-Jacques Beineix）导演的《巴黎野玫瑰》（*Betty Blue*）等电影中狂热的色

情，到女作家卡特琳·米勒（Catherine Millet）的畅销自传《卡特琳·米勒的性生活》（*La Vie sexuelle de Catherine M*）中直率的性描写——在盎格鲁–撒克逊人亢奋的想象中，性交和法国人是密不可分地缠绕在一起的。

像"法国人对外遇格外宽容"这一传闻（见下一节）的起源一样，痴迷性爱的高卢人的起源也很难及时查清。法国文学当然与此有很大关系，法国作家在描写人类各种形式的性行为时出了名的无拘无束。早在16世纪，法国修士弗朗索瓦·拉伯雷（François Rabelais）就以巨人高康大（Gargantua）的形象，创作了最强调男性特征的文学人物之一，刚生下来阴茎就能勃起一码长。17、18世纪，法国文学界又以丝毫不减的热情投入了性欲写作，沉浸在对少女性启蒙的直率描写所带来的情色快乐中。其中比较著名的有米拉波伯爵（Comte de Mirabeau）的作品和萨德侯爵阴郁而变态的性暴力描写。即使在保守且讲求道德的19世纪，法国的诗人和小说家们仍然使粗俗、猥亵和直接描写色情的火焰越烧越旺：阿尔弗雷德·德·缪塞（Alfred de Musset）创作于1833年的色情小说《加米亚尼：狂纵的两夜》（*Gamiani, ou deux nuits d'excès*），形象地刻画了三个人的床战情节，成为19世纪的性爱畅销书；与此同时诗人兰波（Arthur Rimbaud）和魏尔伦则联手谱写了你会幻想为世界上最独一无二的"献给肛门的十四行诗"（Sonnet du trou du cul）。纵观历史，法国也一直是"脏书"的渊薮，是欧洲文学难民们躲避审查制度的避难所。詹姆斯·乔伊斯（James Joyce）的小说《尤利西斯》（Ulysses，1922年）最初就是由巴黎的一家小小的私人出版社出版的，亨利·米勒（Henry Miller）带有露骨性描写的被禁之作《北回归线》（Tropic of Cancer，1934年）和弗拉基米尔·纳博科夫（Vladimir Nabokov）充满禁忌的《洛丽塔》（Lolita，1955年），也都是如此。

法国电影在表现肉欲之欢时，也丝毫没显得比文学矜持。实际上，正是1974年法国拍摄的描述性爱感觉的影片《艾曼纽》（Emmanuelle），催生了软色情电影这种形式。该片根据一位泰裔法籍女演员被禁的回忆录拍摄，由此滋生了一大批高人气的电影，重新定义了一种电影流派，就是与银色屏幕相对立的蓝色屏幕：手淫、"空中高潮俱乐部"、裸泳、强奸，都不再是禁忌。《艾曼纽》中甚至还有一个特写镜头，一位女性人物点燃了一根香烟，又用自己的阴户熄灭了它。性爱画面在法国也不仅仅局限于色情电影中，甚至严肃的艺术片中也有（或许还尤其多），以至形成了一个以图像形式探索肉欲之欢的产业：从《白日美人》（Belle de jour；1967年）中卡特琳娜·德诺芙捆在树上被陌生人强暴，到《巴黎最后的探戈》（Last Tango in Paris，1972年）中马龙·白兰度（Marlon Brando）用黄油做令人难以启齿之事，再到1986年的经典影片《巴黎野玫瑰》中设法逃过了审片员剪刀的最为直观的口交画面。"性，"萨德侯爵曾评述说（他对这个话题可是很在行的），"像饮食一样重要，我们应当满足人们的这一欲望，尽可能地不要加以限制，或者报以虚伪的羞怯"。法国人似乎都接受了他这番话。

> 法国人的确对性有某种痴迷，但那是一种特殊的成熟的痴迷。法国是所有国家中最节俭的一个。对于法国人来说，性提供了最经济的作乐方式。法兰西是一个有逻辑头脑的民族。
>
> ——安妮·露丝（Anita Loos，1889—1981），美国作家和剧作家

在英国人的心目中，法国是一个色情狂的国家，再没有比将法国人与性行为和色情联系起来的英国粗俗俚语更能证明这件事了。实际上，英国人有一种先入之见，如果哪个英语短语或俚语中有"法国"这个词，那通常都与性有关。仅举数例，避孕套被称为"法国信"（French letter），恋物癖中的制服诱惑有一个明确的分支是"法国女仆装"（French maid），梅毒则有一个臭名昭著的别名叫"法国病"（French disease）。接吻中一种特别有力且刺激的舌接触方式称为"法国式接吻"（French kissing）。这些叫法有什么历史事实的根据吗？就"法国式接吻"这个词语而言，最早似乎出现于20世纪最初十年的英语俚语中，尽管没有证据表明法国人是这种技巧的发明者。不过，有些许证据表明，法国人中的一部分对这种技巧尤其娴熟。法国西部旺代省（Vendée）居住在沼泽地区的居民，以一项历史悠久的求婚仪式而著称，就是要当众持久地接吻，通常是在一顶叫作maraîchinage的蓝色伞下。在结婚甚至订婚之前，年轻的小伙儿和姑娘们就获得了在这顶庇护伞下拥吻几个小时的权利。第一次世界大战期间担任法国总理的伟大政治家，有"老虎"之称的乔治·克雷孟梭（Georges Clemenceau）据说尤其偏爱这种做法。他的传记作家写道，他充分利用了"这种用嘴接吻的maraîchinage习俗，时间长得达到了极乐境界"。[1]

难以捉摸的避孕套

避孕套（condom），或称"法国信"，据说起源于法国，然而这说法像"法国吻"的传说一样难以探究。"法国信"一词最早与避孕套发生联系，似乎是在19世纪，理由莫过于避孕套意味着性，因此一定与法国人有关。19世纪英国曾有一本浪荡子指南，名叫《寻欢作乐者手册》(*The Man of Pleasure's Companion*)，其中提到："绅士们在伦敦肯定能很容易地得到这些法国信。"（有趣的是，法语中的"法国信"一词为capote anglaise，意思是"英国套"。）如今提及"法国信"所用的英语单词condom，是词源学上的一大难解之谜。关于这个不大像英语的单词的起源，有大量不同的说法。有人说condom来自拉丁文单词condere，意思是"隐藏或保护"，或者来自波斯语单词kondü，是一种放种子或谷物的陶器。也有人说避孕套得名于法国西南部热尔省（Gers）的村庄Condom，据说当地的屠夫用动物的肠子制作避孕套。还有人说这个词与一位孔东医生（Dr Condom）有关。他是查理二世（Charles Ⅱ）的私人医生，很可能是他于17世纪发明了这种器具，但是这个人的生平至今尚未考证出来。20世纪80年代末90年代初，一位名叫让·孔东（Jean Condom）的球员效力于法国橄榄球联赛，有一次他代表法国国家队在五国赛上对阵英格兰队时，观众中打出了一面旗子，上书："别冒险——让Condom（孔东/避孕套）来。"法国人当然一下子有些迷糊了。

那么用来指性病（尤其是梅毒）的"法国痘"（French pox）、

"法国病"（mal français）这些词又怎样呢？①法国人当真与这种淫灾的传播有关吗？对此法国人的确有一肚子委屈要诉说，因为尽管梅毒在地理上起源于哪里仍然是个谜，但如果说有一个地方几乎可以肯定不是梅毒发源地的话，那就是法国了。梅毒确切的发源地在哪儿至今仍是个被激烈争论的话题，但根据众多证据权衡判断，似乎最可能的情况是，梅毒是由从美洲返航的哥伦布船队的西班牙水手们，从今天多米尼加共和国所在的地区带到欧洲的。²这种长疹的性病的第一次大规模传播，是在1495年的那不勒斯（Naples）。³当时法国人正围困该城，因此公众普遍将这种病归咎于他们。然而，哥伦布从新世界回来没几年时这种病也曾爆发过，恰好是在他的一些船员回到巴塞罗那（Barcelona）治了一种神秘的小病之后；而且，这些船员中的好几位后来又参加了在那不勒斯作战的法国和西班牙军队的雇佣军。其中一些继而又为苏格兰国王詹姆士四世（James Ⅳ）及其盟友、英格兰约克王朝的王位争夺者波金·沃贝克（Perkin Warbeck）打过仗，因此这种神秘的灾祸也侵袭了苏格兰。到16世纪时，梅毒传到了中国和日本，而到了18世纪时，就连遥远的南太平洋群岛也被波及了。随着这种可怕的疹子迅速地从一地传向另一地，它也以最后攻陷的国家的名称而不断重新命名，它先后被称为基督徒疹、波兰疹、西班牙疹、俄国疹、波斯疹、那不勒斯疹、葡萄牙疹、英格兰疹、土耳其疹，一路传到了亚洲。但是英国人仍坚定地认为，这是可恶的法国人传来的病，是想把英国人慢慢

---

① 以上只是指性病（尤其是梅毒）中含有"法国"一词的最常见的一些俚语词。此外这样的词还有：法国人（The Frenchman）、法国麻疹（French measles）、法国冠（French crown）、法国大理石（French marbles）、法国冻疮（French chilblains）、法国痛（French aches）和法国食人怪（French cannibal）。

拖垮的。①实际上,19世纪身患梅毒、吸食鸦片的英国诗人面容憔悴、脸色苍白的形象,只有同时期身患梅毒、沉溺于苦艾酒的法国诗人面容憔悴、脸色苍白的形象堪与相配。正如法国小说家安德烈·纪德(André Gide)所说的:"一个法国人临近中年时,或者得过梅毒,或者得过勋章,否则真是不可想象。"

更晚近一些,"法国"在俚语中又与口交联系了起来。在很多个世纪中,口交都被视为"法国式淫乱"。②于是20世纪50年代,围绕着"法国"一词,英语中发展出整整一个次类型的主要用于同性恋的术语,广泛描述各种口交活动,如"法国艺术家"(French

---

① 有趣的是,法国人也将梅毒称为la maladie anglaise(英国病)。
② 俚语"法国艺术"(French art)一词在19世纪末并非指印象派画家的作品,而是指口交的艺术。

artist)、"正在法国"(Frenching)或"法国文化"(French culture)，用以表示"口交"；"法国主动/被动"(French active/passive)，用以表示口交伴侣中的主动者和被动者；"法式浸泡"(French dip)、"法式穿衣"(French dressing)或"法国油炸冰激凌"(French fried ice-cream)，用以表示精液或性交前用的润滑液；还有"法语专家"(French language expert)或"法国注射"，指所有精通口交的人。[4]在主要的现代俚语工具书——乔纳森·格林(Jonathon Green)的《俚语大词典》(Dictionary of Slang，2010年版)中，有超过75%的含有"法国"一词的俚语词组都与性有关，这便是很有说服力的证据了。

但是法国人当真像他们的文化所表现的，或者像英国人的习语和俚语所暗示的那样沉迷于性吗？无疑，他们对性的痴迷还不如英国人。虽然他们的文学作品中经常滴落着堕落的性幻想的汁液，但是在日常生活中，他们对性变态的迷恋并不及英国人。比如，法国人没有那种以挑逗性的笔锋，对诸如强奸等性犯罪像司法鉴定一般进行细致描写，同时又以震惊的语气表达道德谴责的黄色小报（实际上，他们根本没有黄色小报）。不像英国，法国的幼儿园没有防卫设施，没有安全摄像头，也没有警报系统。法国的护理人员没有被禁止为被护理者擦防晒霜，不必担心这样的举动会招致性虐待指控。在法国的海滩上，你可以随意地为自己的孩子拍照，而不必担心别人怀疑你有恋童癖。法国并非不存在性变态和/或恋童癖——这些事情在法国，无疑像在世界上所有地方一样存在着。只是法国人似乎对这些没有偏执妄想，不像英国人那样神经兮兮地仿佛觉得所有运动场、海滩和街角都隐藏着危机。法国人假如听说一名前软色情模特要为女孩子们写书会大为惊讶，却不会因为托儿所保育员给孩子们擦防晒霜而觉得诧异。

法国人也不像盎格鲁-撒克逊人的一些炽热想象所暗示的那样，是永不停歇的性机器。2010年由法国民调机构伊福普（Ifop）公司所

> 在所有性心理失常中，守贞是最奇怪的。
>
> ——阿纳托尔·法朗士（Anatole France，1844—1924），法国诗人和小说家，《异教徒引语手册》（*THE HERETIC'S HANDBOOK OF QUOTATIONS*）

做的一项调查表明，超过四分之三的法国夫妻性生活状况不佳。三分之一以上的法国妇女说她们会利用头痛、疲倦和孩子等借口拒绝做爱。而有将近六分之一的法国男人也会这样做。[5]世界最主要的性调查之一——杜蕾斯全球性调查（Durex 2005 Global Sex Survey）显示，[6]在2005年发现只有38%的法国人对性生活感到满意，而同样的英国人有51%。

至于传说中法国情人的冒险精神，杜蕾斯在2005年的调查也得出了一些出人意料的结果。根据调查，只有14%的法国人喜欢试用性辅助用具（而这样做的英国人有32%），只有33%的法国人喜欢在卧室中尝试新花样（而英国人的这一数字是42%），只有15%的法国人尝试过三人床战（英国是17%），喜欢虐恋的法国人为3%（英国为5%），只有2%的法国人尝试过唐乐可（tantric sex）养性健身术，只有21%的法国人稍稍尝试过奴役束缚（英国为37%）。萨德侯爵如若有知，怕是会气得在坟墓里翻来覆去。最惊人的是，只有42%的法国人曾有过一夜情（而英国为52%）。说到最实质的，法国女人喜欢的性体位显然是"狗交式"［即后背体位，或者用法国人更文雅的说法，"灵猩"（levrette）式］，这与英美人截然不同。普通的美国人喜欢"传教士式"（即男上女下式），而海盗出身的英

法国人痴迷于性爱

国人据说更喜欢"女牛仔式"（cowgirl，即女上式，有更直截了当的倾向）。[7]

实际上，就床笫之间的革新而言，循规蹈矩的法国人与古怪乖僻的英国人相比似乎保守之极。他们好像安于男女之间、床笫之间朴实无华、老式寻常、无聊乏味的性爱，根本不需要任何由塑料、皮革或橡胶制成的"婚姻助理"，或者鞭子、锁链及稀奇古怪的东方理论的介入（尽管就性体位而言，他们似乎更倾向于冒险）。"欧洲大陆人有性生活，英国人则有热水袋。"匈牙利作家和哲人乔治·米凯什（George Mikes）曾经这样评论。[8]也许他的话应该改一下了："欧洲大陆人有性生活，英国人则有性玩偶。"

◎ **传闻评估：错误。法国人并不痴迷于性。他们对性爱的迷恋还不如英国人。英国人正相反，他们痴迷于所有人的性生活，包括法国人的。**

法国人对外遇格外宽容

婚姻,是外遇的起因,也是离婚的前奏。

——莱奥·康皮翁(Léo Campion,1905—1992),比利时画家和无政府主义者

"婚姻是座监狱,其大门总是为外遇敞开。"1892年,瑞士籍法裔诗人和剧作家路易·迪米尔(Louis Dumur)曾这样写道。他的婚姻观被广泛视为法国人的代表。据说法国夫妻随时准备和别人上床,就像他们的盎格鲁–撒克逊对应者在床上一起喝茶、吃消化饼干一样随意。据说三角家庭不仅在法国寻常可见,而且是富有魅力的高等小资人士的必备。实际上,"自由、平等、乱爱"多少被视为法兰西共和国非正式的座右铭。

盎格鲁–撒克逊人将法兰西人视为一个与不忠相结合的民族,这种观念究竟从何而来,很难说清。也许起源于人们广泛听闻的法国旧王室的纵欲无度,也许出自盎格鲁–撒克逊新教教徒对天主教欧洲道德松弛的怀疑。再或者,这也许只是人们喜欢将坏习惯归咎于邻居和对手的古老风气的一种表现。当然,在

法国大革命前的旧王朝时期,出轨对王室贵族来说简直是惯例。法国甚至为所有时期王室的正式情妇专门设立了一个职位——maîtresse-entitre。瓦露伊(Louise de la Vallière)、曼特农夫人、蓬巴杜夫人(Madame de Pompadour)、杜巴丽夫人(Madame du Barry)……这些奢华而精明的女人往往平步青云,在权力巅峰处跃至令人目眩的高度,向人们展示了在法国政坛上,贵妇的闺房离王室的权势并不遥远。就此而言,法国大革命期间被送上断头台的国王——路易十六——倒像是个另类,因为他似乎史无前例且多少有些不可思议地对他的妻子保持了忠诚〔尽管他的王后玛丽·安托瓦内特(Marie Antoinette)恐怕不能这样说〕。显然,如果国王觉得自己没有情妇也行,那么法国王权也就完蛋了,所以当不幸的路易十六于1793年被斩首之后,19世纪和20世纪最引人注目的王室情妇这一殊荣,便令人

悲哀地从法国转到了英国。①

然而,法国君主制的灭亡却没有阻止新生的资产阶级承袭蓄情妇和婚外情的皇家传统。19世纪,富裕的法国人在"法定"的家庭外,在自己的公寓里再公开包养一个情妇是极其常见的。诗人、小说家维克多·雨果就是这样做的,他让忠心耿耿的情妇朱丽叶·德鲁埃(Juliette Drouet)陪伴在自己(另一侧)的身旁,长达将近50年。小说家爱弥尔·左拉(Émile Zola)也有情妇作为妻子的补充。②偶尔的私通被从需求上升到了艺术的高度:19世纪初,妓院、名利场只是为因陷入无爱婚姻而感情受挫的男人服务的,到世纪末则变成了奢侈和享乐的逍遥宫,为一切想入非非的人服务,一些靠躺在床上提升社会地位的上等名妓也加入了其中。[法国人将这些风尘女子称为"大水平轴"(les grandes horizontales)。]9

法国大革命后的时代,人们对突破婚姻禁忌的向往也反映在当时的文学作品中。肖代洛·德·拉克洛(Choderlos de Laclos)在其1782年出版的经典书信体小说《危险关系》(Les Liaisons dangereuses)中,已经为"外遇小路"燃起了亮光。小说讲述的仍是革命前旧王朝时期的性出轨事件。后来,在邦雅曼·贡斯当(Benjamin Constant)的小说《阿道夫》(Adolphe,1816年)中,这个主题又得到了进一步发展。《阿道夫》讲述的是一个性情忧郁

---

① 1789年革命后,法国的确经历过几次王室短暂复辟的闹剧,但所有这些短命王朝都没能经受住动荡时代的考验。
② 虽然英国的公众人物也是如此——例如查尔斯·狄更斯(Charles Dickens)——但是是否公开接受情妇是生活的一部分,在英法却有所不同,英国的习惯是遮掩这种事情。1898年,爱弥尔·左拉流亡英国期间,他的朋友费尔南德·德穆兰(Fernand Desmoulin)提醒了他两国国民的态度差别。德穆兰建议左拉,"在这个伪善的国家",不要带情妇让娜(Jeanne)来见他。

法国人对外遇格外宽容

的男青年苦恋一位比他年长的女人，而那个女人恰好又是别人的情妇的故事。法国文学持久地关注着外遇这一主题，其巅峰之作无疑是福楼拜（Gustave Flaubert）出版于1856年的小说《包法利夫人》（*Madame Bovary*）。小说讲述了一个乡村医生的妻子试图通过一系列外遇摆脱小城生活的空虚的悲惨故事。《包法利夫人》尽管是这个主题的登峰造极之作，却远非这段私情的结束。左拉的《德蕾丝·拉甘》（*Thérèse Raquin*，1867年），描绘的是一个类似的已婚妇女失足堕落的故事，继《包法利夫人》之后也红火了一把。甚至在进入20世纪后，法国人似乎仍然没玩够婚外情，至少是在小说中：直到1923年，年方20岁的雷蒙德·哈第盖（Raymond Radiguet），仍以其至少部分上是自传体的小说《肉体的恶魔》（*Le Diable au corps*）——一位有夫之妇私通一名16岁男孩的故事，震惊了"一战"之后的读者们。

然而，19世纪和20世纪初期法国人对外遇的这种痴迷——无论在生活中还是在文学中——都掩盖了许多根深蒂固的忧虑。剧作家费多（Feydeau）以专写这类题材的闹剧而著称，但那些看着费多闹剧而大笑的人，心里或许都是五味杂陈的。随着世纪交替，妓院也变得越来越不邪恶，越来越不虚幻，反而越来越具小资情调：绅士们会在下午来

> 女人的反应是不同的：法国女人如果发现丈夫背叛了自己，会杀了丈夫的情妇；意大利女人会杀了自己的丈夫；西班牙女人会把丈夫和情妇都杀死；而德国女人则会自杀。
>
> ——伯纳德·拉·博维耶·丰特内勒（Bernard le Bovier de Fontenelle，1657—1757），法国科学家、剧作家和散文家

到这里，在钢琴演奏的背景音乐下和情妇一起喝喝茶，而妓院的接待室也越来越像中产阶级的沙龙。[10]整个傍晚时分——也就是臭名昭著的下午5点到7点——在一天的工作之后，回到家庭生活之前的这段时间，则变成了例行的婚外恋时段。被婚姻束缚的男人们用这段时间花钱调调情，与越来越像他们家里资产阶级妻子的妓女们相伴，进行一番思想和身体的交流；而那些留在家里的爱玛·包法利们，也开始慢慢地重燃起埋藏已久的欲火。妓女们正变成可敬的女人，而可敬的女人们也在发掘自己内在的妖冶心性。就像英国维多利亚晚期和爱德华时期的人迷恋双重身份，在可敬的外表之下还有隐藏的生命一样，[①]19世纪末20世纪初法国人痴迷通奸题材，实际上是在对当时社会上存在的对人际关系的种种限制进行批判，是对这些限制在新世纪来临时的土崩瓦解的一种角色预演。

既然那些社会限制已经全都烟消云散了，法国开始变得和西欧其他地方一样，不再比任何

> 无论法国女人们有什么，《包法利夫人》拥有的都更多！
> ——1949年米高梅公司将福楼拜的《包法利夫人》搬上银幕时的广告语

其国家的人更容易出轨了。实际上，他们的忠诚度也许还要更高一些呢。出轨率的数字和人们对出轨的态度经常是不可靠的，也是很难获得的，尤其是在被他人问及时，男人往往倾向于夸大自

---

① 例如罗伯特·路易斯·史蒂文森（Robert Louis Stevenson）创作的《化身博士》（*Strange Case of Dr Jekyll and Mr Hyde*，1886年）和奥斯卡·王尔德（Oscar Wilde）创作的《不可儿戏》（*The Importance of Being Earnest*，1895年）。

己以往的轻浮之举，而女人则竭力掩饰。人们几乎是众口一词地谴责出轨，但实际行动却经常与口头言辞有着巨大的差距。2009年，法国杂志《费加罗夫人》(Madame Figaro)的一项调查表明，66%的法国人认为忠诚于伴侣是真实承诺的关键，同时19%的人承认曾有负自己的伴侣。[11]美国则相反，在1994年的一项全国性调查中美国成为了谴责出轨行为人数最多的保守国家（94%），但人们估计，有20%—25%的已婚美国人会与伴侣之外的其他人发生性关系。[12]而且尽管许多Froglit作家都竭力让你相信法国人有段"调情时光"，但法国人如今的傍晚5点到7点，已经跟英国人的"快乐时光"(happy hour)差不多了，也就是在回家前和同事们一起喝杯快饮（绝不是短促性爱）。假如法国夫妻认为有必要改变一下生活，那么像如今世界上任何其他地方的人一样，他们会径直离婚。

　　所有这些都不能否定一个事实，就是老一代法国精英人士中的极小一部分——引人注目的是法国总统们——仍然高调地保持着既拥有情妇又/或"维护家庭"的传统。在这方面，就脸皮厚度而言，头等大奖无疑当属1981—1995年担任法兰西共和国总统的、已故的弗朗索瓦·密特朗(François Mitterrand)。因为密特朗苦心孤诣地打造了一个忠实的居家好男人的形象，人们过了20年才发现他竟然还有一个完整的第二家庭——一个情妇和一个私生女——整个世界都一直被蒙在鼓里。在他的葬礼上，他人生中的所有三位女人并肩肃立在他的墓旁。然而这一切并没有让法国公众感到过多的震惊和不适，直到"第二家庭"的住房是由纳税人负担开支的这一情况披露，这事才真正被作为丑闻传扬。不过尽管密特朗在法国政坛婚外情方面肯定要坐头把交椅，但他绝非传说私生活失检的唯一的法国总统。譬如，1974年10月，讽刺性

法国周刊《鸭鸣报》(Le Canard enchaîné) 引发了一场风暴,宣称时任总统瓦勒里·吉斯卡尔·德斯坦(Valéry Giscard d'Estaing) 在清晨时分撞上了一辆运牛奶的马车。当时他坐在据说是从电影制作人罗杰·瓦迪姆(Roger Vadim)那里借来的一辆"法拉利250"汽车里,还有一位年轻的女演员相伴。在随之而来的舆论大哗中,人们对这次传说中的总统夜巡极尽讽刺挖苦之能事,就连法国前总理莫里斯·顾夫·德姆维尔(Maurice Couve de Murville)都发表了一番评论:"吉斯卡尔是世界上唯一的人们比较能够确知不在哪里睡觉的国家元首。"[13] 1995—2007年担任总统的雅克·希拉克(Jacques Chirac),据说也同样是个孜孜不倦的婚外情追求者。他的很多次传说中的"征服",都记载在他的前司机让-克劳德·洛蒙(Jean-Claude Laumond)于2001年出版的一本"边开车边聊天"(drive-and-tell)的书中。按照洛蒙的

> 基督啊，宽恕通奸的女人吧。天哪，那不是他的妻子。
>
> ——乔治斯·库特林（Georges Courteline, 1858—1929），法国浪漫小说家和剧作家

说法，源源不断地涌进希拉克先生办公室的女人实在是川流不息，以致女员工们都开起了玩笑："希拉克？三分钟。包括淋浴时间。"[14]最新的情况是，弗朗索瓦·奥朗德（谢天谢地，他未婚）在2012年的大选中当选总统后，所有欣慰地舒了一口气的人，都被证明还不够成熟：新总统复杂的爱情生活随即有力地证明了，三角恋爱绝非已婚夫妻的特权。[①]

由此看来，虽然普通的法国人并不比任何其他国家的人更容易出轨，但他们却不大愿意评判那些出轨的人（尤其是他们的总统）。该怎样解释法国人对公职人员的不忠的这种宽容呢？答案部分上在于法国资产阶级对保密的执着。这种执着的根源还不大清楚，也许要追溯到大革命时期，当时任何人在无产阶级出身之外假如还有任何其他东西，那最好不要声张，如果他还想保住脑袋的话。这种执着也可能源自教会和由革命政府掌管的国家之间严格的区分，法国人坚持宗教信仰和道德操守是一个人的私事。无论如何，保护隐私是法国公众非常在意的事。在法国人看来，每个人都有权利拥有他或她自己的"秘密花

---

① 法国总统奥朗德的新女友瓦莱丽·特里耶韦莱和他孩子的母亲赛格琳·罗雅尔之间传说中的争斗，一直是法国媒体热炒的话题，特别是当他的孩子和前伴侣没有出席他的总统就职仪式时。有一次，当奥朗德当众在他的前伴侣脸颊上轻轻一吻后，特里耶韦莱昂然上前，正对着他的嘴唇，重重地发声一吻。臭名昭著的"推特门"（Twittergate）事件又使事态达到了新的高潮，2012年在罗雅尔参加拉谢尔（La Rochelle）地区的议员选举时，特里耶韦莱又轻率地发了一条支持罗雅尔对手的推特。

园"（jardin secret）。"秘密花园"这种奇怪的称法是法国所特有的，用于形容一个人自己的世界和私益的，可以包括从戴着狗脖套裸体嬉戏到集邮在内的一切。"秘密花园"这个短语很难翻译，因为它会使法国人既联想到19世纪的童书，又联想到女体解剖时令人难以启齿的部位。"自己的私有世界"也许是最好的释义。这种对保护隐私的执着，结果之一是促成了法国严厉的隐私法，禁止媒体不经本人同意就详细披露一个人的私生活。通奸在法国人看来是个人过失，不是公共事务，因而不能成为褫夺一个人公职的理由［除非严重的婚外情导致了更加恶劣的事态，比如颜面尽失的前社会党政治家、国际货币基金组织（IMF）前总裁多米尼克·斯特劳斯–卡恩（Dominique Strauss-Kahn）一案］。由于通奸者在法国人看来是私罪犯有者，所以不会受到当众羞辱，不会像《红字》（*The Scarlet Letter*）中不幸的美国罪人海斯特·白兰（Hester Prynne）那样，被罚永远戴着"A"字招牌。但这并不意味着通奸在现代法国人的私人领域也能得到宽容，无论如何，通奸实际上仍是法国人离婚的头号原因。[15]这只是意味着用情是否专一是一个人自己的事情。法国局外人对通奸采取的这种相对无所谓的态度，也在法国电影中得到了反映。法国电影对于感情不忠长期持嘲弄的态度，典型的倾向是以黑色幽默的眼光来看待婚姻出轨，或者伴随着舒伯特的音乐作充满忧虑的自我探索。[①]这与好莱坞同题材的电影形成了鲜明的反差。好莱坞电影在描写婚姻出轨时，往往会刻画一名恶毒的女人，造成了家庭的灾难，常包括纠缠不休、用硫

---

① 例如贝特朗·布里叶（Bertrand Blier）导演的电影《美得过火》（*Trop belle pour toi*，1989年）。

酸泼家里的汽车、在淋浴时出现刀杀等情节。

致命的口交

弗朗索瓦·密特朗生前夺得了总统婚外情大奖，但19世纪的法国总统菲利·福尔（Félix Faure, 1841—1899）却赢得了最引人注目的丑闻之死的桂冠。实际上，福尔拥有一项令人尴尬的荣誉，就是死比生更有名：他是在情妇玛格丽特·施泰因海尔（Marguerite Steinheil）的怀抱中，因性高潮引发的中风而死的。

谣言纷纷传说，最后时刻施泰因海尔正在吸吮福尔的阴茎。因为法国俚语将与男人口交称为"抽水"（pomper），施泰因海尔便被当时的法国媒体（很不友好地）起了个外号——la pompe funèbre（意思是"送葬者"或"送葬水泵/风机"，看你怎么理解了）。

福尔的死对头，随后担任了法国总理的政客乔治·克雷孟梭利用这一词义，在为已故的宿敌致悼词时，说出了一句淫秽的双关语：Il voulait être César, mais il ne fut que Pompée。这句话既可以翻译为"他想做凯撒，但最后却成了庞培"，也可以被不那么仁慈的人理解为"他想做凯撒，结果却被吸干了"。

当然，在法国像在其他地方一样，"奸夫"与"淫妇"历史性地形成了差别，后者的罪过远甚于前者。①在法国大革命前的旧制度下，男人有点风流韵事并无大碍，但女人和人私通，情况就大不同了，她们很可能会被剃光头并被关进修道院。法国人传统上对有欺骗行为的女人更为苛刻，有事实为证。直到1975年，如果一名法国女子与别人通奸，严格地按照法律意义有可能被判坐牢三个月到两年。男人则不同，出轨被抓可能只会被罚款（而且只会在他是在婚房内犯下罪行的情况下才会被执行）。②法国文学中充满了通奸女子遭遇悲惨下场的情节（一般都要被迫服砒霜自杀）。16相反的是，法国女人如果公开袒护出了轨的丈夫，则会被视为贤德之妻。例如，达尼埃尔·密特朗（Danielle Mitterrand）就是如此。当一名记者问她对她丈夫出轨的反应时，她说了一番非同寻常的话：这只与他自己的私生活有关，因而是他个人的事情。然而事实胜于雄辩，当密特朗夫人于2011年11月逝世后，她下葬在索恩–卢瓦尔省（Saône-et-Loire）克吕尼市（Cluny）的公墓中，没有与他出轨的丈夫在夏朗德省（Charente）的雅纳克市（Jarnac）合葬。碍于社会习俗，她生前没有说出她的真实想法，但在死后以最有力的方式说了出来。

---

① 人们对男通奸者与女通奸者的态度差异，在很多文化中都是相似的，可能与女性通奸会模糊或"玷污"血统有关。"adultery"（通奸）这个词据说来于拉丁语词汇adulterium，有"改变"的意思，意味着被污染或败坏的血。直到1972年之前，法国因男女私通而生的孩子都不能获得与合法子女同等的权利，直到2001年，才获得了合法子女一半的继承权。
② 法国是将女子通奸去罪化较晚的欧洲国家之一。直到1975年才施行，而英国早在1857年就施行了。

哦啦啦！法国女仆迷恋的起源

除了婚外情之外，19世纪也是 le troussage de domestique 的全盛期。Le troussage de domestique 的意思，就是家里的男主人要家庭女仆为自己提供各种私人服务的古老权利。

在"一战"之前欧洲的"美好时代"（belle époque），人们对女仆有某种迷恋。女仆形象出现在无数当时的小说和戏剧中，"围裙迷恋"（le fétichisme du tablier）是不言而喻的。例如，挑逗性的作品有1900年的《一个家庭女仆的日记》（Journal d'une femme de chambre），里面充满了资本家躲在隐秘的地方通过钥匙孔偷窥的情节；还有常引起轰动的闹剧作家乔治·费多（Georges Feydeau）。

女仆当时大多被安置在 chambres de bonne 里，即巴黎楼房六层的小卧室。这使得男主人悄悄地去敲她们的门变得很容易。这种 chambres de bonne 至今在巴黎仍然存在，一般作为一居室公寓房租给学生和巴黎穷人。甚至直到2011年，法国中产阶级仍将多米尼克·斯特劳斯－卡恩强奸一名宾馆女服务员的事情称为主人要求女仆提供服务的权利，此举令法国公众大为震惊。

到了20世纪，法国人对女仆的迷恋转移到了英国和美国。由黑色连衣裙和镶褶边的围裙构成的女仆晚礼服，经过大幅修改——比起当时人们所能容忍的程度，领口更低了，裙子底边更高了——在远至日本的许多国家，成为令男人们迷恋和想入非非的最流行的制服之一。这套服装内在的主宰/屈服的象征意义，想必只会增强其吸引力。

— Ah ça! monsieur, est-ce que cela vous prend souvent, cette manie-là?
— Malheureusement non, ma petite Lisette!
(Dessin de LEWIS).

就法国人那些乌七八糟的事，以及他们对外遇的观点而言，所有这一切能让我们得出什么结论呢？很遗憾，它让我们越发糊涂了。不过有一件事是清楚的，那就是（无论任何种族），只要男女相互托付终身，就总会有人迷失。法国人和英国人的最终不同，也许就在于法国人接受（但不是欢庆）这一事实。正如法国作家帕斯卡尔·布吕克纳（Pascal Bruckner）所说的："你无法想象一种更可能制造不和的爱的方式。这就是外遇永远是一条与婚姻相伴的普遍存在的道路的原因。两者缺一，是不可想象的。"或者，如毛姆（W. Somerset Maugham）更简明扼要地总结的："你们知道塔斯马尼亚人（Tasmanian）吧，他们从来不通奸，可是现在灭绝了。"

◎ **传闻评估：部分正确。法国人对于外遇，可能比清教徒众多的英国人或美国人更宽容，至少是对公职人员如此，但他们其实很少出轨。**

法国人喜欢大家庭

法国需要孩子。

——法国促进生育运动的口号

这不是传说,而是事实。法国平均每位妇女生两个孩子,生育率(和爱尔兰一起)是欧洲大陆最高的。[17]虽然法国拥有两个孩子的家庭最多(占所有家庭的40%),但法国拥有三个以上孩子的家庭比例也是欧洲国家中最高的之一(占30%)。[18]实际上,法国是欧洲为数不多的未面临人口老龄化威胁的国家之一。其人口在可预见的未来完全可能得到再生。法国人创造了欧洲的生育奇迹,尤其令诸如德国这样的国家羡慕。在其高卢邻居活蹦乱跳的婴儿大量出生的同时,德国人的头发却在变得花白。

法国人生育率高的原因是颇有渊源的,这首先要归功于很多世纪以来的国策。纵观历史,法国历届政府一贯倾向于将家庭问题视为国家事务,将国内政策诠释为解决婚床上发生的事情。甚至在大革命前的旧帝国,法国君主们也将他们臣民的生育繁衍视为王室头等大事。法国哲学家孟德斯鸠(Montesquieu,1689—1755)[19]曾说,

君王是否杰出、富裕、强大和安稳,只能由他的诸侯数量决定。路易十四等国王将这一原则铭记在心,想方设法确保自己能拥有尽可能多的臣民。在财政大臣让-巴普蒂斯特·科尔伯特(Jean-Baptiste Colbert)的建议下,路易于1666年颁布了一项法令,免除了所有在20岁前结婚的男人的缴税义务,直到他们满25岁;所有拥有十个以上存活的孩子的人,也同样免税(教士和修女除外)。[20] 1789年革命横扫的旧思想和它引导的新思想一样多,但是家庭越大越好这个观念却完好无损。革命者以"平等"的名义,制定了各种各样的规定,想拉平有很多孩子的人和没有孩子的人的社会地位。这些措施包括提高有三个以上孩子和六个以上孩子的人的税收减免额——还预先尝试了一项几个世纪后才会正式实施的办法——对没有子女的人处以财政惩罚。法国革命者还推行了最早的儿童津贴之一:每名十岁以下的儿童每月发两里弗(livre,法国旧时货币单位及银币),直到10岁。[21]

19世纪,诸如马尔萨斯(Thomas Malthus)等很多人悲观地鼓吹，繁殖出比自己所能养活的更多的倒霉后代，将使本已人满为患的城市，又如洪水般涌进无数臭烘烘的躯体，又有无数营养不良的肚子需要填饱，实在是弊端无穷，于是无论英国

> 和约并没有说法国将增添许多孩子，但这是应该写下的头等大事。因为假如法国没有大家庭，和约上所有这些美好的条款都将徒劳无功。你拿走了德国的所有大炮也没有用，因为如果法国没人了，国家仍将灭亡。
>
> ——乔治·克雷孟梭，法国政治家，1919年评论《凡尔赛和约》

还是法国还是欧洲其余国家，都出现了家庭规模缩小的现象。但是到了20世纪，经过两次世界大战的蹂躏后，法国人遭到压抑的对人口增长的热爱，又变本加厉地重新抬头了。法国人口在战场上，尤其是在"一战"中西线的壕堑里遭到了惨重损失，亟须大量补充。正如戴高乐在1945年3月发表的著名演说中所说的："法国需要在十年时间里，生育出1200万活蹦乱跳的婴儿。"他说得很明白，对战后的法国妇女们来说，她们所能做的最爱国的事情，就是生孩子。于是有了婴儿潮。大量涌现的海报上描绘着像圣母一样的家庭主妇，身旁围着六个以上的孩子，口号是："法国需要孩子！"（La France a besoin d'enfants）[22]20世纪20年代法国已经制定了法律，将流产和避孕定为刑事犯罪。1942年，维希政府将非法终止妊娠宣布为"危害国家罪"，可判处死刑。然而这只能刺激非法打胎者的生意，使他们得到一个冷酷的绰号：天使制造者（faiseuses d'ange）。这是一个危险的营生——1943年，玛丽-路易·吉罗（Marie-Louise Giraud）因为在法国西北部的瑟堡（Cherbourg）地区帮27个人堕过

胎而被送上了断头台。①

> 一个青少年在人口中占高比例的国家，是一个进步的国家，一个适应的国家，一个革新的国家，一个信心十足地为未来做好准备的国家。
>
> ——雅克·希拉克总统，2003年5月在法国家庭奖章颁奖典礼上的讲话

由于控制生育是非法的，在战争刚刚结束时的法国，安全套被严格地管制为柜台下交易——不过安全套的确列在药店的药品目录中，只是被隐讳地称为"男人卫生用品"。这也许就是直到20世纪坐浴盆的沐浴方式在法国都大受欢迎的原因。②坐浴盆不仅能洗掉细菌，还能洗掉有可能播错犁沟的种子。20世纪20年代，法国设立了一系列特殊的奖章——法国家庭荣誉奖章（La Médaille d'honneur de la famille française）——奖励"以有价值的方式"生育了多个孩子的母亲。铜质奖章颁给"以有价值的方式"生育了四五个孩子的母亲，银质奖章颁给六七个孩子的母亲，金质奖章颁给八个以上孩子的母亲。直到今天，法国仍在一年一度地颁发该奖：这通常是总统夸耀其家庭方面的最新政绩的平台。（在鼓励生育的国家中，并非只有法国褒扬生育能手。纳粹政权曾向生殖力旺盛的雅利安血统母亲颁发"德国母亲荣誉十字勋章"。苏联针对杰出母亲有好几种奖

---

① 假如你以为断头台只是法国大革命的恐怖时期才使用的可怕的处决方式，那么你将会惊讶地得知，断头台最后一次在法国被使用，是在1977年，就在法国于1981年废除死刑之前不久。尽管断头台不再使用了，但在很多法国人心目中，它仍然是个可怕和讨厌的物件。一些评论家认为，在英国的联排别墅中到处可见的上下拉动的窗户在法国却根本看不见，原因就是会让法国人联想到断头台。

② 法国人浴室中坐浴盆的功用，将在此后专门介绍这种有趣的——在外国人看来也有些神秘的——卫生用具的一章中，做详细解释。

励。甚至今天，俄罗斯联邦仍会将生养了七个以上孩子的夫妇视为俄罗斯优秀公民，授予"光荣父母勋章"。）"法国需要孩子"实际上已经变成了一种国家箴言。20世纪80年代，法国政府的一次宣传活动就是在这个口号下展开的，海报描绘着各种各样欢笑的婴儿，题写着诸如此类的标语："生活中并不只有性。"

那么21世纪的法国还有以往那样的婴儿潮吗？似乎依然如此。幸运的是，现在不会再有人因为堕胎而被送上断头台了（请放心，目前法国每年有20万人次堕胎），自1967年起，口服避孕药也变得合法了。[23]但是，尽管今天有三分之二的法国女性使用某种避孕方法，法国政府却不急于帮助那些寻求避孕的人：安全套直到1987年，在艾滋病危机高涨时，才被允许公开做广告。即使今天，许多种避孕药也不能得到法国公共医疗服务的报销。人工流产费用目前也不能得到国家全额报销（不过这方面的改革正在提议中），并且人工流产本身也只能在非医学原因怀孕达到12星期前进行（英国是25星期）。法国官方传递的总体信息仍然是，多生孩子多养孩子是公民义务。

但是，法国制造婴儿的国家"撒手锏"，却比海报攻势更精确，比断头台更锐利。战后以来，历届法国政府都采取了有潜在效应的政策鼓励小脚丫的嗒嗒声出现在家庭住宅的地板上——那就是把钱送到喂养孩子的人手里。法国将人均GDP的27.5%花在每个孩子身上。2011年法国投入在家庭方面的开支超过任何其他欧盟国家。[24]那些有三个以上孩子的幸福家庭——也就是得天独厚的"大家庭"（famille nombreuse）——立刻便拥有了享受雪崩般福利的资格，从乘坐公交工具优惠到税收减免再到在几乎所有办理行政事务的队列中都能获得优先。任何其他欧洲国家对于大家庭，都没有这么多的津贴和税收减免。2012年儿童津贴的起点是：两个孩子每月127.68

欧元（自然，只有一个孩子的家庭没有津贴），此后每多一个孩子增加163.59欧元，一直发到孩子满20岁。[25]所得税也按照孩子的数量核减，这就是法国著名且独有的"家庭系数"。每个孩子从出生三个月起，原则上都有权利上当地的育婴所（crèche）。这些育婴所全天开放，开设标准极高，并且要经受经济审查（尽管为了上育婴所，经常也会发生激烈争斗，尤其是在需求较高的地区。但是也有一些由国家资助的儿童保育员，可供孩子上不了育婴所的家庭雇用）。自三岁起，所有孩子都有权利免费进入当地的保育学校（法国是欧洲开始上学年龄最早的国家之一）。地方市政厅也设立学校接送和课后托管服务，孩子放学后最迟可托管至晚7点半。在学校放假期间，市政厅还开办假日活动中心，从早7点半开放至晚7点半，提供餐食和大量活动，收费很合理（因有资助）。总之，假如颁发"儿童生育光荣勋章"（Order of Glory for Child Propagation）的话，法国也许不及北欧国家，[26]但它肯定领先于欧盟中的其他国家，应获得功绩勋章（Order of Merit）。盎格鲁–撒克逊国家的人倾向于将社会补助视为施给穷人的有损颜面的救济，法国则不同，其制度的最大受益者，尤其是在税收方面，传统上一向是生育孩子较多的资产阶级小康家庭。

那么在如今这个经济越来越困难的时代，法国还有能力为下一代活蹦乱跳的婴儿买单吗？这个问题只有时间能够回答了。不过有一件事请你记住。下一次当你读到颂扬法国妇女近乎神奇的能力的文章——诸如，她们生养了一大群孩子，保有一份令人羡慕的工作，在午饭时间能把她们的头发打理好，能陪丈夫一起外出赴晚宴——而无地自容得恨不得跳楼时，请记住，在被认为非常了不起的父母光荣勋章背后，有政府资助的育婴所、政府资助的保育员，有通常很出色的免费地方学校，有政府资助的课后活动中心，有一个月好几百欧元的儿童津贴,还有核减的所得税税率,还有……背负着沉重的税单的,为法国幸福家庭当牛做马的不孝子女们:可耻的丁克勋章的获得者。

◎ **传闻评估:正确。**

法国孩子不扔食物

"恬静得就像一幅画。"(Sage comme une image.)

——法国谚语

这是关于法国的神话传说中的后来者,是随着帕梅拉·德吕克曼(Pamela Druckerman)的同名畅销书于2012年的出版而一夜传开的神话。(不过,与《法国女人不会长胖》不同的是,这本书没有注册商标,至少是迄今还没有)。[1]按照这本书及其跟风者的说法,不仅是法国女人有天生的"平衡"感和节制感,法国的儿童也很恬静和自制。他们在晚餐吃勃艮第蜗牛时从来不会说"不"。他们不会在公园里当众发脾气,或者像他们顽劣的盎格鲁-撒克逊同龄人一样,从餐桌旁跑开,去割掉他们的婴儿妹妹的芭比娃娃(Barbie doll)的头发。他们彬彬有礼地和大人们一起讨论法国哲学,从来

---

[1] 畅销书《法国孩子不扔食物》(French Children Don't Throw Food,Doubleday公司出版,2012年)刺激了一大批全新的育儿书的出版,颂扬了法国儿童从吃东西到守纪律的所有方面据说都很圣洁的优点。

不忘了说"请"和"谢谢你",离开桌旁时总是要先征得同意。按照这些新的育儿圣经的说法,甚至还是小婴儿时,法国儿童就能充分地为他人着想了。从出生三个月起,他们就奇迹般地能一睡一整夜,无私地允许他们的妈妈陪着自己的丈夫悄悄溜走——从而证明了,至少对法国女人来说,生孩子决不会终结诱惑力。实际上,法国儿童不可思议地行为端正的神话,似乎已经形成了一种新的育儿理论。我们已经领教了专制育儿法、宽容育儿法、孩子驱动育儿法、融合育儿法和中国育儿法,[27]现在又流行起法国育儿法。盎格鲁-撒克逊女人应当为再一次挨批做好准备。不仅是因为她们肥胖、俗气和不善烹饪,而且现在看来她们在教育孩子方面也是废物。

法国婴幼儿这种完美典范般的天性,据说是缘于法国人高明的育儿方法。但究竟有什么方法,到底如何高明,却还不大清楚,不过,很多人描述过的技巧,似乎都会让人们回想起以往所谓的"良好的老式育儿法"。然而,对法国婴儿和儿童的饮食和睡眠习惯的研究显示,他们与其他国家的婴儿、儿童并无实质性的差别。对法国儿童睡眠模式的调查显示,法国1—2岁的幼儿中,21%—38%夜里会醒来;[28]进一步的临床研究发现,法国16—24个月的幼儿72%有睡眠问题。[29]至于说广受赞扬的法国孩子不挑食的习惯——据说他们不可思议地喜爱绿叶蔬菜和法国以外的熊孩子嫌弃的一切食物——2009年的一项研究发现,许多法国父母给幼儿的饮食都不合适(其中有炸薯片和猪肉熟食),[30]估计25%—45%的法国婴幼儿都会在不同阶段发生食物问题(包括挑食)。[31]最近法国媒体热烈地讨论起"婴儿冲突"(baby clash)问题,即越来越多的法国夫妇在孩子出生的头几个月或头几年离婚,原因是新生儿给他们的婚姻带来了一系列巨大压力。实际上,当你审视过事实后,你会发现法国婴儿带来的问题,与世界上所有其他地方烦躁的父母们所面临的问题似乎并无实质性差别。

> 不得不说帕梅拉·德吕克曼的书不能算是社会学著作。英国的《经济学家》(*The Economist*)周报认为"书中所写的情况太理想化了,不可能是真的",并怀疑德吕克曼只关注了巴黎的富裕家庭。该刊建议她去参观一下"法国郊区",验证一下"你好,太太"在那里是否灵光。很可能会有人反驳说,即使在巴黎近郊的讷伊(Neuilly),孩子们都远远算不上天使……
> ——2012年1月23日法国《费加罗报》(*Le Figaro*)对《法国孩子不扔食物》的书评

这些还只是法国婴幼儿吃和睡的习惯。我们知道,当婴儿长成儿童时,他们就不只是睡和吃,还有行为问题需要考虑了。法国儿童是否像那本新的法国育儿圣经想让我们相信的那样,比英国和美国儿童更有礼貌?总体而言,至少是在公众场合当着他们父母的面,法国年幼的孩子们似乎是这样。理由很充分,也很简单,法国的父母通常比英美的父母更严厉。法国并不禁止在家里对孩子进行体罚。打屁股是法国一项历史悠久的教子手段,在最近的一项调查中,有64%的法国父母都毫无愧意地承认他们使用过这个办法。[32]2007年美国威滕贝格大学(University of Wittenberg)研究人员进行的一项比较研究发现,将近一半的法国父母会对孩子使用严厉的体罚手段(如扇耳光、用棍棒或鞭子打或狠打)。[33]法国学校使用的一些惩罚措施,尽管并不暴力,但似乎也与最先进的现代教学实践格格不入。例如,在法国的幼儿园,淘气的孩子被罚背对全班坐着,这种现象非常普遍。

法国和英美的教育体系看似相近,实则不啻天壤之别。英美体系旨在培养自由思想、随心所欲的叛逆者,法国体系则旨在培养法兰西共和国驯顺的公民。法国的学校教育对英美教育所谴责的一切都会产生迷恋，如机械教育，死记硬背大量信息，听写，在小学生中制造竞争，习惯性地羞辱完不成作业的人。[34]法国自小学教师起就喜欢用的一个教学方法是"马蒂尼埃法"（La Martinière）。老师将算术题大声喊出，学生将答案写在石板上。然后老师让大家举起石板，那些答错的人就会受到嘲笑。正如一位英国评论员所说的，孩子们就像"笼中的老鼠"一样陷入困境。[35]

英美的父母都有一个根深蒂固的传统观念：个人的成就只能通过自己奋斗获得，依赖国家则是失败的象征，因此他们会在孩子的养育方面倾注极大的个人努力。因此用手指绘画而将头发弄脏，挖沙坑，让孩子很小就玩数独游戏，为孩子的上学费用拼命挣钱，在英美父母看来都是完全正常的行为。不这样做的话，他们的宝贝儿女怎么可能在竞争残酷，又缺乏社会保障体系的世界上出人头地？法国母亲则会认为这些行为即使不是彻底发疯，也是荒唐可笑的。法国由国家提供幼儿园、免费的学校教育和课后活动。其他国家的父母都是花钱请人来教孩子画画儿或玩培乐多橡皮泥（Play-Doh），而不会把自己的手指弄脏。国家自有办法将麦子和秕糠分开。法国不鼓励"望子成龙的父母"。法国的学校没有家长会，孩子做了错事只须听老师的就行。法国政府甚至于2013年下令禁止留家庭作业，因为据说家庭作业会给父母增加额外的负担，并且使中产阶级家庭的孩子明显得利，因为他们的父母可以给他们提供更多的帮助。家庭作业必须在一天的所有课程结束后，在学校由老师监督完成。于是法国人更有理由在晚上放松，喝上一杯葡萄酒了。为什么不呢？

那么这种国家对儿童事务的强力干涉，是否创造出了预期的模范行为呢？似乎没有。在2011年由经济合作与发展组织（OECD）进行的一项对小学生课堂纪律的调查中，法国在66个国家中排倒数第五。有超过三分之一的法国小学生在被问及时表示,课堂上有人大声喧哗,有混乱现象(课堂纪律最好的,也许毫不奇怪,是日本小学生)。[36]2011年联合国儿童基金会(UNICEF)对法国小学生进行的一项研究发现,25%的小学生在学校里经常或很经常地受到欺侮,21%的人经常受到嘲弄,17%的人频繁或极频繁地遭到同学殴打,7%的人经常遭受种族主义歧视。[37]近三分之一的法国10—15岁的孩子抽烟,或曾经尝试过吸烟。在确定吸烟的孩子们中,有45%的人表示他们的父母知情,有27%的人当着父母的面吸烟,25%的人说父母对他们的吸烟行为无可奈何。[38]鉴于幼儿是儿童的雏形,情况看来不大妙啊。假如法国幼小的学龄前儿童们当真那么异乎寻常地完美,他们长大些后会发生什么情况呢?恐怕只会发泄长期压抑的怨愤吧?

> 在我作为心理医生的临床实践中,我遇到越来越多的父母,对我所谓的孩子们在家夺权的行为无能为力。他们说:"我们拿他一点儿办法也没有……""他为所欲为……""我们再也受不了了……"
>
> ——迪迪埃·普鲁克斯(Didier Pleux),法国认知疗法研究所(French Institute of Cognitive Therapy)所长,《从孩子国王到孩子独裁者》(*De L'enfant Roi à L'enfant Tyran*),2002

必须承认,法国人的教育方法有许多值得称道之处,特别是在小学阶段,一定量的机械学习是必不可少的。我的孩子全都在法国的公立学校上学。他们会做算术,尤其是会心算,比我在他们那个年龄时强多了(尽管我在英国上的是昂贵的私立学校)。他们能写一手漂亮的蜘蛛般的法文字,就像路边小酒馆写在黑板上的菜单中的那种字。他们能背诵很多魏尔伦的诗句。他们对法语充满激情,而我对英语却从来没有那种激情（也没人教我去感受）——即使他们的身体内并无法国人的骨头。他们对在班级中的排名不抱幻想。让孩子们知道世界不欠他们什么，他们必须学会自己谋生，而学习知识需要应用和下苦功，他们最好是想着做个护士或教师什么的，而不是下一个大卫·贝克汉姆，这些都没有什么坏处。但是，如果在这一过程中掐灭了孩子幼小心灵中的任何创造力和热情的火花，从一开始就使学习变成一件苦差事，似乎也是将孩子与洗澡水一起泼出去了。而且人们很容易忘记的是，在每个貌似的法国"好妈妈"和她们据说完美无瑕的孩子背后，有法国政府那双看不见的手在掌控、资助和指导大多数行动。所以，如果下次你的小淘气包剁掉了奶奶手套上的指套，为自己的摩比（Playmobil）海盗的尸体做尸包，因而让你深感失望时，请记住，是任性顽皮的汤姆·索亚（Tom Sawyer），而不是貌似圣洁的锡德（Sid），在故事的结尾找到了藏有财宝的箱子；而且捣蛋鬼亨利（Henry）尽管讨厌，也还是比近乎完美的皮埃尔（Pierre）要可爱。①

◎ **传闻评估：错误。**

---

① 富有叛逆精神的小学生"最终变好"，是英语儿童文学中常见的主题，从里奇马尔·克朗普顿（Richmal Crompton）的"威廉"（William）系列和马克·吐温（Mark Twain）的《汤姆·索亚历险记》（*Tom Sawyer*），到该主题新近以《捣蛋鬼亨利》（*Horrid Henry*）的复苏，都是如此。法国的儿童文学则不同，往往会塑造奇幻和/或圣洁的人物，如安托万·德·圣埃克絮佩里（Antoine de Saint-Exupéry）的《小王子》（*Le Petit Prince*）。

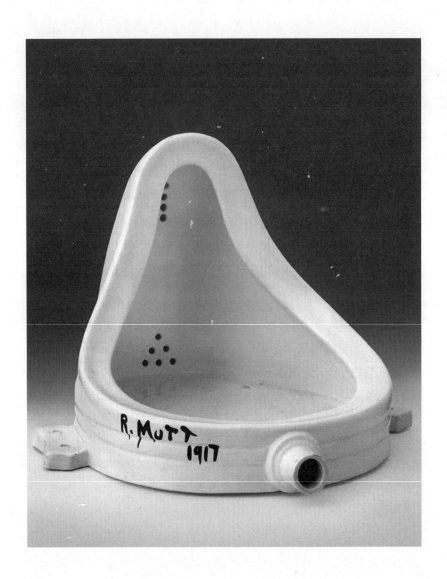

IV

呸！真脏

关于法国管道系统的传闻

法国厕所令人作呕

法国是个独一无二的奇葩国家,钱掉在地上能摔碎,你却撕不开厕所的卫生纸。

——比利·怀尔德(Billy Wilder,1906—2002),美国编剧家和记者

那些关于公共厕所设计的学术专著,也许会将法国描述为奇葩之地,因为那里有关于法国人对露天大小便的态度的疯狂吐槽。然而,在《城市设计大全:公共厕所》[*Inclusive Urban Design: Public Toilets*, Architectural Press(建筑出版社),2003年]一书中,作者克拉拉·格雷德(Clara Greed)评论说:"总体而言,欧洲大陆人对公厕的态度似乎更为开放。"接下去她继续写道:"有趣的是,所有人都对我说,假如你问法国警察'厕所在哪儿?',他会一脸茫然,然后耸耸肩,做个手势表示整个法国都可以用作厕所。"也许情况正是如此,因为在法国经常很难找到厕所。"公共厕所的标识是toilettes或WC,非常稀少且相距遥远,这意味着当你内急时,或许会抓狂以至于绝望,"孤独星球(Lonely Planet)旅行指南《普罗旺

斯》(*Provence*)和《蔚蓝海岸》(*Côte d'Azur*)的作者这样哀叹道。如果你最终需要在法国寻找厕所,你剩下的唯一选择经常是,考虑一下某片空地是否适于解决问题。尽管世界各地厕所肮脏程度的比较数据(毫不奇怪地)传播不算广泛,但已知的大量调查结果已经显示出法国厕所会是夺冠热门。其中包括唯一知名的世界旅游者厕所调查,其结果是法国的公共厕所在世界最糟糕的厕所排行榜上正式列第三位,仅以微弱的劣势落后于名列第一的中国和排第二的印度。[1]

然而,这些不知感恩的旅行者们不知道的是,他们能在法国用上公共厕所,已经算是够幸运了。纵观历史,甚至直到20世纪80年代,公共厕所在法国都长期短缺。凡尔赛宫就根本没有公厕,结果朝臣们都只好在楼梯上或走廊里,或者利用就近的各种容器(比如花瓶和壁炉)拉屎和撒尿。①直到19世纪,在法国的各处城市,都会有盛屎尿的夜壶不时从各个窗口泼出,无论窗下有什么东西(或者什么人)。为此发生过一个著名的事件,一个早起用功的学生,恰好将夜壶泼在了路易十四国王的头上,他随后因为勤奋好学而受到了奖励。②在擦屁股问题上,少数有钱人也有特权。平头百姓只能用草叶、手指或前一天的报纸解决,富人却能享受蕾丝、麻布[黎塞留(Richelieu)红衣主教的偏爱]、羊毛织品[路易十四的情妇和后来秘密结婚的妻子曼特农夫人喜欢的如厕用品]的爽滑感觉,或者坐在宽大的便桶上由贴身仆人清洗肛门。(负责国王的如厕事宜,包括为他保养下半身的贴身仆人,是一个享专有特权

---

① 直到1768年,凡尔赛宫都没有专门的厕所。到1789年法国大革命时,凡尔赛宫总共也只有九座厕所,均属于国王和其他王室成员。
② 英语中的"loo"(厕所)一词,据说就来源于"小心屎尿!"(prenez garde à l'eau!)这声喊叫,这是法国人在倒夜壶时,向窗下街上的行人发出的传统警告语。

的岗位,称为Chevalier Porte-Coton,可大致译为"厕卷骑士"。)① 如厕事宜(毫不夸张地说)具有生死攸关的重要性:法国国王中有一个显赫的世系(包括路易十三和路易十四)都是在如厕时接见朝臣的,不幸的是1589年亨利三世国王正是坐在马桶上遇刺身亡的。

一连好几个世纪,法国政府机构都想制止公共场合随地大小便的现象,但这一努力就如同在风中撒尿。早在1374年,查理五世(Charles V)便曾要求所有的房子都配备茅坑(但无人理睬)。17世纪,当特鲁瓦(Troyes)的地方官们试图禁止当地人在一条乡村街道上随意小便时,引发了大规模群众抗议。村民们要捍卫在市政厅前拉屎撒尿的权利,他们高呼:"我们的父辈在这里解手,我们现在也要在这里解手,我们的孩子要永远在这里解手。"[2]巴黎本身就是个巨大的公厕,一座臭气熏天的粪池。实际上,直到19世纪中叶,巴黎才出现了最早一批公共厕所。这是该城最开明、最具改革精神的政府官员之一克劳德·菲利贝尔·德·朗比托(Claude Philibert de Rambuteau)的革新之举。朗比托1833年至1848年担任塞纳省省长。在当时的政府官员中,他对于改善巴黎的公共服务比树立宏伟的纪念碑更感兴趣。他巧妙地将新建的小便器藏匿于绘有广告的高大柱子中,使之很快就成为巴黎街景的一部分,并因为"一战"之前"美好时代"(Belle Epoque)艺术家们的鬼斧神工而成为不朽。起初,这些柱子被冷嘲热讽的公众和媒体称为"朗比托柱"。朗比托为这种不厚道的称呼所激怒,将他的创意重新命名为"韦斯巴芗柱",以纪念最早为建公共厕所而征税的罗马皇帝韦斯巴

---

① 当时英国国王同等功能的仆人称为"厕郎"(Groom of the Stool),是亨利八世(Henry Ⅷ)设立的官位。

芎(Vespasian)。当然,韦斯巴芎柱只能满足该城男性市民的使用。巴黎妇女还得等到20世纪,才能拥有自己的洗手间,因为人们认为,她们能够控制自己的自然冲动。

到20世纪30年代时,巴黎已经有了1200根韦斯巴芎柱,或者说是有挡板的小便池(Pissoir)。然而,它们却成了享乐主义者和道德主义者持续不断的争论话题。享乐主义者诸如美国小说家亨利·米勒(Henry Miller),认为能够一边小便一边观赏路过的美女,真是法国的迷人之处。道德主义者则对这种伤风败俗者和吸毒成瘾者喜欢聚集的地方深恶痛绝。这种文化冲突的最生动的表现也许是在1934年由加布里尔·舍瓦利耶(Gabriel Chevallier)创作的讽刺小说《科洛彻米尔勒》(Clochemerle)中。小说描述了博若莱(Beaujolais)地区的一个小村因为当地的市长提议在村中心建一座公厕而引发的一场骚乱。市长的计划激怒了当地一些头面人物,如教士、律师和地主,这使得社会各阶级彼此对立起来,揭示了当时法国乡村社会深层次的矛盾。①至于现实生活中的巴黎，各种替代"韦斯巴芗柱"的办法它都尝试过，包括模仿伦敦在巴黎地铁里设立地下厕所，由一大批女侍掌管。她们一只眼睛盯着主顾们，一只眼睛盯着收钱盘，目光锐利如兀鹫。"屁屁女郎"的形象，对于巴黎的游客们来说，已经成了一种城市传奇。

厕所的女主人

> 来到巴黎的游客，看到这些被法国人称为"屁屁女郎"（Madame Pipi）的凶神恶煞般的厕所女侍，鲜有不心生畏惧的。尽管人们将这些厕所女侍主要与法国首都联系在一起，但最早的屁屁女郎职业资格标准却是在斯特拉斯堡（Strasbourg）制定的。证书中包括检测病毒、细菌、苔藓和发现毒气，适当的清洁技术，以及如何对付好色顾客等培训项目。
>
> 这些屁屁女郎中不乏一些历史上曾红极一时的堕落女子，引人注目的有女演员玛格丽特·韦默（Marguerite Weimer），又称乔治夫人（Madame George），曾是拿破仑三世和俄国沙皇的情妇。屁屁女郎通常都有比较强悍的个性，这对这项工作是非常必要的。她们将一桶水兜头浇在误把公厕当成即兴通奸场所的顾客头上，这种事绝非没有耳闻。

有很多年，巴黎的厕所设施都令法国政府如芒刺在背。韦斯巴芗柱始终是热烈的争辩（甚至是更热烈的私通）的话题。自20世纪

---

① 小说中虚构的村庄科洛彻米尔勒，现在已进入法语，指代任何因地方派系冲突而撕裂的社会。

60年代起，韦斯巴芎柱便开始逐步淘汰，结果到70年代末时，只剩下30根还保留着。取而代之的是公园里和地铁里由屁屁女郎掌管的厕所，但是整个巴黎也只有寥寥几百座，作为世界上旅游者最多的首都，根本不能满足日益膨胀的游客的需求。巴黎越来越感到窘迫和抓瞎。于是，到了20世纪80年代，该市祭出了一个解脱困境的法宝：简易公厕（Sanisette），法国版的（英式）超级厕所（Superloo）。这些状如时间机器（Tardis）的新式挤压物出现在法国首都的人行道上，虽然没有韦斯巴芎柱那样优雅的尖顶，但至少意味着法国民众和游客终于能够在一个自洁式的紧凑小舱内气定神闲地出恭了（只要他们能在额定的20分钟内解决问题，门就不会自动打开，自洁设施也不会自行启动）。在20世纪80年代担任巴黎市长的雅克·希拉克（Jacques Chirac）的推介下，在其发明者法国德科公司（JC Decaux）的大力支持下，Sanisette成了法国一项重大的殖民胜利。德科公司如今已是世界上主要的超级厕所供货商了，有上千座欧洲城市都是其客户。于是法国人至少可以为下面这个事实感到欣慰了：尽管全世界只有7200万人以法语为母语，却有好几亿人在使用法国人制造的厕所。今天，巴黎大约有400座Sanisette，[3]自2006年起都是免费的；由屁屁女郎掌管的厕所越来越少，主要在公园里；只剩下一根韦斯巴芎柱还在使用。非常奇怪的是，这根柱坐落在第14区的阿加罗大街（Boulevard Agaro）上，就在巴黎的一座主要的监狱对面。也许是为阻止刚刚获释的犯人们把出狱后的第一泡尿撒在监狱墙上以示庆祝。

总之，法国首都公共厕所的状况是极大地改善了。不过巴黎餐馆、咖啡厅和酒吧的厕所状况又如何呢？用法国评论家的话来说（注意：这可是法国人自己说的），那真是"坠入地狱了"。[4]比如，在法国餐馆的洗手间里看到马桶坐垫上撒满了尿（还不仅是坐垫上，地上也是），马桶里的屎上苍蝇嗡嗡，没有厕纸，一个桶中塞满了卫生巾，都是极其常见的景象。假如遇见"蹲便器"（也就是地上挖一个坑），也不奇怪。不过令很多人欣慰的是，蹲便器在巴黎中心区正在逐渐淘汰。关于蹲式厕所，有一件奇怪的事情是，尽管盎格鲁–撒克逊人经常把蹲式厕所说成"法国式厕所"，法国人其实把它们称为"土耳其式厕所"（toilettes à la turque）。但是在土耳其，它们又被称为"希腊式厕所"，而希腊人又诅咒它们是"保加利亚式"。实际上，似乎没有人愿意承认自己是这类厕所的主人。就连日本人都称它们为"中国式"厕所。各种各样的蹲式厕所分别被定义为阿拉伯式、法国式、中国式、日本式、朝鲜式、伊朗式、印度式、土耳其式或自然状态式。①

从20世纪90年代对法国人和美国人所做的调查中，的确能看出法国人对公共厕所的状况在一定程度上持无所谓的态度：当被问及在使用过公厕后，是否在意要进行清洁时，51%的美国人认为非常必要，而这样看的法国人只有31%（44%的法国人认为可以清洁也可以不清洁，还有21%的法国人认为根本没必要清洁）。⁵2008年，瑞典个人护理产品制造商爱生雅（SCA）集团进行的一项调查显示，在对使用公共厕所表示担心的人数中，法国在总共九个国家中居于首位（80%的法国人都认为公共厕所的卫生状况令他们冒有危险）。⁶

到访法国的其他国家的人，大都认为法国的公厕太过恶臭。用一位日本分析家的话来说："巴黎人不在意这样的细节。你必须认

---

① 土耳其人最近对法国人以他们的名字命名这类厕所，并捎带着批评他们1915—1916年据说对亚美尼亚人实施过大屠杀一事，实施起报复。他们用一个目前已有些过时的名字命名一种厕纸：萨科齐（Sarkozy）。

识到，他们不打算在这样的事情上下功夫。"⁷日本是一个对如厕礼仪达到全民痴迷程度的国家，因此对日本人来说，法国餐馆厕所的普遍状况，会引起他们强烈的精神不适。①据说到访法国的日本女性旅行者普遍认为，法国唯一可用的厕所都在豪华宾馆里。这使我们想起了男人们支持为女人建设得体的公厕所提出的最有力的理由：这样的公厕能阻止女人们为一点点小事就去商场或其他奢侈场所，结果花上一大笔钱。可是不幸没钱的女人怎么办？她们也想在巴黎上干净的厕所，但却买不起豪华酒店的鸡尾酒。不幸，只有为数不多的可怜选项——交叉起双腿强忍，或者去日本人开的餐馆。

◎ **传闻评估：基本正确。**

---

① 日本人对厕所及其清洁的迷恋，可上溯至其古老的神道教的洁净仪式。日本的厕所普遍配有一系列令人眼花缭乱的功能设备，如吹风机、加热座椅、按摩用具、可调节的喷水器、能自动弹起的坐便器盖、自动冲水器和空调等等。有些日本厕所甚至为如厕者播放小夜曲。不过，对外国人来说不幸的是，控制面板上往往只有日文。

法国人不洗澡

> 公羊越臭，母羊就越喜欢它。
>
> ——法国农民谚语

　　高卢人不洗澡的传说，像巴黎人行道上的狗屎一样紧贴着法国人。这个传说忽视了这样的事实：法国是拥有像欧莱雅（L'Oréal）这样的全球化妆品和个人护理巨无霸品牌的世界上最大的香水生产国之一。然而，传统上针对法国香水和化妆品业的指摘之一便是，它之所以能发展到如此精密的高度，恰恰是为了掩盖法国女人芳香之下的难闻气味。

　　当然，至少是直到19世纪末，整个西欧的洗浴习惯都没有多大差别。依今天的标准，那时的所有人都臭烘烘的，富人也许比穷人稍好一点儿。我们已经看到，路易十四统治时期的凡尔赛宫，以没有厕所而闻名，朝臣们都是随地大小便。苏格兰作家托比亚斯·斯摩莱特（Tobias Smollett）曾于1766年游览过法国和意大利。他这样写道："尽管凡尔赛充满了豪华奢侈的装饰，却是个令人沮丧的住所。房间昏暗，家具糟糕，环境肮脏，气度不佳。"[8]这正是所谓的"干浴的全盛期，是一个人们认为水是细菌和"坏体液/情绪"的载体，因而千方百计地逃避洗浴的时期。于是朝臣们很少洗澡，人们研制出精致的香水，以遮掩汗水和其他人体排放物带来的臭味。并不是所有法国人都厌恶体臭。有些人还陶醉于此。"夫人，我将和你一起共处八天。请不要洗澡……"据说是亨利四世国王对情妇说过的名言；两个世纪后，拿破仑在给时为情妇的约瑟芬写信时，也写过类似的话。[9]在另一种不同的背景下，维勒鲁瓦公爵（Duc de Villeroi）据说在1706年的拉米利战役（Battle of Ramillies）前，曾赞扬他麾下的士兵们"泛着山羊味的淫荡气质所产生的力量"；而大量资料显示，戴高乐将军有着极严重的口臭。一定程度的浓烈体味等同于男子气概，而过分热衷于洗浴和涂抹带有香气的脂粉则是骄奢柔弱的花花公子的标志，这是很多种文化都持有的观点，并且一直持续到20世纪。比如，直到1975年，英国《新科学家》(New Scientist) 杂志还一方面赞许英国在当时引领欧洲肥皂消费，一方面又警告道：

> 但是我们在肥皂泡联赛中夺魁所带来的骄傲，必须予以缓和。我们必须留心马克·吐温曾经发出的警告，肥皂和教育所产生的效果不像大屠杀那样立竿见影，但从长远看却更加致命。正如罗马帝国的衰落所证明的，当其民众迷恋于躺在热水中洗浴时，他们就不再习惯于在寒冷的战场上露营了，于是他们也就只好屈服于不洗澡的野蛮人。[10]

尽管英国可能当真在1975年登上了"肥皂泡联赛"的榜首，但它开始为此付出努力，却是在19世纪晚期。定期用肥皂洗浴是19世纪80年代，随着用管道供应生活用水的推广才在英国开始的一个现象。1791年，英国年人均肥皂消耗量为3.1磅；1881年，肥皂已经进入了大众市场，年人均肥皂消耗量达到14磅。同年，法国的年人均肥皂消耗量才只有6磅。[11]早在19世纪30年代，到访巴黎的英国游客，如小说家弗朗西斯·特罗洛普（Frances Trollope）就注意到，法国政府当局似乎对兴建城市纪念碑比对建管道系统更重视。特罗洛普对新落成的恢宏的玛德琳大教堂（Church of the Madeleine）不以为然。他写道："巴黎如果省下建这座教堂的费用，用于建造和铺设将水送进千家万户的管道，我想用途更大。"[12]因为天主教对裸体根深蒂固的质疑，也因为洗浴时必然要直接接触到身体某些部位，以至于有可能会带来罪孽，所以法国人对洗浴的厌恶越发加剧。许多修道院都要求女孩穿着衬衫或内衣洗浴。1844年出版的一本卫生手册，声称"身体的某些部位"（未指明）一天只需要洗一次。对于一些女人清洗这些部位不止一次，该手册警告道："我们建议不要这样做。我们希望你尊重清洁的秘密。我们将因为注意到所有凌越了健康和必要的卫生界限的事情，都会不知不觉地导致不幸的后果，而感到满足。"[13]

浴盆的磨难

1819年，有一位心灵手巧的维莱特先生（Monsieur Villette），为巴黎人设计出一套可在家里洗澡的设施。这套设施包括一个装在轮子上的浴盆，配有毛巾、热水和其他洗浴必备品。维莱特称之为"家庭浴盆"（bain à domicile），推着它挨家挨户地推销。没想到"家庭浴盆"却成了无数歌曲和玩笑的讽刺对象，始终未能推广开来。巴黎人继续对浴盆持高度怀疑的态度，于是在家洗浴仍然是个稀有现象。正如一件尴尬事所证明的，画家马奈（Édouard Manet）到一位朋友家做客，将大衣扔进了一个装满水的浴盆中，因为他误以为那是一个光滑闪亮的大理石桌面了。

其次我们应当记住，法国作为一个农业大国的时间远比英国长得多，法国家庭用上自来水也比英国晚得多。例如20世纪30年代时，英国布拉德福德（Bradford）已有92%的家庭配备了供水管道，用上了自来水，每家至少有一间厕所，同时有43%的家庭用上了浴缸。用一名观察家的话来说，"洗澡已经成了比较普遍的习惯"。[14]法国则不同，到20世纪50年代时，只有10%的家庭有洗澡或沐浴设备，只有58%的家庭用上了自来水。那十年，半数的法国人每两年才洗一次澡，十分之三的人一年只洗一次头发。[15]1951年，《拉鲁斯医学》（Larousse médical）杂志建议其读者"注意外貌""可以每星期洗一次澡或淋浴一次"。迟至20世纪60年代，巴里托子爵（Vicomte de Baritault）的英国夫人视察他的罗克塔亚德（Roquetaillade）庄园时，发现里面有60个夜壶，没有厕所，只有一间浴室。[16]

因此几乎可以肯定的是，"高卢人不洗澡"这个传说的起因是法国内地很晚才用上自来水。从第二次世界大战战场上归来的美国大兵，鼻子十分敏感，而在当时的法国，大部分农民仍然不得不在村里的泉水里冲澡，于是美国人愤怒了。"法国人的112个恼人之处"［《法国人的112个恼人之处》（*112 Gripes about the French*），美国军方在战后立刻编出的小册子，旨在平抑美军中不断高涨的厌烦法国人的情绪］中的其中两处，分别是法国人不洗澡，以及他们没有德国人干净。小册子解释说，法国人在战争期间无法洗澡，因为德国人偷走了所有肥皂，甚至在战争结束四个月后，法国人的肥皂配给量仍然是"每月两块劣质的肥皂代用品"——换句话说，只有20克。小册子愤愤不平地宣称，即使德国人更清洁一些，"邋遢的朋友也比整洁的敌人好"。[17]小册子还提醒美军，法国人负担不起良好的管道系统，他们的生活水平要比美国人低许多，然而即使在美国，也仍然有940万个家庭用不上电，80%的农村家庭没有浴室和自来水，3 607 724个家庭没有自己的冲水厕所。[18]

然而，尽管美国军方竭力为法国人的卫生水准辩护，这些泥巴也实在是太顽固了。1945年，就在美国大兵刚刚返乡不久，一个新的兔巴哥（Looney Tunes）卡通形象出现在美国的电视屏幕上：佩佩·乐皮尤（Pepé Le Pew）。这绝非偶然，这是一只有着浓重法国口音的臭鼬，春天时漫步在巴黎街头，满脑子"爱"的思想。佩佩为找到一个伴侣付出了无数努力，但因为他身上的恶臭和顽固地拒绝接受"不"这个回答，努力全都泡汤了。而且——像典型的法国男人一样——他也花大量时间喷香水，试图遮掩自己的气味。［他的姓氏Le Pew（乐皮尤），可能暗指pooh或者phew这两个象声词，是传统上人们在闻到难闻的气味时发出的惊叫声。尽管听上去有点难以置信，但有些语言学家真的为争论这个词的词源穷尽了一生。有些人认为这个词来源于拉丁文的puteo，意思是"散发臭气"；另一些人则坚称这个词来源于印欧语系的单词pu，意思是"腐烂"或"衰退"——像在"putrid"（腐败的）中一样。］大多数法国人非常幸福地不知道佩佩·乐皮尤的真实国籍，因为在法语版的卡通片里，他被改成了意大利口音。沉寂多年之后，佩佩这个形象据说最近又要在迪士尼重出江湖了，演员迈克·梅尔斯［Mike Myers，曾主演《王牌大贱谍》（Austin Powers），为《怪物史莱克》（Shrek）配音］将为它配音——不过，是用法国口音、意大利口音还是用苏格兰口音，目前还不清楚。

在传播法国人体臭的流言方面，英国人的历史罪责丝毫不亚于美国人——尤其是他们的街头小报。20世纪80年代，英法爆发了

> 在巴黎，虔诚的教徒是不洗屁股的。
> ——埃德蒙·德·龚古尔和茹尔·德·龚古尔（Edmond and Jules de Goncourt），*Journal*，1895年

"羔羊战争"，从英国进口的肉类带来了压低法国本土肉产品价格的危险，法国农民的回应是烧毁了一卡车从英国进口的羔羊肉。英国《太阳报》（*Sun*）的编辑凯尔文·麦肯齐（Kelvin MacKenzie）此前读到过关于法国的肥皂使用量是欧洲最低的报道，于是便用这样的标题回击了——《法国人是欧洲最脏的人》，以及《很多法国人的气味就像笼养的袋鼠》。《太阳报》还派了一名"三版女郎"①到法国大使馆，送去了清洁用品和干净的内衣，表示英国援助"贫穷国家"。[19]实际上，正如当时各种各样的调查所证实的，法国人使用的肥皂的确比盎格鲁–撒克逊人少——不过那是因为他们已经像其他欧洲人一样，已经在消费液体肥皂和沐浴露方面引领市场了。[20]

那么今天的法国人还比其他人洗浴少吗？2011年9月，民意调查机构BVA代表卫生用品生产商多康（Tork）公司进行了一项调查，在接受调查的法国人中，20%的人每隔一天淋浴一次，3.5%的人每星期只淋浴一次，12.5%的人上完厕所后不洗手。[21]另一方面，2010年由美国咨询公司United Minds为瑞典个人卫生用品制造商Tena/SCA所做的一项调查显示，94%的法国女人如果在离家时没有淋浴就会感到不安，而有同样感受的英国女人却只有74%。该调查还发现，在被问及的所有国家国民中，法国人用于追求清洁的时间最长，法国男人平均每天花35分钟打理个人卫生，法国女人花的时

---

① 每期《太阳报》的第三版都会登出一幅裸体女郎的照片。——译注

间是46分钟。[22]2008年SCA公司发布的一份对九个国家国民卫生问题进行的更详细的比较研究显示，73%的法国人每天至少淋浴一次，这样做的美国人为71%，而英国人只有61%。[23]（九国人中，澳大利亚人和墨西哥人淋浴次数最多，中国人最少。）

必须承认，对于上几代法国人来说，卫生是个恼人的问题，唤起的是不快的记忆，如服义务兵役时的冷水澡，上学时因耳朵脏而挨的戒尺。1882年，卫生被伟大的教育改革家茹费理（Jules Ferry）纳入了法国学校课程，学生们越来越习惯于这样的命令："我知道我的责任。我洗手。我擦亮铜器。"[24]到了20世纪初，法国政府接手了通过其小学军事教员队伍推广卫生用语的任务。这些军事教员因为身着深色的军服，被称为"黑骑兵"（hussards noir）。所有班级一上课，首先要进行头部、颈部、耳朵和手的"卫生检查"，被发现不清洁者会挨一顿痛揍。到20世纪50年代，"黑骑兵"的角色又被法国公司欧莱雅以其先驱性的香波DOP替代。DOP的营销人员举行"干净孩子日"（journées des enfants propres）等活动，一边免费向小学生们发放香皂、香波，一边请教师们用黑板讲解卫生规则。同时，欧莱雅精明的创始人欧仁·许勒尔（Eugène Schueller）还组织大规模的宣传活动来营销DOP，包括在加来举行3万人的集会，在布鲁塞尔举行5万人的集会，所有人齐呼富有感染力的口号：DOP, DOP, DOP, 让你头发柔软，魅力无穷（DOP, DOP, DOP, c'est un shampooing qui rend les cheveux souples et vigoureux）。

不得不说，对于法国人的清洁事业，他们的某些知识分子没有起到助益作用。他们有些变态地宣扬法国人的刺激性体味是对英美人的细菌恐惧症和"卫生法西斯主义"的反抗。如社会历史学家阿兰·科尔班（Alain Corbin）所写的，法国有一种陶醉于所有感官性快感的"肉体文化"，这些感官性的快感既包括厨房诱人的菜香味，也包括微微的体臭气息。[25]这与清教徒般拘谨刻板的美国人和英国人形成了鲜明的反差。对于英美人来说，稍微察觉到一点点体臭，就要立刻用洪水般的香皂和除臭剂清除和"消毒"，就仿佛最最微弱的动物气息都有引发狂暴有害的动物本能的危险。"英国人认为香皂就是文明，"德国历史学家海因里希·冯·特赖奇克（Heinrich von Treitschke）曾这样说。法国人对这一论断的回答恐怕会是："可是他们如此惧怕的不文明力量是什么呢？"

◎ **传闻评估：错误**。当今的调查显示，法国人如今洗澡的次数至少与其他发达国家的大多数人是一样的，尽管他们过去不是这样。不过法国人仍然与英国人和美国人不同，他们并不迫切消除所有体臭的痕迹。

法国所有卫生间都有坐浴盆

> 顾客能免除严重猥亵法国妇女的污名吗?她当着男客人的面,脱去肮脏的罩衫,谈论她的灌洗、她的医药和她的坐浴盆!
> ——托比亚斯·斯摩莱特(Tobias Smollett,1721—1771),苏格兰小说家,《法国和意大利游记》(*Travels Through France and Italy*),1766年

我们早就有理由注意到,尽管蹲式厕所在法国依然存在,但它们的数量却明显减少了。不过,法国卫生间里另有一件外国人不认识的器物,取得了神秘的地位:那是一件像浴盆一样的奇特而精巧的蹲式装置,介于盆和马桶之间,然而却被称为bidet(发音为"beeday")。在大多数英国人看来,bidet是法国卫生间中的典型特色,就像英国厕所中的星期天报纸一样。但是,是否所有法国卫生间里都有一件bidet呢?

而且，最重要的是，它们到底是做什么用的呢？

那些当真知道bidet用途的英国人，属于极少数的精英阶层。而且他们还不大可能是中年人，因为bidet在英国卫生间里的全盛时期，是20世纪70年代和80年代。在那个水床、极可意浴缸（jacuzzis）及其他此类土豪用品盛行的时代，阿尔米奇·尚克斯公司（Armitage Shanks）向刚刚走向世界的英国佬卖出了数以百计的bidet，作为他们的卫浴套装中的部件。这些英国人属于第一波出国度假浪潮中的一分子，正为欧洲各国感到新鲜，热衷于享受欧洲大陆奢华的卫浴设施。只是有一个问题。没人知道——或者至少是没人敢说出——这些神秘的新奇物件是干什么用的（就连阿尔米奇·尚克斯公司的产品目录也没有解释）。于是bidet在英国的卫生间里便被开发出许多有创造性的用途来：有人用它来浇灌盆栽植物，有人用它来洗狗，还有人用它来冷却啤酒。但是很少有人知道它那黑暗而淫荡的真实用途。

你也许要问，为什么这样一种在人如厕后清洗下体的器具会令人难以启齿呢？毕竟，没人在提及卫生纸的用途时会感到羞怯。原因是那（至少在法国）并不是bidet的真正用途。bidet在法国传统上是用于女性在做爱后清洗私处的。这种坐浴盆也许是意大利人发明的，[26]但18世纪在法国流行了起来。Bidet最早见诸于文字记载，是1739年在雷米·佩韦列（Rémy Pèverie）的名片上，他是巴黎的一位木器制作大师。[27]那时候淋浴设施还不存在，洗澡意味着一大帮仆人用一个炉子烧出好几桶热水，再拖着水桶把水灌进浴缸里。坐浴盆最早是一件独立的家具，后来发展成为凡尔赛宫的情妇们在私通后迅速而方便地清洗下体，而不必麻烦地洗大澡的便利器具。王室的所有情妇都不会幻想着没用坐浴盆就上床，路易十五的情妇蓬巴杜夫人和杜巴丽夫人——我们在关于外遇的一章里提到过她们——都有与国王的浴室设备很协调的极豪华的个人坐浴盆。例如，蓬巴杜夫人众多坐浴盆中的一个，是用胡桃木做的，配有水晶瓶，瓶盖和瓶身都用红色的皮套包裹着，皮套上嵌有金质的钉子。[28] bidet（坐浴盆）这个词本身就来自于法语，最早使用于16世纪，意思是"小马"（指骑在这个精巧器具上的动作，一向自诩文化修养高的法国作家们充分利用了其本身的淫荡意味）。[29]

1789年法国大革命后，旧政权倒台，坐浴盆的主要用武之地从王室的闺房转移到了巴黎

> 英国人喜欢马，却弄不懂坐浴盆。
> ——阿方斯·阿莱士（Alphonse Allais, 1854—1905），法国幽默作家

的妓院。例如巴黎最著名的妓院之一"沙巴奈"（Le Chabanais），是1878年由一位凯莉夫人（Madame Kelly）建立的。有一位名叫伯蒂（Bertie）的花花公子经常光顾，他就是威尔士亲王（未来的英国国王爱德华七世）。该妓院有一座富丽堂皇的浴室，与之相配的有一只紫铜制作的巨大的天鹅形状的坐浴盆，水从天鹅的嘴里流出。① 继其之后的著名妓院是"一-二-二"（Le One-Two-Two），② 以其精巧的布景而闻名（有干草棚，棚中的姑娘们扮成挤奶女；有非洲小屋；有因纽特式的圆顶屋；有火车车厢；有逼真的"刑讯室"，里面有手铐、皮鞭、狩猎鞭和枷锁），每间房屋中都有坐浴盆，巧妙地隐藏在家具中。臭名昭著的巴黎餐厅"拉彼鲁兹"（Lapérouse），是资产阶级人士和风尘女子们亲密厮混的地方，以

---

① 这家妓院的日本屋被视为法国人典雅和品位的象征，在1900年的巴黎世界博览会上获得了官方的奖励。
② "一-二-二"这个名字来自于英语对其地址的翻译：巴黎第8区普罗旺斯大街122号（122 rue de Provence）。这是20世纪初巴黎最豪华最著名的妓院之一。

巴黎浪漫吗?

坐浴盆藏在靠墙的长沙发下而闻名。坐浴盆因此与高等交际花们的私密卫生间紧密地联系了起来。但是碧玉和水晶的坐浴盆也有穷亲戚，就是在破旧的红灯区可以看到的肮脏的锡制坐浴盆。曾深入巴黎下层社会的著名匈牙利摄影师乔治·布劳绍伊（George Brassaï），在回忆20世纪30年代他在巴黎居住的旅馆时写道："每间屋子都有一副厚厚的装饰着花的窗帘，有一只配有镜子的衣柜，一张多用途的大床……最为重要的家具是一只坐浴盆。在楼下的大厅里，老板娘一边散发着毛巾，一边警惕地注视着有没有人要什么花招。"[30]

从有固定公寓的高端妓女，到游走于克里希广场（Place de Clichy）一带的街道的站街女，坐浴盆都是这个世界上最古老的行业必不可少的器具——它是洗澡用的容器，是避孕用的清洗器，是防性病的净化器，某些情况下还是家中流产的辅助用具。就连法国人都怯于说出它的名称。19世纪法国的家居用品清单和卫浴用品目录都小心翼翼地回避bidet这个词，婉转地称之为"不宜说的家具小物件""喷淋大腿的设施""不可或缺的小物件"，甚至是"家具中须慎提的小物件，名称类似骑马，说出则显粗俗"。[31]"坐浴盆里的水"（eau de bidet）甚至成了一个俗语，指毫无价值的人或物——各种各样的人渣。[32]与此同时，法国软色情业中坐浴盆主题的淫荡印刷品和雕刻品也大行其道，描绘着从外省来的刚刚失足的少女伏在坐浴盆上，在房东大妈的帮助下晨浴的场面。她们摆出了各种各样含有隐晦暗示的姿势。①

---

① 例如路易·利奥波德·布瓦伊（Louis Leopold Boilly）大约绘于1790年的《晨浴：坐浴盆上的女人》（*The Morning Wash: Woman on a Bidet*）。

一些含有"坐浴盆"一词的法国俚语

坐浴盆骑士（chevalier de bidet）＝皮条客

坐浴盆水（l'eau de bidet）＝垃圾、废物

用过的坐浴盆水（rinçure de bidet）＝堕胎

坐浴盆刚刚问世的时候，男人和女人都用，男人中尤其是骑兵使用，以缓解伤痛和在马背上颠簸一天的疼痛（拿破仑也许是坐浴盆的最后一位伟大的男性狂爱者了，他将自己镀银的豪华坐浴盆遗赠给了罗马国王）。然而到了19世纪中叶，坐浴盆在法国就变成了女人的专用物品，成了女性个人卫生隐秘的同义词。不过尽管坐浴盆有种种暧昧的隐喻，却作为法国卫生间中多少不可或缺的组成部分，跃入了20世纪。马桶/水盆/坐浴盆作为卫浴三件套经久不衰，而其他一些旧时的洗浴器具，如坐浴器、足浴器等，则都被扫进了历史的垃圾堆。不知何故，卫浴设备经历了无数次大浪淘沙，坐浴盆却顽强地存活了下来，即使其更朴实更清洁的新形式已与刚问世时的艳丽外观有了天壤之别。情况为什么会是这样，一直是法国社会历史学家们长久思考和热烈讨论的话题。坐浴盆之所以被长期使用是不是因其喷水清洗器传说中强大的避孕功能呢？在20世纪20年代法国制定法律将人工流产入刑后，坐浴盆便一直是企图中止自然流程的为数

不多的审慎的合法手段之一。无论坐浴盆长命的原因到底是什么，在20世纪50年代之前，坐浴盆都是法国大多数卫生间，包括政府营造的住房的卫生间中的标配。

然而今天，坐浴盆已经风光不再，不再是法国卫生间中随处可见的设备了。口服避孕药的问世，现代法国住宅的空间压力，如今一拧开水龙头或淋浴器就能来水的事实，都为其日渐凋零起了推动作用，但最最重要的原因，还是其与花街柳巷曾经的瓜葛。1951年时，还有62%的法国卫生间里有坐浴盆，到1986年时，这个数字减少到47%，到1993年时，就只剩下42%了。[33]宾馆评级标准的不断变化，也显示了坐浴盆的没落：1964年时，法国所有三星级以上宾馆的所有卫生间，都还要求配备坐浴盆，如今宾馆房间里如果有坐浴盆，可以额外挣些好评，但已不是任何评定等级的强制要求了。（目前只有25%的法国宾馆卫生间还备有坐浴盆。）

具有讽刺意味的是，坐浴盆在法国开始没落的日子，与它在英国昙花一现的风靡时光几乎恰好吻合。那些20世纪80年代在英国过上了好生活的人们太热衷于和邻居攀比了，不过他们很快就认识到自己实际上安装了一件与自己的鳄梨木卫浴设备极不相称的（过时的）巴黎妓院用品。如今，欧洲最爱坐浴盆国家的头衔，已经从法国转到了意大利。意大利的所有卫生间，似乎倒是都有一只坐浴盆。不过20世纪80年代在卫生间里装配了一只古董坐浴盆的人们也不必失望。坐浴盆放满冰块后，的确是一件相当不错的葡萄酒冷却器，能成为一场彻底放松的后现代畅饮的绝配。

◎ **传闻评估：错误。** 实际上，倒是每个意大利卫生间里都有一只坐浴盆。

V

哼！关我甚事！

关于法国人风度举止的传闻

法国佬不是一般地粗鲁

> 我挺喜欢法国佬的,因为即使他们侮辱你时,他们都干得那么漂亮。
>
> ——约瑟芬·贝克(Josephine Baker,1906—1975),非洲裔美国舞蹈家

如果以温彻斯特主教威廉·威克姆(William of Wykeham)的名言"风度举止造就人"(manners maketh man)来看,那么它们并没有造就法国人。至少流行观点是这样认为的。法国人,尤其是巴黎人,以把粗鲁变成一种艺术形式而闻名:从骂骂咧咧的出租车司机、不假思索的商店服务员到傲慢无礼已经臭名远扬的巴黎餐馆侍者,他们都以提供服务时没有微笑而举世闻名。("顾客就是上帝"这个原则似乎从没在巴黎出现过;或者是曾经出现过,却像旧贵族一样,被扫地出门了。)

实际上,在所有关于谁最粗鲁无礼的民意调查中,法国人都一向高居榜首。例如,在由美国艾派迪(Expedia)公司的旅游网站进行的对全世界约4000名旅馆经营者一年一度的调查中,法国旅游

者一连四年都被认为是最不愿讲英语的人,①他们给的小费也最低,然而在各种抱怨方面却排头名。在线票务网站天巡网(Skyscanner)2012年所做的一项调查显示,法国是世界上对来访的旅游者最无礼的国家(紧随其后的是俄罗斯)。在2010年猫途鹰(TripAdvisor)旅游网站的一项调查中,旅游者认为巴黎的当地人最不友好,出租车司机最为粗鲁,服务员最无礼最好斗。法国人众所周知的粗鲁,实际上已经不仅是一个国家级的传说,而成了全球性民间文学的一部分。2008年,当系列动画片《奇先生妙小姐》(Mr Men)中增加了一个新的卡通人物——粗鲁先生(Mr Rude)时,他的国籍除了法国还会是哪里呢?(粗鲁先生在原书中戴着英国式的大礼帽,但在动画片中这顶礼帽却没了,取而代之的是浓重的法国口音。而且他身上还有臭味,这又是与法国人相联系的人们的成见。)②

现代法国人背上了粗鲁的名声,具有讽刺意味的是,他们并非一向如此。17—18世纪时,法国人的举止和礼仪被认为是优雅的代名词(在17世纪,就连莫里哀这样的喜剧

> 我们认为,法国人从来编不出方便用户的软件,因为他们太粗鲁了。
> ——道格拉斯·库普兰(Douglas Coupland,生于1961年),加拿大作家

作家,都非常热衷于嘲讽资产阶级绅士们对贵族的文雅风度和习惯的拙劣模仿)。正如19世纪数以百计的法国礼仪指南中的一种所陈述的:"一直以来,法国人的礼貌都被认为是优雅、风流和真正的高贵责任的典范。"¹在旧政权时期,让贵族们忙于复杂的宫廷礼仪

---

① 不过在法国国内,当外国人试图讲法语时,他们却倾向于讲英语,以羞辱外国人。
② 法国驻伦敦大使馆的一位发言人当时曾表示,这位新的粗鲁先生"不大可能改善英法关系"。

和各种繁琐的仪式，是国王制止他们拿起武器相互厮杀（或者反抗他）的一个手段。当然，在日常生活中无条件地尊重他人，在这个意义上的礼貌，与复杂的礼仪或教养规则，一向还是有区别的。礼仪规则，就是区分有教养的人和粗野暴民的无声密码。法国的宫廷礼仪显然属于后者。

1789年大革命后，法国人产生了对曾作为区分有教养者手段的礼貌规则的普遍厌恶。"粗鲁是对压迫的一种反抗形式。"狂热的雅各宾党人路易·安托万·德·圣茹斯特（Louis Antoine de Saint-Just）曾这样写道，从此，新的流行词将是"antipolitesse"（反礼貌）。雅各宾党曾企图禁止在演讲时使用"你、你们"的敬词形式"vous"，而代之以更常见的"tu"。Monsieur（先生）和Madame（夫人）这种称呼也被废止，代之以平等的Citoyen（公民）。然而，尽管普通百姓在忙于粗鲁相待，旧的教养规则却被新生的（因而也深深地怀有社会不安感的）资产阶级，编制成了一套绝对复杂的规则体系。在餐桌旁，人们期望新的统治阶级中"教养好的人"了解叉蜗牛和叉牡蛎时的区别，这时恰是使用三齿叉而不是四齿叉的时候，并且也要避免在用正餐时因某一道菜而恭维女主人这种可怕的失礼行为。

19世纪形成的资产阶级教养，覆盖面极广，要求人掌握上流社会生活方方面面的规矩——从衣着、饮食到餐桌艺术。[①]一位体面的女人出门在外决不能不戴帽子，在正餐之前决不能喝超过一杯的开胃酒（那样的行为肯定是酒鬼女人或英国女人的见证），35岁以下的女人也不能戴贵重宝石（这当然是那个年龄以上的女人的权

---

① 良好教养的原则对法国资产阶级个人外表和衣着的影响，在本书第Ⅱ部分第1节有详细讨论。

利了，因为任何受人尊敬的中年女子都不可能让人看到自己戴着假珠宝的样子，那等于承认她丈夫的人生失败）。与此同时，男人出门决不能不打领带（那是有教养的绅士必不可少的标志），决不能不戴手套，不过当然不是任何旧手套都作数。正如作家、记者和敏锐的社会问题评论家阿方斯·卡尔（Alphonse Karr）所说的："法国现在只有两个阶级……一个是戴黄手套的阶级，一个是不戴黄手套的阶级。当你提到一个人时，说他戴着黄手套，那就等于简明地说他是一个体面的人。"²社会习俗错综复杂的网络是由多得吓人的关于礼仪的书扩展（在很多情况下甚至是创造）而来的。这些礼仪指南的作者大多是资产阶级的家庭主妇，通常都起着一个假冒贵族的笔名，如斯塔菲男爵夫人、德格兰梅森夫人（Madame de Grandmaison）、贝尔特伯爵夫人（Countess Berthe）和蓬佩利安侯爵夫人（Marquise of Pompeillan）等。

　　法国人将礼貌视为对等级制度和阶级压迫的一种屈从或反抗，而不像其他文明那样纯粹视为对他人的一种谦恭的体贴，这种倾向到了20世纪又变本加厉了，尤其是在"二战"以后涉及外国人时。战争刚刚结束的时候，在马歇尔计划的压力下，法国人将其前盟友——尤其是美国人——视作文化压迫者，敌意极其强烈，巴黎发生了大量和美国游客的冲突，于是也产生了许多"法国人粗鲁"的故事。①美国作家西尔维娅·普拉斯（Sylvia Plath）曾记述过20世纪50年代发生在巴黎左岸的一件偶发小事，反映了这种激化的敌意。当时她在布奇街（rue de Buci）市场，想从一个"油腔滑调"的小摊贩那里买一公斤桃子。她的法语说得很流利，她说她要红色的桃子，摊主一边回答说所有人都想要红色的桃子，一边迅速地往她的

---

① 欲更多地了解马歇尔计划和战后时期法国的反美情绪，见本书第Ⅵ部分第4节内容。

包里塞满了青色的桃子。她写道：

> 在他收钱转身时，我看了一眼包里，发现有一个青色的桃子像石头一样硬。我把那个桃子放回去，换了一个红色的。一个满怀敌意的矮个子老太太叽叽喳喳地骂了起来，愤怒地警告那个摊主。他像一条蓄势待发的毒蛇般转过身来。"你不许挑挑拣拣！"那个男人怒吼着，一把抓过我的包，粗鲁地把硬邦邦的青色桃子全都倒在柜台上。我们都很气愤，为他的蛮不讲理和卑劣粗暴感到恶心。[3]

"不管你喜欢不喜欢，"旅行作家坦普尔·菲尔丁（Temple Fielding）写道，"1953年的美国旅游者都受到了成千上万法国男人和女人的鄙夷。"[4]作家约翰·斯坦贝克（John Steinbeck）笔下来到巴黎的美国游客原本对旅程激动万分，对学习新文化充满热情，但当他们到达后却无比难过。"他们发现自己遭到蔑视，怀疑自己上当受骗……面对餐厅领班高扬的眉毛，面对导游傲慢的微笑，他们害怕了，紧紧地抱成一团。那些一辈子没离开自家村子50公里的当地人都瞧不起游客。游客们感到寂寞了，有些人变得愤怒了。"[5]

法国大革命留下的双重遗产——一方面是遍及所有阶层的粗鲁，另一方面是将教养良好的人与粗俗暴民区别开来的一套繁琐复杂的礼仪规范——加上对盎格鲁–撒克逊外国佬的残余仇恨，至今在法国人与外国人的社会互动方面，都留下了不可磨灭的痕迹。一方面，法国服务业从业者普遍存在着粗暴的作风（而他们无疑又是大多数旅游者接触最多的人），他们通常都倾向于认为，对外国人殷勤客气就等于甘受奴役。另一方面，人数稀少且孤傲冷淡的法国资产阶级圈子，又死守着严格而晦涩的法国礼仪举止的规矩。如果有人说即使今天，法国的社交都比英美更加拘谨正经和规矩繁琐，这大体是正确的。例如，在法国，无论是在商店、餐馆、公共汽车上还是在咖啡馆，在同任何人说任何话前，都必须说一声Bonjour（你好）。如果不说就会被认为非常失礼，肯定会遭到粗暴的回应。于是当Bonjour转换为Bonsoir（晚上好）时，就有了一个恼人的问题（通常这一含糊的转换发生在下午5点左右，但也可能更晚。这在部分上要看问候你的人一时的兴致了。但假如你说了Bonjour，得到的回答却是一声冷冰冰的Bonsoir，你就要明白，你用错问候语了。反之亦然）。更不要提法国令人迷惑的欢迎礼节了：必要的介绍次序、握手方式，以及是否需要进行社交贴面礼（如果需要的话吻多少次；见下一章中的指南），所有这一切，保证会吓倒初来乍到的旅行者。

粗鲁冠军

> 尽管法国人普遍被认为粗鲁，但巴黎人尤其被广泛视为粗鲁冠军，就连法国人自己也这么认为。在2010年法国民意调查公司CSA（Conseil, sondage, analyse）为法国时事杂志《玛丽安》（*Marianne*）所做的一项调查中，共有1000名法国人接受了问询，超过70%的人认为巴黎人比法国其他地方的人更为势利，超过65%的人认为他们更好斗更傲慢，62%的人认为他们更排外，71%的人觉得他们一向板着脸孔，59%的人认为他们待人冷若冰霜；58%的人认为他们以自我为中心，61%的人认为他们缺乏智慧。至于巴黎好的方面，一般人认为其居民更新潮、更时尚，比外省人更善于组织大型集会。

实际上，巴黎还享有一项不大光彩的殊荣，有一种精神病以其命名，叫作"巴黎综合征"（Paris Syndrome），其症状是有强烈的妄想状态、被迫害情结、幻觉和惊恐发作。巴黎综合征是到访巴黎的日本游客尤其易受感染的一种精神错乱，每年都有好几十人被送进医院。为什么"旭日之国"的国民到了"光明之城"，就会深受其害呢？原因众说纷纭，但普遍的共识是，精神错乱的根源恐怕在于日本媒体把巴黎理想化了，将其描述为一个到处是举止优雅、魅力四射、罗曼蒂克且身段极其优美的女人的城市。然而当来自东京或京都的游客们突兀地遭遇街上的狗屎、粗鲁的侍者、肮脏的厕所，并且清清楚楚地看到她们自己比一般的法国女人更为苗条，穿戴着更多的路易威登时，这种梦幻的想象便被现实无情地击得粉碎了。日本驻巴黎大使馆为突然陷入这种现实危机的日本游客专设了一条24小时热线，巴黎圣安妮精神病医院（Parisian psychiatric Hospital of St Anne）也专门有一个科室为这些日本受害者进行治疗。但迄今所知最有效的疗法是，让他们返回日本，并且再不要来巴黎了。

实际上在法国，各种类型的社交互动都有其确定的形式。就连法国乞丐在巴黎地铁里乞讨，都有固定的路数。一般是一成不变地这样开头："请原谅我打扰您，太太和先生"，继而诉说一番自己悲惨的历史，最后是要钱或者餐馆的餐票（然后再次为打扰了所有人而请求原谅）。那复杂的礼节网络和固定的行为模式不可避免地会使外国人如堕五里雾中。满面笑容也没有用，微笑对法国人来说通常是非常私人的事情。RATP①深知法国人在公众场合的传统冷漠所造成的问题,竭尽全力想把其同胞的兴致鼓动起来。"两人相视而笑,会使旅途快活起来。"在宣传攻势中一个海报这样写道。"对别人微笑的人旅途愉快。"另一个写道。

实际上,看来如今就连法国人也对自己的粗鲁感到厌烦了。2012年益普索公司的一项民意调查显示,不讲礼貌和暴力行为是令法国人感到紧张的主要原因,比失业或债务危机还要严重。⁶法国政府为此采取了大量措施,包括在学校中恢复"道德课",教授基本礼仪。RATP也在巴黎地铁上发动了持续多年的"礼貌"攻势。例如,2012年起开展了一个对粗鲁行为进行年度回顾的项目,举办了一系列"礼貌论坛",教导共和国公民们在地铁上应该如何举止,还发起了与之关联的海报攻势。但是请注意:在巴黎地铁上,微笑并不总能得到想要的效果。2012年8月下旬的一天上午10点钟,巴黎4号线地铁上的乘客就见证了一个被视为行为怪异的乘客。这个人先是把自己的座位让给了一位老人。不仅如此,在进入车厢时,他还喜气洋洋地喊了声:"大家好!"随后他与另一位乘客撞了个满怀,他道歉了。更糟糕的是,他又免费向同车的乘客散发了他带来的报纸。当一位姑娘踩着他的脚趾后,他报之以大笑,然后和蔼地说:"没关系,别担心!"这时人们积聚了半天的紧张情绪终于爆发了。早已对他奇怪的温柔举止产生了警惕的其他乘客,打电话报了警。那个人被逮捕了。在审讯时,他承认刚刚从一个热情洋溢、幸福快乐的国家度暑假归来。"我就是想快活一些,根本没想引发怀疑。"他悲伤地反复说道。所有这些都表明,在巴黎地铁上微笑很可能是件危险的事情。最好是板起面孔,

---

① 负责经营管理巴黎地铁的法国交通部门。

皱起眉头，耸起肩膀，茫然地看着前方。那么你就肯定"合乎礼仪"了。

◎ **传闻评估：部分正确。**

法国人迎接你时总要亲吻

社交之吻就是在社会前进的战场上,两个斗士交换伪善。卫生被置于感情和屈尊及其他一切之前。
——伦敦《星期日记者报》(*Sunday Correspondent*)

我怎么吻你呢?让我想想……

17世纪的德国哲学家马丁·冯·肯佩(Martin von Kempe)在他著名的1040页的关于接吻的艺术专著——《吻百科》(*Opus Polyhistoricum de Osculis*)中,确定了多达20多种吻的类型,包括和解之吻、标示社会差别之吻、传染性吻、贪欲之吻或通奸之吻、虚伪之吻,以及被赐吻教皇的脚,等等。[7]但是法国的社交之吻这门艺术又是怎样的呢?唉,说到这点,再博学的人都会缄默。这真是个遗憾,因为对法国社交之吻——或者用法国人自己的话来说,贴面礼(faire la bise)——的秘密,仍然极端缺乏说明。

所以,吻,还是不吻?这是个问题。假如答案是肯定的,那么吻多少下呢?从哪边脸颊开始吻呢?来个什么类型的吻呢——是轻轻地一啄,还是热情地一啃,还是一蹭、一刮、一挠,或者长久地爱抚，再或者仅仅是嘴唇在脸颊上轻轻一弹？那么又是谁的嘴唇弹谁的脸颊呢？

对外国人来说，好消息是这些问题的答案很不清楚，即使对土生土长的法国人来说也是如此。直到1968年5月的社会革命前，亲吻作为一种欢迎礼，在法国人亲密的朋友圈外，或者近亲之外，都并不普及。正如大革命导致人们更多地使用非正式的"tu"，而不是更正式的"vous"来表示"你"一样，1968年革命也引发了仅仅初次相见的年轻人之间深情互吻的激增——这也许是对友谊更亲密的展示。当风平浪静的日子再度来临后，平心而论，情况有所缓和。与外国人的普遍观念相反的是，在法国，亲吻一个你以前不认识的人并不是必须的。社交之吻仍然主要限于家庭成员或同龄朋友在轻松的场合进行，不过像欧洲其他国家一样，现在在相识较深的同事间也逐渐常见起来。令极端保守的盎格鲁-撒克逊异性恋男人们极不舒服的是，在法国异性恋的男人中，好朋友或亲戚之间相互亲吻，是完全可以接受——甚至很普遍的。这会引起一些矜持沉稳的北欧或美国男人的强烈反感，他们极不习惯于和同性的胡子相互摩擦。正如一位罗斯（D. M. C. Rose）中校2003年致信《旁观者》（*Spectator*）时所抱怨的：

先生：我极其惊骇地看到我们的首相亲吻了俄罗斯总统。你能想象尼维尔·张伯伦（Neville Chamberlain）亲吻希特勒，或者丘吉尔亲吻斯大林吗？盎格鲁-撒克逊男人从来不会这样亲吻。他们有时会握手，但也绝不会两手一起握，或抓住对方的胳膊握手。只有高卢民族和阿拉伯人才会拥抱和亲吻。亲吻另一个男人或接受他的亲吻，英国男人通常连想都不会想，是吧？[8]

除了要不要亲吻这个问题外，吻多少下——以及从哪边脸开始吻——至少是一个同样麻烦的问题。法国各个地区亲吻的次数和从哪边脸开始吻，习惯都不同，结果是就亲吻而引起的磕绊每天都在发生，就连法国人自己在半数场合下也不知道什么时候该转过脸来。在法国的大部分地区，尤其是在城市里，一般每次亲吻两下，从右边的脸颊开始；但在法国东部的部分地区，每次亲吻两下，但从左脸开始。在布列塔尼半岛最远的尖角菲尼斯泰尔（Finistère）省，习惯是只吻一下；但是在整个南部地带，包括康塔尔、阿韦龙（Aveyron）和德龙（Drôme）等省，一次吻三下；而在法国北方诸省，热情洋溢的当地人平均每次亲吻会吻多达四下。

为了导引不知情者走出法国式亲吻的迷宫，2007年，一位名叫吉勒·德布内（Gilles Debunne）的法国人创造了一幅非常不错、极有助益的法国亲吻地图——互动网站combiende bises.free.fr，超过69 000名法国人分地区注册，分享了他们的亲吻偏好。但即使在这里，各地区内的情况仍然令人困惑。比如，在加来海峡省，大约50%的答问者说他们在每次打招呼时亲吻两下，而另外50%却声称他们亲吻四下。在法国西南部的夏朗德（Charente）省，情况就更复杂了，答问者分成了两次、三次和四次或更多次等好几派。大体来说，巴黎人会将亲吻数限制在两次，从右脸开始；只吻一下会引发危险的猜测，暗示这是秘密的亲密关系，吻两下以上又有可能被视为外省土包子（巴黎人自己轻蔑的称法是un plouc）。通常，城市中产阶级的亲吻数比喜怒易形于色的乡下人要少。①⑨

---

① 如果说法国人的这些亲吻习惯看似复杂的话，比起比利时人来，就得算小巫见大巫了。在比利时，吻一下是同龄人亲密无间的表示，但是吻三下就标志着对至少大十岁的长者的尊敬。这是个社交雷区，尤其是对已经不再年轻的女士。

关于吻的次数，就说这么多吧，那么我们谈论了半天，说的到底是哪种类型的吻呢？毕竟，古罗马人将吻分成了三种，在脸颊上友好地一啄，称为osculum，嘴唇热情地接触，叫作basia，而用上舌头的吻则是suavia。法国人的bise，或称"社交之吻"，不属于这三种中的任何一种。实际上，那根本谈不上是吻。如果做得正确的话，那只是脸颊和脸颊之间最轻微的一蹭；但是在这一蹭的一瞬间，人们会用嘴唇发出一声响亮的爆破音，仿佛在模拟"mwah"声。正是在这点上，一些盎格鲁–撒克逊人会理解错误，会把黏糊糊的嘴唇贴在人家的脸颊上（或者更糟糕的，贴在人家的嘴唇上），从而引起法国人的普遍反感，以致一些到了国外的法国人会声明，他们宁愿握手，或者采用老式的美国人的拥抱礼，而不愿去擦外国人熊一般的唾液。[10]

已成恐龙的一种社交之吻

那些以惊恐的心情见识了法国的社交之吻礼仪的人，应当庆幸另一种形式的法国社交之吻——baisemain，现在已经几乎绝迹了。

这种baisemain，要求男士稍稍低头弯腰，将女士的一只手抬到嘴唇边，然后用下巴轻轻地一蹭。这种礼节是在20世纪初，作为资产阶级上层社会中的一种虚情假意而发明的。只有已婚的女士，也只有在适当的场合，才能接受baisemain。例如，这种吻通常只限于在私人招待场合，在大街上通常是不允许的——不过一些法国礼仪指南承认，当行人不多时，在能保证充分的自由裁量的情况下，也可在大街上进行。

> Baisemain曾在许多电影中出现,这都属于时代错误,因为在电影情节发生的时期,这种礼节还没发明出来呢。一个很引人注目的例证就是斯蒂芬·弗里尔斯(Stephen Frears)的电影《危险关系》(*Les Liaisons dangereuses*)。

这使我们又想到了替代bise的一种经久不衰的选择——握手。握手果真是对社交之吻这一危险雷区的安全回避吗?也不尽然。别忘了法语中表示"握手"的说法是"serrer la main",换言之,是轻轻地捏一捏手,而不是摇晃手。在法国,像盎格鲁-撒克逊人那样握住一个人的手上下摇晃,是人们所不习惯的。法国像中国和日本一样,是个温柔地握手的国家。尤其当你是位女性时,更是如此。使劲地抓住一位女士的手上下摇动,被认为是粗鲁之极。所以假如你的满腔热情只遇到一只柔弱的手腕轻轻的回应,千万别介意。另外,你也不要冒昧地主动向比你年长或地位更高的人伸手。法国资产阶级的礼仪一向在意已有的界限,规定握手时应由年长者或地位更高的人,或者是女士,率先伸手。

尽管法国的bise是个社交雷区,那些想与之吻别的人还是会失望的。尽管2009年禽流感爆发时曾出现过短暂的恐慌,但当官方建议避免社交之吻时(一些学校甚至在教室里安装了"吻箱",让学生们寄送"吻便条"给朋友,而不是相互在脸颊上交换有可能传染的一啄),bise反而报复性地反弹了。社交之吻如今在法国正在成为朋友间必要的礼节——正如其在英国和美国的饶舌阶层(chattering classes)[①]中也

[①] 指有学识的喜好议论时政的中上流知识阶层或上中阶层人士。他们习惯阅读质量上乘的报刊,持有开明的政见,且敢于发表议论。——译注

在增长一样。

不过，社交之吻的死硬反对者也可以因下面这个事实而感到欣慰，在这个世界上的一些地区，包括亚洲和非洲的很多部分，人们都以反感的目光看待亲吻。例如在中国，亲吻在很多年都被视为一种同类相啃的令人作呕的暗示；而在非洲南部，当地部落民对欧洲人"互吸唾液和污垢"的习惯深感惊恐。[11]所以如果你当真受不了朋友或同事亲吻你的话，还有地方可逃。但是如果你到法国来，恐怕你除了小心尝试和勇敢接受亲吻游戏，就的确没有其他选择了；不过假如你实在吻得笨拙，就准备用下巴来吻吧。

◎ **传闻评估：正确。法国人在接待来客时，大多数时候会亲吻，当然是在家人和朋友之间，但是吻的次数和从哪边脸颊开始吻，各地风俗大相径庭。最保险的办法是吻两下，从右脸开始吻。**

法国是个瘾君子的国度

再没有什么东西能像烟草一样,烟草是所有正派男人的激情所在——一个不靠烟草而活着的男人,根本不值得活。
　　——莫里哀[molière,原名让–巴蒂斯特·波克兰(Jean-Baptiste Poquelin),1622—1673],法国喜剧作家

在我们的印象中,香烟像法棍面包、贝雷帽和自行车一样,与法国人的典型形象密不可分。无论是像影星让–保罗·贝尔蒙多(Jean-Paul Belmondo)那般长相的人戴着软毡帽,神情忧郁地抽着"高卢"(Gauloise)牌香烟,还是一群穿着皮夹克的知识分子在巴黎左岸的咖啡馆里热烈地争论哲学问题,缭绕的烟雾都是法国风景必不可少的组成部分,就像人行道上的狗屎一样。就法国文学和文化而言,抽烟在传统上具有类似宗教的重要意义。例如,诗人夏尔·波德莱尔(Charles Baudelaire)曾在其《烟斗》(*La Pipe*)一诗中颂扬过喷云吐雾的快乐。在诗中,瘾君子(un grand fumeur)的烟斗被描述为愉悦了他的心,振奋了他的精神的法宝(…charme son coeur et guérit / De ses fatigues son esprit）。然而在《人造天堂》（*Paradis artificiels*）一诗中，波德莱尔又进一步赞扬了烟斗难以为人觉察的品质。他写道：

> 你正坐着抽烟；你觉得正坐在自己的烟斗里，而你的烟斗正在抽你；你在一团团泛着蓝色的烟雾中被自己呼出。你觉得这样很不错，只有一件事情让你担忧或关切：你将怎样从你的烟斗里出来呢？

不可否认的是，这里消耗的物质不大像是烟草，而更像是某种更为强烈的麻醉药物。即便如此，后世的法国艺术家和作家仍然毫不犹豫地赞扬这种卑微的草的优点。例如，好色的歌手塞尔日·甘斯布（Serge Gainsbourg）曾经满怀柔情地唱道，上帝也是"哈瓦那"（Havana）香烟的烟民。曾是老牌摇滚歌星约翰尼·哈利代（Johnny Hallyday）妻子的刻毒的女歌手西尔维·瓦尔坦（Sylvie Vartan），也曾经用沙哑的嗓音唱过著名的《爱情就像一支烟》（*l'amour est comme une cigarette*），希望自己能变成一支性感迷人的"吉丹"（Gitane）香烟，化为烟雾在她情人的嘴唇间缭绕。法国非官方的桂冠诗人雅克·普雷韦（Jacques Prévert）最著名的一首诗，也是描述前一夜结束了一段秘密感情后，清晨享用的意义重大的一杯咖啡和一支烟。诗歌《早餐》（*Déjeuner du matin*）是法国学校中被背诵最多的诗，尽管诗中所述关系的真实本质，自其1946年首次发表以来就一直是法国文学批评家们热烈争论的话题。实际上，关于这首诗，唯一确定的事情是，它向尚且年幼的法国小学生们介绍了孤寂、存在性焦虑、咖啡和香烟。

皇家药草

> 人类最早吸食烟草，是3000年前从美洲印第安人开始的。1492年，哥伦布（Christopher Columbus）将烟草从新世界带到了欧洲。然而，法国人用上烟草，是由一位名叫让·尼科（Jean Nicot, 1530—1600）的法国人推广的。尼科认为这种"醉鬼草"有医疗效果，他在去过葡萄牙，给凯瑟琳·德·美第奇（Catherine de' Medici）虚弱而病恹恹的儿子，幼小的国王弗朗索瓦二世（François II）治疗过严重的偏头疼后，1560年给她寄了一些烟草粉。起初疗效似乎很好，烟草于是被惊呼为"太后草"，随后被特许由药剂师售卖。后来在法国种植，用来为法国王室治病的烟草种类被命名为 *Nicotiana tabacum*，以纪念尼科，"尼古丁"（nicotine）一词也是由此而来的。

在盎格鲁–撒克逊人的传说背后，法国是否当真是一个凶猛的吸烟者的国度呢？答案是肯定的，他们的确是。法国每天吸烟的人占总人口的26%，虽不及世界上最浓烈的大烟囱希腊（39%），却胜于英国（22%）和惧怕烟草的美国（16%）。[12]15—19岁的法国少年中有24%的人吸烟，[13]初次尝试吸烟者的平均年龄是稚嫩的11岁。而且，多年来第一次，法国的香烟消费量最近增长了，尤其是在女性当中。今天，20—25岁的法国女性中有38%吸烟，[14]令人略有些担心的是，其中24%是孕妇。[15]2005年法国在与烟草相关的疾病方面的耗费是470亿欧元，或者说是GDP的3%，相当于每位国民每年为此缴了772欧元的税。[16]

法国的烟草曾经一连几十年由国有垄断企业SEITA专卖，法国政府曾欢快地向其国民大做香烟广告,直到SEITA于1995年私有化。[17]如今法国政府又竭尽全力地在职权范围内灭起火来。香烟被课以重税并多次提价,在公共场合吸烟于2007年被宣布为非法,欧盟对香烟实施的各种广告禁令也得到了遵守。甚至还有人建议学习澳大利亚的榜样,要求香烟制造商用不打品牌的烟盒出售香烟,并在烟盒上印上各种与吸烟相关的疾病所损害的人体器官骇人的照片。法国人对所有这些的反应,恐怕可以预料,是典型法国式的转转眼睛,耸耸肩,用厌烦的语调说道:"那么……?"实际上,该国国民对新的禁烟令的反应,绝不是戒烟,而是换个地方继续抽。还有禁令管不着的地方,例如小汽车,或者咖啡馆露台上像帐篷一样的院子,如今简直成了但丁笔下的地狱,充满了缭绕的香烟烟雾。

法国反吸烟集团将该国吸烟上瘾率的居高不下,部分上归咎于电影业。法国电影一向将吸烟描绘为酷的缩影——是俊男靓女、叛逆少年的专利。手指间以优雅的角度夹着一支"邦德街经典"(Bond Street Classic)牌香烟,似乎已经成了法国女演员的身份标志,就像"吉丹"牌香烟对男演员一样。大多数法国女影星都承认自己吸烟,卡特琳娜·德诺芙、伊娃·格林(Eva Green)、苏菲·玛索、夏洛特·兰普林(Charlotte Rampling)、卡琳·维亚尔(Karin Viard)、德尔菲娜·尚内亚克(Delphine Chanéac)、贝

亚特丽斯·达勒（Béatrice Dalle）、阿努克·艾梅（Anouk Aimée）、夏洛特·甘斯堡（Charlotte Gainsbourg）、弗朗索瓦丝·阿努尔（Françoise Arnoul）、奥德蕾·塔图（Audrey Tatou）、莫妮卡·贝鲁奇、纳塔莉·贝（Nathalie Baye）、克莱门蒂娜·普瓦达（Clémentine Poidatz）、雅克莉娜·比塞（Jacqueline Bisset）……全都被人拍下过噘起的嘴唇间叼着香烟的神情忧郁的照片。早在20世纪30年代，吸烟就作为男子气概和女人性感的象征，在法国赛璐珞胶片电影中得到赞美，当时分别拍摄了男子吸烟最快比赛和女子竞争法国最优雅吸烟者比赛的纪录片。

> 我不知道。每件事情都很重要。生活。抽烟。
>
> ——让-保罗·萨特（Jean-Paul Sartre, 1905—1980），法国哲学家，对"你认为生活中最重要的事情是什么？"这一问题的回答

2012年，法国防治癌症联合会（French League against Cancer）委托市场调查公司益普索，对从2005年到2010年的五年间法国发行的排名前180位的热门电影，进行了一项研究。[18]调查发现其中的80%至少包含一个吸烟镜头，30%包含十个以上吸烟镜头。平均每部电影中，吸烟镜头占据2.4分钟——相当于五个广告的时间。2009年的最热门影片之一《时尚先锋香奈儿》（Coco before Chanel），其宣传海报之一就是奥黛丽·塔图（Audrey Tautou）悠闲地穿着一件白色缎子睡衣，手中夹着一支香烟。[2010年的电影《甘斯布：英雄的一生》（Gainsbourg: A Heroic Life）以不少于43分钟的吸烟镜头力压所有其他电影，但因为"非典型"，被排除在分析之外。]研究还发现，多年以来，法国电影中吸烟的人物逐渐变得越来越"可敬"，而且电影刻画的虚拟世界竟然明目张胆地藐视

现实生活中的法国法律，电影中的人物经常在咖啡馆、学校和其他大量禁烟的场所点燃香烟。

官方对吸烟的不赞同，导致了一定程度的回顾性审查，这是一条修正主义路线，激怒了那些宁愿看到自己被尼古丁败坏的过去，也不能容忍欺骗行为的人们。例如，2005年，让-保罗·萨特被法国国家图书馆剥夺了在西蒙娜·德·波伏娃（Simone de Beauvoir）之外他第二好的伴侣，该馆用喷枪修掉了专为他举办的展览的宣传海报上他的照片上手中的烟卷。法国邮政局最近也修改了一张纪念法国小说家和外交家安德烈·马尔罗（André Malraux）的邮票，去掉了他钟爱的香烟。审查者大笔之下最近的牺牲者不是别人，竟是前总统雅克·希拉克，他的回忆录被禁止出版，直到其封面——一张他手持香烟陷入沉思的照片——被更换。（不过，迄今还没人敢提议把塞尔日·甘斯布的照片也送进Photoshop，去掉从不缺席的烟卷——大概是因为这样做会被视为一

> 假如你一定要让我在最后一个女人和最后一支香烟之间做出选择，那我会选择香烟：因为甩掉它要容易得多！
> ——塞尔日·甘斯布，法国歌手（1928—1991）

法国是个瘾君子的国度

种文化上的亵渎神明吧。）

在法国电影制造商看来，屏幕限烟开启了一个妨碍艺术表现的全新黑暗审查时代。对于法国支持吸烟阵营的许多人来说，吸烟是死亡象征的终极表示。旧时虚空派（vanitas）绘画大师曾在一碗水果旁边画上一个骷髅（或者尘世的一切事物的无常的象征），吸烟就是这样的画作在后现代的对等物。吸烟是纯粹享乐主义的终极行动，沉迷于带着迫近的死亡阴影的瞬间快乐。捍卫这种被禁的快乐，成了一种反抗英美政治正确性和健康法西斯主义的行动，是法国人对自由的支持：吃、喝、吸烟和作乐的自由，因为我们明天就死。①

◎ **传闻评估：正确**。

---

① 或者，像法国人自己会说的:Cueille le jour présent en fumant, sans te soucier du lendemain.（今朝有烟今朝抽，明日愁来明日愁。）

法国人对动物很残酷

对动物残酷就是对人类残酷。

——阿方斯·德·拉马丁（Alphonse de Lamartine，1790—1869），法国诗人、剧作家和政治家

法国人有很多事情为人津津乐道或闻名遐迩，但从来没人会说他们对小动物怜香惜玉。盎格鲁–撒克逊人对法国人的标准看法是，这是一个猎人的国度，他们随时准备射杀或劈杀一切活物，以便把它们的头挂在墙上，把它们的身体装进盘子里。这种观点无论如何都不算新鲜。早在18世纪中叶，托比亚斯·斯摩莱特在其《法国和意大利游记》中，就曾厌恶地写道：

> 你可能穿越整个法国南部，以及尼斯的乡下，那里不乏小树林、大森林和种植园，却听不见乌鸫、画眉、红雀、金翅雀，或者其他任何鸟类的歌声。到处是一派寂静和荒凉。在人们的残害下，可怜的鸟儿被消灭，被追赶得到处寻找藏身地，或者逃往别国。那里的人们在杀戮时丝毫不会心疼，他们为自

己的生计而捕鸟。麻雀、知更鸟、大山雀、鹌鹑,很少能逃过不知疲倦的捕鸟人的枪口和圈套。就连贵族也聚会打猎,称之为à la chasse。他们猎杀小鸟,当作野味或猎物吃掉。

为了自己的口腹之欲而醉心于残杀我们长着毛皮和羽毛的无助的朋友,这种残忍的法国猎人形象在盎格鲁–撒克逊流行文化中一直存在至今。最近的一个例子以精神不正常的女警察尚特尔·杜布瓦(Chantel DuBois)的形象,出现在2012年梦工厂(Dreamworks)的动画片《马达加斯加3》(*Madagascar 3*)中。自20世纪晚期以来,动物权利保护组织便经常指责法国人对动物过于残忍,声称法国声名狼藉的国菜鹅肝酱,以及该国对用板条畜栏饲养小肉牛的残忍手段的热衷,是损害动物福利的臭名昭著的祸根。

没人否认一些法国传统食品①的制作方法中的确包含一定程度的残忍。Foie gras(鹅肝酱)字面上的意思是"肥肝",众所周知使用了填喂法,就是把一根软管插进鹅或鸭的食管里,强制填喂饲料,从而人为地使其肝膨胀。尽管生产者对这些说法有抗议,但似乎很少有人怀疑这一强饲过程令家禽极不舒服,并且有可能存在生命危险。通过填喂法生产鹅肝酱在欧洲许多国家遭到了禁止,包括英国。英国很多公共机构都将这一令人生厌的美食从自己的菜单中取消了(仅举两例,包括英国议会上下两

> 当我和我的猫玩耍时,谁知道是她逗得我更高兴,还是我逗得她更高兴?
> ——蒙田(Michel de Montaigne, 1533—1592),法国哲学家

---

① 马肉也在这份清单中,详见第Ⅰ部分第2节内容。

院）。法国对此的典型回应是，将烹饪例外转化为文化例外。法国农村规范中说："鹅肝酱属于受保护的法国文化遗产和美食遗产。"在小牛肉的消费问题上，法国人的顽抗也毫不软弱。小牛肉因为经常是在骇人的工厂条件下生产的肉，所以遭到动物权益保护者们的谴责。"白汁牛肉"（Blanquette de veau）传统上是，很可能在相当长的时间内仍将是法国的国菜。①

法国人对动物的看法与其他国家的人是否不一样？至少就注定要上餐桌的动物而言，答案似乎是肯定的。许多前往法国的旅游者都提到过餐饮战线上的"巴黎例外"，如果你想体验正宗的法国美食，你就必须把在动物福利方面恪守的某些道德准则暂且搁置。[19]毫无疑问，肉类在法国饮食中占据着神圣的地位。法国人最喜欢的八道菜中，有七道都毫不含糊地是肉菜，其中既有红肉也有禽肉。[20]法国人中只有不到2%是素食者，而美国人中的素食者是3.2%，热爱动物的英国人是6%（不过据报道，像所有其他地方一样，法国人中的素食者在上升，尤其是在"马门"危机后）。②[21]最近，法国政府的一项政策引发了素食者的一波抗议风潮。它为学校制定了一套蛋白质需求标准，实际上将一般素食者和严格素食者的饮食均排除在外了。似乎在法国，说起吃肉，最典型的菜肴就是一盘牛排加薯条。

至于众所周知的法国人对打猎的狂热，法国人的确是贪婪的追逐狂。打猎在法语中称为la chasse，是法国人的第二大休闲娱乐活动。[22]而且与英国不同的是，打猎在法国并非上层社会的专利。骑

---

① 虽然白汁牛肉近年来被"熏鸭胸"（magret de canard）所取代，但这不可能被动物权益保护者们视为积极的变化，因为后者是用填喂法催肥的禽肉制成的，而这些家禽的肝又被制成了鹅肝酱。
② 印度是素食者最多的国家，其人数遥遥领先于世界，主要由于宗教原因，40%的印度人都不吃肉。

马牵狗打猎（La chasse à courre），一向是少数特权人士的独有享受，但法国的绝大多数打猎者，并非马背上穿着马裤和红夹克的花花公子，而是农民、手工业者和普通的劳工。他们手持来复枪，步行在野外搜索，射杀鸽子和野兔，为家里的锅灶增添些野味。[23] 打猎在法国持续流行，是社会——至少与英国相比——仍然拥有大量农业人口的表现。打猎实际上是维护法国农村生态系统的一种正式的方法。法国猎手联合会（French Hunters' Federation）的主要责任就是控制诸如野兔、狐狸、鸽子和野猪等有害禽兽的数量。因为猎手们未能清除践踏、碾压和吞噬庄稼的四蹄或有羽的闯入者，该协会每年要向愤怒的农民赔付成千上万欧元。例如2011年，该协会就赔付了高达5000万欧元。对于法国农民来说，打猎是件既轻松又赚钱的安逸事（在农村社会，农民们经常也充当着猎手角色，更不用说在当地法院当法官和/或受害方了……）。[24]

不过法国人对他们要吃的动物缺乏怜悯，并不意味着他们对注定不会进汤锅的动物也都漠不关心。法国是欧洲养宠物最多的国家，共养了超过6100万宠物，其中为首的是3600万条鱼，其次是1000万只以上的猫，还有700万只以上的狗（法国牛头犬已被拉布拉多犬取代，成为最常被收养的宠物犬；而普通家猫可以预见地仍将雄踞猫榜榜首，其次是波斯猫）。[25] 毫不夸张地说，法国还有数以百计兴旺发达的动物权益保护组织——以其旗舰"碧姬·芭铎基金会"（Fondation Brigitte Bardot）最为臭名昭著——从禁止海豹交易到拯救屠宰院子里筋疲力尽的马，它们什么事都要管。像法国人生活的许多方面一样，法国社会在动物福利方面也要以笛卡尔的二元论来划分：农村里有多少射杀兔子、下圈套捕牛、吃鹅肝酱的农民，城市里就有多少吃寿司、去马戏团拯救被奴役的动物的文质彬彬的市民。

这种令人痛苦的自相残杀，一个很典型的例证就是斗牛（La Corrida）在最近的解冻。斗牛最早是从西班牙传到法国巴约讷（Bayonne）的，在法国已有长达150年的历史，法国南方至今仍然非常流行。法国宪法法院（French Constitutional Court）在2012年花了好几个月时间倾听对斗牛活动的对立两派的辩论后，裁决其作为法国的文化例外予以保护——全然不顾大多数法国民众认为斗牛应当被禁止这一事实。

因此对于法国人对待动物的态度，人们的共识其实是没有共识。这个传说的真相最终可能是，除了主要与对地方经济至关重要的法国习俗相关的无疑很残酷的少许例外之外，法国人对动物并不那么残忍，他们更愿意将作为人类朋友的动物和注定被人类吃掉的动物区别对待。所以尽管法国人很可能对他们餐盘里的奶牛肉采取理性和不动感情的态度，他们却也同样可能像任何其他人一样将他们养尊处优的宠物人格化、偶像化、溺爱化，给它们买钻石领。前一种动物的福利主要是如何饲养好牲畜的问题，而不是人类朋友的痛苦的问题；①但是对于后一种动物，如何赞美都不为过。因为，用19世纪法国历史学家和哲学家伊波利特·泰纳（Hippolyte Taine）的话来说："我见过很多思想家和很多猫，但是猫的智慧无比优越。"

◎ **传闻评估：错误**。

---

① 换言之，法国人在考虑家畜的福利时，主要考虑的不是动物的痛苦，而是以这样一种观点看问题：在牧场上欢快地放养的奶牛可以比在工厂里圈养、饲喂激素、受疯牛病折磨的牛生产出更甜的牛奶和更鲜嫩、更富营养的牛肉。

VI

自由，平等，博爱

关于法国历史和社会的传闻

法国是个革命的国家

> 路易十六：那么，是怎么回事，一场暴乱？
> 德·拉·罗什富科-利昂库尔公爵（Duc de la Rochefoucauld-Liancourt）：不，陛下，是革命。
> ——法国大革命时期凡尔赛宫里的一段对话

世界上很少有重大事件，能像1789年法国大革命一样，对人类的文化意识和政治意识产生如此巨大的影响。对那些经历过那个时期的人们来说，无论是在法国还是在国外，这场革命都定义着那个时代的希望和恐怖。在一些人看来，法国大革命如同灯塔的光芒，给在贵族特权和专制王权沉重压迫下的世界带来了自由的希望；而在另一些人看来，那是极端恐怖的故事，是在暴民们的异想天开之下，抛弃了已有的社会秩序，从而酿成的残酷大屠杀。于是，一方面是像华兹华斯（William Wordsworth）这样的诗人激情四溢地讴歌着"幸福呵，活在那个黎明之中，年轻人更是如进天堂！"，[1] 另一方面像英国政治家埃德蒙·柏克（Edmund Burke）这样的人，却审视着海峡对岸的事件更黑暗的一面。柏克的专著《法国革命

感言录》(Reflections on the Revolution in France，1790年）至今仍是持"保守"立场的人最具说服力的论述之一。他们认为社会的有机变化的渐进过程，比革命的暴力剧变更为可取。柏克的观点当时很快遭到了托马斯·潘恩（Thomas Paine）的《人的权利》(Rights of Man，1791年）的反击。该书同样是对一种基于理性，保障人的自然权利的制度的强劲有力的阐述。

同一时期的英国主流观点却是，相比于法国正在流行的恐怖，英国简直是个安全而繁荣的天堂。由于查尔斯·狄更斯（Charles Dickens）在其历史小说《双城记》(A Tale of Two Cities，1859年）中将法国大革命的场面刻画得栩栩如生，再加上诸如1935年由杰克·康韦改编的好莱坞电影使之大众化，可想而知那些恐怖的画面很大程度上至今仍留存在英国人的群体印象中。对大部分英国公众来说，法国大革命就是一段很短的时期——恐怖的1793年至1794年——所犯下的暴行的同义词，狄更斯小说的高潮部分就是以这段时期为背景的。用历史学家埃里克·霍布斯鲍姆（Eric Hobsbawm）的话来说就是：

在英国……由于卡莱尔（Carlyle）和狄更斯（他的灵感也

来源于卡莱尔)的《双城记》,以及随后跟风炒作的通俗文学作品,诸如奥齐男爵夫人(Baroness Orczy)的《红花侠》(The Scarlet Pimpernel)等,便形成了这样的最贴近公众意识的法国大革命印象:断头台的刀刃咔嚓作响,下层社会的妇女一边无动于衷地织着毛线,一边看着反革命分子的人头落地。[2]

直到2012年,伦敦市长鲍里斯·约翰逊(Boris Johnson)仍能利用这些暴力而消极的联想,在一次讲演中将法国社会党政府对待钢铁大亨拉克希米·米塔尔(Lakshmi Mittal)的做法,与革命的下层民众相比拟。约翰逊在讲演中表示,即使在今天,法国仍被视为一个隐藏着革命激情的危险而活跃的港湾,与维护店铺、方便生意、平安稳定的英国形成了鲜明的反差。

说法国人的血管里流动着反抗权力的热血,无疑是正确的——这血实在是太热了,必须被视为该国民族DNA中的关键组成部分。即使今天,巴士底狱的风暴已经过去二百多年了,法国公民仍然可能一看到贝雷帽就想到拿起武器去反抗任何形式的压迫。实际上,法国人一遇到他们不能同意的事情,其自然本能就是上街去。因此,女权主义者于2011年发动了一场反对法国媒体对多米尼克·斯特劳斯-卡恩事件的报道的示威;2012年,一群乌合的法国人游行抗议法国政府驱逐吉卜赛人;2013年,数以千计的普通法国民众走上街头,既有人支持政府给予同性恋者结婚的全部权利的提议(这个争议强烈的提案称为mariage pour tous),也有人发出反对的声音。即使在地方一级,法国人在汇聚起来吵吵嚷嚷地发出抗议方面,也绝不迟缓。例如,在我居住的这片社区,就曾有一个学校的家长们集会反对被认为太过严厉的校长;而另一所本地小学的学生们,最近又抗议起一名他们认为不能胜任工作的西班牙语教师来。在后一起事件中，学生们选举了一名15岁的代表，提交了要求改革学校管理方面他们认为不妥之处的"行动方案"。实际上，在法国，没有一天没有这样那样的"儿童群体"起而反抗压迫的，他们对从国家到地方的政治问题都采取对抗的手段，令英吉利海峡对岸他们冷漠的邻居们大为惊诧。

> 罢工的权利不仅是一项权利，而且是一种责任！
> ——让-马里·古里奥（Jean-Marie Gourio），法国剧作家（生于1956年），引自 Brèves de Comptoir，1988年

实际上，法国历史和文化中还有一个超过1789年革命的由街垒保护的圣地。工人的反抗斗争一向被法国作家浪漫化，最经典的例子也许要属爱弥尔·左拉煽动性的小说《萌芽》（Germinal，1885年）了。该书冷酷地描写了加来海峡省矿工悲惨的生活。他们在漆黑一片的采煤工作面上艰苦地劳作着，而与此同时富裕的矿主资本家们却在地面上的豪宅里开着香槟酒瓶大啖龙虾。《萌芽》（得名于大革命时期的年历中春天的一个月份）根据1884年昂赞（Anzin）发生的一场真实的矿工罢工创作，毫无顾忌地播撒着无产阶级革命的种子。小说的结尾呼唤着一场结束一切暴动的工人暴动，一场在当时的资产阶级中激起愤怒和惊慌的世界末日般的反抗斗争。① 左拉被法国新闻界指责为"没有良心的艺术家"，说他"在地球的四角撒下了暴动的种子"。³ 据说19世纪80年代的很多工人反抗斗争都是《萌芽》激发的，包括1886年阿韦龙省一次野蛮的矿工

---

① 1993年由克洛德·贝里（Claude Berri）执导的电影《萌芽》，由杰拉尔·德帕尔迪约（Gérard Depardieu）主演，捕捉到原著小说的一些粗犷的现实主义风格。

罢工，在这场罢工中该矿副矿长被工人们抛出了窗外。

1968年"五月风暴"的一些宣传口号

> 这个夏天将很热！（L'été sera chaud!）
>
> 路障封闭了街道，但却开辟了道路！（La barricade ferme la rue mais ouvre la voie!）
>
> 即使上帝当真存在，我们也要把他废除！（Même si Dieu existait, il faudrait le supprimer!）
>
> 他们在买走你的幸福，把它偷回来。（On achète ton bonheur. Vole-le.）
>
> 地铁，上班，睡觉（Métro, boulot, dodo；哀叹小资生活单调乏味的标语）
>
> 幻想带来力量！（L'imagination prend le pouvoir!）
>
> 既要脚踏实地，也要争取看似不可能的目标。（Soyez réaliste, demandez l'impossible.）

乾坤流转，到了20世纪，法国的革命精神再一次爆发，不过这回不大血腥，是1968年的"五月风暴"。这个法国历史上划时代的大事件，却风起于青苹之末，最初只是楠泰尔大学（University of Nanterre）的学生抗议学校管理的活动。这些抗议活动像野火一般蔓延开来，引发了警察和学生在巴黎拉丁区（Latin Quarter）的激战。很快，法国各地都爆发了罢工、罢课，并以一次规模巨大的联合大罢工和罢课而达到高潮。当时的法国总统戴高乐（Charles de Gaulle）害怕发生内战或又一次革命，逃到了德国的一个军事基地，直到6月才返回法国。他解散了国民议会，宣布举行新的立法

选举。此举被证明是个政治上的妙招。既然总统让步了,同意通过普选来解决问题,学生们自然难以再反抗政府的压迫了,于是抗议活动逐渐偃旗息鼓,然而,还是留下了一些世上最富诗意、最令人难忘的宣传口号。

　　法国人喜欢上街反抗压迫的天性,不仅包含在法国传奇性的罢工传统里,也由罢工充分表现出来。罢工在法国像街头示威和游行一样,实在是家常便饭,闹得法国人都有些腻烦了,他们已经完全习惯了自己的日常生活受到无休无止的行业纠纷浪潮的袭扰。《巴黎人报》(*Le Parisien*)在其可能发生交通问题的日程预报表上包含有罢工预报,巴黎人可以像其他国家的人咨询天气预报一样咨询罢工信息。罢工应急计划是所有法国通勤者必不可少的考虑事项。再发生罢工怎么办?那就骑自行车,或者从汽车后备箱里掏出单排轮滑,再或者——作为法国人尤其青睐的选择——请一天假。

然而，罢工在法国可远不只是针对具体的工作条件而进行的有组织的抗议活动。由于该国的革命历史，每一个走上街头的行动——哪怕只是对拟议中的裁员所进行的抗议——传统上都被视为是社会反抗的一个微观行动：是对创造了现代法国的革命，即1789年最初的伟大暴动的再现。"每一起罢工都蕴含着内战的萌芽。"俄国革命家列昂·托洛茨基（Leon Trotsky）于1938年写道。[4]而法国左翼政治理论家们也对罢工和公众抗议之间隐含的联系，做出了更广义的附和。"一场大罢工，像所有自由战争一样，是个人力量在群众起义中最强劲的展现。"法国工团主义革命理论家乔治·索雷尔（Georges Sorel，1847—1922）写道。[5]同样地，法国哲学家埃米尔-奥古斯特·夏蒂埃［Émile-Auguste Chartier，又名"阿兰"（Alain）］也曾评论道："罢工行动像是一种战争，也体现着一种力量。"[6]法语中的"罢工"一词——la grève——便含有黑暗、复杂和革命的意味。Grève最初的意思是"没有工作"，词义的来源是过去的失业劳工喜欢到河滩广场（Place de Grève）去找工作——这是巴黎市中心的一个广场，现在被市政厅（Hôtel de Ville）所占据——因为潜在的雇主们也汇集在那里。Grève随之获得了"让雇主没有工作"的意思，也就是说通过收回自己的劳动达到此目的。Grève用于表示"罢工"之意，最早可回溯至1844—1848年。[7]但是格雷夫广场在恐怖年代，也曾是处决犯人的刑场之一。例如，在维克多·雨果的小说《巴黎圣母院》（*Notre-Dame de Paris*或*The Hunchback of Notre-Dame*，1831年）里，这个有着耻辱柱和绞刑架的地方，就是凶兆的象征，会让人们联想起法国大革命较阴暗的一面：

从那时起，河滩便是这种凄凉的景象，延续至今日，一方面是由于它令人产生一种厌恶的想法，另一方面也是因为多米尼克·博卡多建造的阴森森的市政厅取代了柱子阁。应当强调一下，铺着石板的广场正中央，长年累月并立着一座绞刑台和一座耻辱柱——当时人们称作'正义台'和'梯子'，也起了不小的坏作用，叫人惨不忍睹，它迫使人们把视线从这可怕的广场移开。在这里曾经有多少生龙活虎般的健儿断送了生命！

罢工在法国，绝不仅仅是额外休息一天或抗议裁员的权利，而是在更深意义上与争取权利的斗争密不可分地联系在一起的，这一事实可由其被那些没有办法表达自己观点的人们用作发声手段来证明。20世纪，法国工人阶级妇女在获得投票权之前，很早就在罢工中发挥着重要作用了；与此同时，移民劳工也将罢工视为抗议他们受压迫的社会地位的发声手段——而他们所能使用的手段少之又少。法国人的罢工在20世纪初时经常是节日一样的事情：静坐示威传统上都伴随有一个舞蹈仪式，直到1978年占领雷诺弗兰（Renault Flins）工厂的行动中还能看到这般景象。1973年，法国西部德塞夫勒省（Deux-Sèvres）塞里泽市（Cerizay）的纺织女工为抗议一名同事被解雇，建立了一个"替代"车间，将她们的缝纫机面对面地排列，而不是排列成行。她们坚持缝制整件的衣服，而不是无休无止地只缝衣领或纽扣，以此来反对她们沦为生产线上一个无足轻重的轮齿的角色。在这场"欢歌笑语"的罢工中，她们制作的衣服用于交换而不是出售，当地店铺设立了募捐箱来帮助罢工者。[8]法国激进的左翼人士达尼埃尔·莫特（Daniel Mothé）毫不隐讳地称赞这些行业行动："发动罢工令激进人士深受鼓舞，有时也令参加的工人深受鼓舞，那种狂热的欢愉堪比宗教典礼或性仪式引发的快乐，甚至堪比智力或艺术创作带来的兴奋。"

但是今天法国的罢工，还是打着节拍而不是遭到殴打的下层阶级欢快地表达抗议的行动吗？还是缔造了法兰西共和国的伟大反抗行动的缩影吗？很遗憾地，不是了。从法国发生的罢工次数来看，一个惊人的事实是，如今的法国人中其实只有极小部分属于工会了。实际上，加入工会的法国工人还不到10%。[9]而英国身为工会会员的雇员还有27%呢，尽管最近几十年来全欧洲的工会会员数量都在普遍下降。自20世纪80年代起，法国越来越多的正式罢工都是由公务员举行的——换言之，就是由那些大部分已享受到封闭市场、延长退休年龄、加班须额外付酬及漫长的假日等特权的群体进行的。（公务员的罢工天数，从1982—1985年的443 725天，上升到1996—2000年830 924天。）[10]有些国家的劳动者通常必须工作到65岁甚至更晚才能退休，在这些国家的观察家们看来，2010年法国公共服务部门员工罢工，抗议萨科齐总统相当温和的提议，将最低退休年龄从60岁延长至62岁，是很难获得很多同情的。实际上，与其他国家相比，法国的条件已经非常得天独厚了。他们能预期享受的退休岁月，几乎比世界上任何其他国家都要长：男性22年，女性27年。[11]如今法国真正受剥削的劳动者——在黑市上打工的移民和为逃避浩繁的社会规定而打短工的人——却没有工会可以求助以争取他们的权益，或者组织文明的街头抗议；他们只能诉诸周期性地焚毁汽车这种办法，正如我们在2005年席卷巴黎的骚乱中所看到的。

弗朗索瓦·密特朗曾以其特有的精明指出："有两种办法破坏罢工的权利：一种是对罢工实行管制，像右派们做的那样；另一种是错误而执拗地运用罢工手段，像左派们那样。"法国的许多服务设施都破旧不堪，亟须维修，然而却因为既得利益者听到提议改革的风声就上街游行而每每夭折。例如，巴黎的出租车长期短缺（巴黎只有17 000辆有执照的出租车，而伦敦不仅有25 000辆有执照的出租车，还有44 000辆微型出租车），[12]就是目前的出租车司机们拒绝接受颁发新执照的直接结果。每当有法国政府小心翼翼地提议开放出租车市场——有几届的确提出了——出租车司机们就会群起而抗议，他们愤怒地按着喇叭，堵塞巴黎市中心和机场路的交通。

然而，法国传统的街头示威和罢工，有一个奇怪的现象。那就是无论何时只要时任政府挺起了腰杆，坚持到底，抗议者往往就会在抱怨一阵子后，又回到老路上，仿佛什么事都没发生一样。1968年的"五月风暴"也是如此，实际上戴高乐第二年又当选了（正如罗纳德·里根1967年当选加利福尼亚州州长，很大程度上得益于他承诺"清除"当时在该州盛行的反越战学生的示威）。同样，萨科齐政府对2010年因养老金改革而爆发的抗议，也基本上采取了无视的态度，于是骚乱渐渐平息了，人们在抱怨了一阵子后，最终接受了养老金改革。法国人在这样的问题上并没有太多选择，正如我们在下一章中将看到的，他们赋予总统的权力太多了，除了抗议，他们并没有多少能约束他的举措。因此在法国，传统且经久不衰的罢工或群众示威，就仿佛一个巨大的社会安全阀一般，是一个放掉多余蒸汽的机会，人们在吼叫和发泄之后，又会回归现实世界。罢罢工、游游行或许并无大碍，因为自1789年以来，在经历了五个共和国、两个帝国和一次君主政体后，法国最不需要的事情，恐怕就是另一次革命了。

◎ **传闻评估：部分正确。** 法国有街头抗议的历史传统，罢工也是其表现形式之一。然而尽管巨大的"喧嚣和愤怒"经常发生，其结果——也同样经常地——是一无所获。

法国是个平等的社会

> 法国人想要平等,当他们不能通过自由得到平等时,他们就通过奴役来寻求它。
>
> ——亚历克西·德·托克维尔(Alexis de Tocqueville, 1805—1859),法国历史学家,《旧制度与大革命》(*L'ancien Régime et la Révolution*),1856年

我们习惯于把法国想象为最为平等的国家。"自由,平等,博爱"是1789年法国大革命的箴言,是被那些将捍卫个人自由作为治国基础的法国思想家们明确阐述的原则。最著名的,是讲法语的瑞士人让–雅克·卢梭(Jean-Jacques Rousseau)在他发表于1762年的专著《社会契约论》(*The Social Contract*)中写道的:

> 如果我们问,应当成为一切立法体系的目标的至善,究竟是由什么构成的,我们会发现其实只有两个主要对象,自由和平等——为什么是自由,是因为所有特定的依靠,都意味着从国体汲取了很多力量;为什么是平等,是因为如果没

有平等，自由就无法存在。

在卢梭这样的思想家和法国革命的领袖们看来，平等是一种以拉平国家为控制人们天生的自私本能而强加的法律形式发挥作用的反动力量；自那以后，法国人就以他们（不像势利的英国人）是自由思考，挥舞旗帜在街头前进的战友之国，而感到骄傲。不过，纵观最近法国历史上的剧变，你的确有理由认为通向平等的道路远非清晰。实际上，很难说人们为什么不大理解现代法国历史。君主，革命，共和，帝国，君主，革命，君主，革命，共和，帝国，共和，的确变换得像走马灯一样。还很少有欧洲国家像法国这样，在如此短的时间内改换了这么多的政体。然而，如果你回顾法国政坛那些显然惊心动魄的剧变，你会发现有一个特色却像北极星一样恒久不变，那就是国家的中心性。

"太阳王"路易十四曾有一句名言——"朕即国家"（L'état, c'est moi）。拿破仑也完全可能说出这样的话。直到最近，这种情况其实也没发生多大变化。法国总统因为戴高乐将军于1958年10月建立的第五共和国所授予的权力，成为西方世界最为强势的政治领导人。英国等议会民主国家，实行权力相互制衡的制度，至少在理

论上能对任何个人随心所欲地运用权力施加某种限制，法国与此不同，总统的权力至高无上。戴高乐本人在和他的新闻部长阿兰·佩雷菲特（Alain Peyrefitte）谈话时，也同样承

> 除了让-雅克·卢梭，我还想不出再有什么人，应该因为这些关于平等和独立的胡思乱想，以及所有这些纯属荒谬的异端邪说，而受到指责。
>
> ——伏尔泰（Voltaire，1694—1778），法国启蒙作家，引自他1771年2月13日致马雷夏尔公爵德·黎塞留（Maréchal Duc de Richelieu）的信

认他在第五共和国宪法中，试图创造"一个君主制和共和制的合成体"。"什么，一个君主制的共和国？"据说佩雷菲特当时惊讶地问道。"不，"戴高乐回答说，"还是说共和君主制要好一些。"每隔五年，法兰西共和国总统就被要求上街接受一次"群氓"的提问。而在接下去的1825天，他实际上就能为所欲为了。①在任的法国总统是免于法律和刑事诉讼的：不会有水门事件让他下台，也不会有查帕奎迪克岛（Chappaquiddick）事件毁掉他的前程。②在一个以共和革命而著称，且其格言为"自由，平等，博爱"的国家发生这样的情况，的确有深刻的讽刺意味。这就好像法国人民始终未能克服1793年将王室家族送上断头台的阴影，现在又坚持设立一个能走路能说话的影子，向昔日王室的鬼魂致敬。

---

① 不过偶尔也有"共治"的不便，就是法国议会的多数党不是总统所在的党。
② 1969年7月，美国参议员爱德华·肯尼迪驾驶的一辆汽车在查帕奎迪克岛的一座桥上坠入海中。当时与他在一起的一位名叫玛丽·乔·科佩奇内的年轻女士溺水身亡。这位以玩女人和酗酒著称的参议员对这一事件做了自相矛盾的解释，此后他的政治生涯就罩上了阴影。——译注

正如太阳王在自己周围构筑了一个由狗腿子、密探和马屁精组成的紧密圈子，以在法国土地上推行他的法律一样，法国总统也有一个行政团队——即政府的行政、财政和立法部门的高级公务员们——以贯彻他的意志。政府三大板块的高级公务员们、大企业的首脑们，以及——越来越多的——金融界和商界的老板们，构成了统治法国的技术官僚队伍。这些高级资产阶级，或者说统治阶级人士，仍然远离或漠视普通法国公民的生活。他们大多出生于常年占据着政府部门、大企业或金融界高级职位的家庭。正如一位法国社会科学家所说的："在法国，出身仍然是获得权力的主要条件之一。"[13]生于富贵家庭就能受到最优质的教育。这个国家的天之骄子很多都避开法国的国立学校，而选择上私立学校、天主教学校或者以荟萃精英而著称的巴黎的高级公立中学（lycées）。中学毕业后他们又会进入最出类拔萃的大学：高等精英学院（grande école）。这些学院最早都是由拿破仑创立的，以培训能够执行他的命令的骨干军官。法国的高等精英学院是超研究生院式的学校联盟，高于普通的法国大学。这些学院专攻不同专业，每家都与它为之培训人才的部门有着密切的联系。巴黎高等商学院（Hautes Études Commerciales de Paris，简称HEC Paris）是首屈一指的商业学校，与金融和财政界关系密切；国家行政学院（École Nationale d'Administration，简称ENA）是培养公务员的精英学校，实际上保证了其毕业生必然能在法国政府部门获得最高职位；高等理工学院（École Polytechnique）是法国顶级的数学和工程学校，培养成千上万的技术专家。（高等理工学院可以就简称为一个字母X，是精英中的精英，是法国国防部下属的准军事机构。）想上高等精英学院，须经过竞争激烈的入学考试或招生筛选，为此报考者要先到被称为"prépas"的高级预科学校做温室培育（最好的"prépas"与顶级"lycées"自然有着密切的联系）。除了商业学院外，学费实际上是没有的，而且有些高等精英学院［如高等理工学院、国家行政学院和高等师范学院（École Normale Supérieure）］，学生实际上每月还能获得2000欧元的津贴。高等精英学院得到的政府拨款要比大学高得多——它们能得到国家预算的30%，却只招收4%的学生。2008年进行的一项研究发现，法国顶级的40家公司（即CAC 40）的27位法籍老板中，有20位都毕业于三所最好的高等精英学院：国家行政学院、高等理工学院和巴黎高等商学院。[14]

自由，平等，争议

"自由，平等，博爱"这个口号，与法国大革命的理想有着不可分割的联系，实际上是法国的国训，可以在法国的国家标志上看到，与法国国旗三色旗，以及法国的国家象征玛丽安（Marianne）一起，印在法国的所有官方文件上。

将口号刻上硬币的荣耀，在大革命时期通常都交给安托万-弗朗索瓦·莫莫罗（Antoine-François Momoro，1756—1794），他是当时的一位印刷商和政治家。然而，当时这句口号还只是许多在使用的口号中的一种——其他口号还有"团结，力量，美德"和"力量，平等，正义"等。

在随后的岁月里，"自由，平等，博爱"从众多竞争的口号里脱颖而出，尽管将自由主义者和个人主义者的理想"自由"和"平等"与平均主义者和集体主义者的理想"博爱"联系在一起，一向是引起争议的话题。在各种不同时期——引人注目的是在拿破仑时代——这句口号都遭到过禁止。在"二战"的

> 维希政权时期，贝当元帅（Marshal Pétain）用"劳动，家庭，祖国"（Travail, Famille, Patrie）取而代之。贝当的口号上还有个明显的纳粹标志环。不过战后，最初的口号又恢复了，并被写入了随后的法国宪法。
>
> 这句口号在世界上许多国家激发了无数的模仿灵感，包括《世界人权宣言》（Universal Declaration of Human Rights）和英国自由民主党（Liberal Democrat）党章。自由民主党章程的前言中提到了"自由，平等和共同体（liberty, equality, and community）的基本价值"。然而，这句格言中对立的价值观所带来的隐含的矛盾，从来没有——可能也永远无法——得到解决。

高等精英学院的同学一生都会相互往来，无论是在工作中还是在娱乐时。尽管私人社交俱乐部是英国人的发明，法国人却以和革命之国不大相称的热情对其喜爱有加。最著名的私人俱乐部世纪俱乐部（Le Siècle）成立于第二次世界大战末期，其成员多为法国的精英公务员、商人、政界人士、知识分子、新闻工作者和学者（自20世纪90年代以来，历届法国政府成员中的40%，无论是社会党人还是保守党人，都属于世纪俱乐部）。[15]每月的最后一个星期三，该俱乐部在巴黎协和广场（Place de la Concorde）上的法国汽车俱乐部（Automobile Club of France）组织一次餐前酒会和晚宴，使这一小撮天之骄子能够紧挨着坐在一起，讨论机密的世界大事。世纪俱乐部的达官贵人大多是中年男性。他们或是大企业老板的儿子，或是公务员，或是银行家，其中很多人都是"énarques"［即国家行政学院毕业生；法国行政部门中有一个势力强大的帮派称为"énarchie"（国家行政学院帮）］。还有一个更排外但政治影响力较小的俱乐部,叫作"巴黎赛马会"(Jockey Club de Paris),在拉伯雷街(rue Rabelais)有一套金碧辉煌的豪宅,这是由布里萨克公爵(Duc de Brissac)主持的一个贵族俱乐部。

法国的上层资产阶级——其中许多都有贵族血统——执意将自己与新近致富的浮华俗丽人士区别开来。实际上,再没有比被视为暴发户更让人在社交场合丢面子的事了。[非常有趣且可能并非偶然的是,英语中指称新近致富的粗人的主要用词,全都来源于法语——如parvenu、arriviste和nouveau riche(均为"暴发户"之义)。]正是由于这种对于区分新钱和旧钱,辨别银行账户宽度和血统长度的热衷,法国资产阶级对优雅风度和良好教养产生了极度痴迷。正因为上层资产阶级迫不及待地要将自己与粗俗的暴发户区别开来,衣着谨慎,颜色素雅,拒绝光鲜的品牌标签和珠宝等原则才变得根深蒂固。名声响亮但气质粗俗的名人——如演艺人士、各界名流和足球明星——被收入《法国名人录》(*Who's Who in France*,自1953年起出版),像英国版一样。然而,上层资产阶级有自己的名录——《社交通讯录》(*Le Bottin mondain*)——绝对不收法国足球明星,也没有收入最高的法国影星和歌星,甚至只有一位作品极畅销的法国散文家。取而代之的则是大量法国"大户人家"。正是这些人家,构成了巴黎的精英核心内圈。

对普通法国人来说,或者实际上是对外国人来说,再没有什么比一个人姓氏前的那个前置词"德"(de),比如皮埃尔-奥古斯丁·卡龙·德·博马舍(Pierre-Augustin Caron de Beaumarchais)更能令人联想到昔日贵族的出身了。实际上,法国资产阶级中有太多的人使用了假的前置词,试图使自己显得高贵,于是就有了一个点名羞辱他们的假贵族身份的反名录:由皮埃尔-马里·迪乌多纳(Pierre-Marie Dioudonnat)编纂的大部头的《法国贵族名录》

(*Le Simili-nobiliaire français*),列出了资产阶级人士使用的所有假贵族前置词和父名。该书于2002年出版时,激起了一波抗议的浪潮。资产阶级出身的人士中使用假贵族名的名人包括:夏尔·戴高乐(Charles de Gaulle)将军、前法国总理多米尼克·德·维尔潘(Dominique de Villepin)、曾任法国总统的瓦莱里·吉斯卡尔·德斯坦(Valéry Giscard d'Estaing),甚至还有19世纪伟大的小说家奥诺雷·(德)·巴尔扎克[Honoré(de)Balzac]——他出身卑微的父亲在他攀爬社会阶梯时,为他的名字添加了这个前置词。[16]

法国人对两个相互冲突的原则——平等和特权——充满矛盾的热爱,无可避免地要引发大量的虚伪和伪善。这也是那种神秘、低调且受迫害的动物——法国上层资产阶级——过于圆滑和谨慎的又一个原因。毕竟,自负地展示财富和特权曾导致人头在法国的土地上乱滚。法国富人这种难堪的窘境,曾被法籍意大利裔演员法布莱斯·鲁奇尼(Fabrice Luchini)恰如其分地表达出来。他绝望地耸了耸肩膀,说道:

> 我对金钱已经没有沾沾自喜的感情了;我已经58岁了,却才刚刚开始学习如何因金钱而获益。我是个失眠症患者,我没法从任何事情中得到快乐,然而我又没有权利抱怨,因为还有其他人,他们的房子正在被夷平。所以我只能闭上嘴。你要么保留自己的特权同时闭上嘴,要么就把它们全都交给埃玛于斯(Emmaüs)①。[17]

法国对资产阶级的最新一轮痛击,是在社会党人弗朗索瓦·奥

---

① "埃玛于斯"是由法国的皮埃尔神父创办的著名国际慈善组织。——译注

朗德于2012年当选总统后，引发的一波富人出国逃税潮。其中最著名的当属国宝籍演员杰拉尔·德帕迪约引发轩然大波的离去，这些富人的逃离引起了一定程度的深刻反思。①这自我怀疑的痛苦后来又进一步加剧了，因为另一位民族英雄——法国流行歌手约翰尼·哈里戴（Johnny Hallyday）——在他2013年出版的畅销自传中，对法国人对待富人的态度进行了特别尖酸的讽刺。②法国人自问道，他们当真仇富吗？如果真是这样，那么这种对特权的刻毒，与一个因自诩为世界上奢侈品和雅致品味的裁判者而骄傲的国家是否相宜？更何况这个国家很大程度上是靠奢侈品行业而存活的。目前，法国人似乎正处于吞噬喂养他们的手的巨大危险中。

法国人绝不会公开承认他们是精英主义者，当然也不会承认他们唯利是图，或者对财富有不安全感，或者诸如此类的事情。谈钱……唉，实在是太俗了。就连像左翼政客让–吕克·梅朗雄（Jean-Luc Mélenchon）这样的群众鼓动家，甚至是弗朗索瓦·奥朗德总统本人，都煞有介事地指斥卑鄙的富人和他们"肮脏"的钱（尽管奥朗德本人是国家行政学院毕业生，梅朗雄不仅在巴黎有一套房子，在乡下还有一座别墅，因而两人似乎都没有完全错过他们大加贬损的人生特权）。"法国人对'不平等'深恶痛绝，但他们又钦慕特权。'不平等'经常就是你对别人的特权的指称，"法国喜剧女演员安妮·罗曼诺夫（Anne Roumanoff）精明地指出。但是，嘘——，我们现在已经在涉及个人隐私问题了。所有这些和我们现在的话题

---

① 例如，2013年法国国家电视台播放的一个纪录片，便探讨了现在是否必须离开法国才能获得成功这个问题。（*L'argent : faut-il partir pour réussir?*，法国国家电视二台，2013年2月7日播出。）
② 哈里戴说："我总是问自己，为什么在美国，如果你有一辆漂亮的小汽车，人们会微笑着说'真棒'，而在法国，人们却会像贼一样对待你。这是一种龌龊的心态。"［*Dans mes yeux*，与阿曼达·斯泰尔斯（Amanda Sthers）合著，Éditions Plon出版，2013年。］

都不相干。还是回到公共准则上来吧:自由,平等,博爱……还有,法国人伟大的美德是:严守秘密。

◎ 传闻评估:错误。法国人至少是像英国人一样的自命不凡者,甚至可能更严重,因为他们假装他们不是。

法国人工作不勤劳

懒惰不是别的,就是在还不累的时候就休息的习惯。

——朱尔·勒纳尔(Jules Renard),法国作家(1864—1910)

法国有句俗话:"上午慢悠悠,下午别着急。"对外国游客或者客居法国的外国人来说,至少乍一看,法国人似乎的确在奉行这句话。尽管法国的店铺在星期六开门营业,但到了星期天,你通常就只能到集市或小精品店买东西了。而且,所有星期六开门的店铺,必然会在星期一关门一天,以弥补额外一天的劳作(令大多数盎格鲁-撒克逊人惊讶的是,连银行也是如此。)如果你在工作日的下午1点到3点之间去某个当地小店,而不是超市,那也要后果自负:你会发现店铺的卷帘门落下了,四周处于一派饭后令人昏昏欲睡的迷糊气氛中,而店铺的服务员们正在街角的小酒馆里吃午饭呢。

法国人是否不如其他欧洲人勤劳?答案是,或许是。每年有30天法定最低带薪休假日,再加上10天公共节假日(因而总共有40天带薪假日),法国在欧盟假日幸福状态排行榜上仅次于芬兰,居第二。①[18]但是法国官方要求的最低40天假日，还不包括那些人们普遍都休息的"非正式"假日——例如臭名昭著的"桥日"（pont）。典型的情况是，如果一个公共假日恰好是星期四，学校和大多数雇主星期五也会不营业，于是所有人就都有了一个长周末。还有法国著名的每星期35小时工作制，是利昂内尔·若斯潘（Lionel Jospin）的社会党政府于2000年开始实施的。虽然实际上许多法国人的工作时间都超过了这个理论上的上限（雇主必须为超过的部分付酬），但其每年平均工作时间（1554小时）仍然低于经济合作与发展组织（OECD）国家的平均水平（1749小时）。[19]法国也是经合组织中用于"休闲和个人护理"的时间最多的国家，包括吃饭和睡觉，他们用在这方面的时间实在是惊人——一天的68%，或者说15.3小时。[20]

然而，如果你想和一个法国人谈论他悠闲的工作方式，他很可能会自鸣得意地提醒你有一个最为著名的所谓"法国悖论"——或者说是"法国生产率悖论"。这是一个显然与人们的直觉相悖的说法——尽管法国人的工作时间比其他国家的人少，但他们的生产率却异乎寻常地高。实际上，就劳动者每小时生产率而言，法国在经合组织大经济体中高居第五位。然而，不幸的是，法国的生产率悖论更可能是个传说。正如许多经济学家所指出的，法国生产率水平如此高的真实原因是法国的失业率相对较高，特别是较老的人和较年轻的人失业较多。由于这些年龄段的劳动者极可能是生产率最低者，将他们排除在劳动力市场之外，就会人为地抬高法国的生产率数字（更别提"非正式"工作时间的劳动没有计算在官方数字中，尤其是就业繁荣的黑市）。据估计，如果将这些失业的、生产率最

---

① 抠门的英国和荷兰、罗马尼亚一起，在欧盟的假日排行榜上牢牢地垫着底，要求年假和公共假日加在一起的最低带薪假日只有28天。然而，这跟美国比起来还不算什么。美国是个最没有假日的国家，其法定的必须付酬的假日实际上是0天。

低下的劳动者纳入法国就业市场，像美国一样计算，那么法国的生产率将直线下降10%—15%。实际上，一些评论家甚至认为，法国的高生产率，恰恰是其就业市场固有的疲软而不是强健的迹象。[21]

法国人传说中的怕干活态度在2013年2月成为一场争议风潮的话题。美国轮胎公司帝坦（Titan）特立独行的首席执行官——因谈判风格强硬而获得"灰熊"（The Grizz）绰号的莫里斯·泰勒（Maurice M. Taylor）——拒绝了法国工业部长阿诺·蒙特布尔格（Arnaud Montebourg）的一次试探性询问。蒙特布尔格想知道帝坦公司是否有兴趣收购位于法国北部城市亚眠（Amiens）的陷入困境的固特异（Goodyear）轮胎厂的部分股票。"你以为我们有多蠢？"泰勒先生在回信中毫不掩饰其专横作风。"我参观过这座工厂好几次。法国工人领着高薪，一天却只工作三小时。他们把一个小时用作工间休息和午餐，三个小时用来聊天，只工作三个小时。我当面向法国工会反映了这个问题。他们的回答却是，在法国就这

> 将来有价值的不是工作，而是休闲。所有人都同意，工作只是达到目的的手段。人们都在说"休闲的文明"。当我们达到那种文明时，我们却会丧失所有的安逸感。有些人为了日后能休息，辛勤地工作了四十年，当他们终于能够休息时，他们却不知道该做些什么了，于是他们死了。我真诚地相信，我将通过悠闲而不是劳作，更好地服务于人类的事业。的确，你需要有勇气不工作。
>
> ——埃里克·侯麦（Éric Rohmer, 1920—2010），法国电影导演，《收集男人的女人》（Adrien, la Collectionneuse），1967年

样！"①²²尽管这封信中无疑带有侮辱性，也有些夸张和不公正，但就连法国人也不得不承认，信中所言不无道理——这无疑也是这封信在法国引发了广泛讨论和报道，以及些许忧虑的原因。

工薪奴隶的悲叹

> 法国人对没完没了地乘公交车上下班、挣钱谋生、回家睡觉的经典表达法是"地铁－上班－睡觉"（Métro, boulot, dodo）。这个合辙押韵的短语还有过革命的内涵，曾在1968年5月的学生运动中被用作口号，鼓动工人起来反抗他们日复一日的苦役。然而，这句口号的起源还要更早，第一个使用它的是出生于罗马尼亚，后来归化法国的作家皮埃尔·贝亚恩（Pierre Béarn, 1902—2004）。他创作于1951年的诗《工厂的颜色》（*Couleurs d'usine*）的最后一节是：
>
> "快跑，小伙子，快去打卡
> 去挣钱
> 再过一天枯燥乏味、千篇一律的日子：
> 地铁，上班，泡吧，筋疲力尽，倒头就睡，一无所有。"
>
> 到头来，1968年5月的革命烟消云散，戴高乐将军的政党又卷土重来，神气活现地再度掌权，这句短语从号召革命的口号变成了听天由命的自嘲。然而，玩世不恭的人还会说，有鉴于法国人的劳动纪律，这句短语其实还漏掉了关键的一部分，应当是：地铁－上班－睡觉－休假（Métro, boulot, dodo, vacances）……²³

---

① 莫里斯·泰勒是个没少引发争议的人物。作为"购买美国货"运动的坚定支持者，他曾在2008年的一次宣传活动中大出过风头。他说把米其林轮胎装到美国拖拉机上，就好比"把贝雷帽戴在牛仔头上"。鉴于他在1996年竞争过共和党总统候选人提名，从法美外交关系方面考虑，也许你应该庆幸他没获胜。

当然，这并不是说法国就没人非常辛勤地工作。像所有国家一样，法国有许多自己创业的人，根本没有带薪假或公共节假日，他们没日没夜地拼命工作。还有移民工人和兴旺火爆的黑市里的劳工，他们像狗一样劳作，只能挣到微薄的收入，也根本没有假日。还有越来越多的人同时打着几份工，以在这艰难困苦的"危机"（la crise）年代竭力维持生计。甚至还有雇员自愿使工作时间超过工会的限定——例如DIY（自己动手做）连锁店Bricorama的员工，2012年曾游行抗议工会拒绝让他们在星期天加班。不过，总体而言，法国是个人们工作为了生活而不是生活为了工作的国家——相对于那些真正地享受工作，并将工作视为生命中的主要部分，而不是单调乏味却逃避不掉，其首要目的是为下一个假期挣旅费的人们来说，法国人的态度是令他们十分恼火的。这也意味着假日在法国的国家文化中占据着神圣的地位：实际上，法国人的一整年，都是围绕着学校的假期在运转的。学校假期对上班族的影响丝毫不亚于对学校师生的影响。所有这一切的关键是，当你去法国时，不管你喜不喜欢，你都得随大流。你不追问多次，别指望会有人答复你的电话留言（如果是8月份，就干脆别麻烦了）。你只管去，入乡随俗，把节奏调慢一拍。记住：上午慢悠悠，下午别着急……

◎ **传闻评估：正确（相对于英国人和美国人，的确如此）。**

法国人是吃奶酪的投降猴子

> 我宁愿在我前方出现一个德国师,也不愿意在我背后有一个法国师。
>
> ——小乔治·巴顿(George S. Patton, 1885—1945)将军,"二战"时的美军将领

"吃奶酪的投降猴子"已经成为指称据说很是胆小的法国人的现代俗语。法国人爱吃奶酪,已经在前面的章节介绍过;但是法国人像猴子一样胆小,这说法却值得更细致地研究一番。倒不是因为这说法很新颖,"永远别相信法国佬"这话早就在英国士兵中流行过。而且,对于这句诋毁,法国人当中也恰好有一句对应的话:背信弃义的英国佬(Perfide Albion)。实际上,英国历史上关于懦弱、狡诈和卑鄙的法国人的传说,也只有法国史书中关于阴险、卑劣和怯懦的英国人的传说可堪媲美。

虽然吃蛙的人和吃烤牛肉的人互不信任可追溯到诺曼底征服时期,关于胆小的指责就相对近得多了,主要源于20世纪。实际上,现代之前的法国军事史上,也像任何其他国家一样,充满

了英勇顽强的传奇。例如，黑暗时代的法国大英雄——法国最早的文学作品、11世纪的《罗兰之歌》（La Chanson de Roland）中的主人公、无畏的勇士罗兰。公元778年，罗兰跟随查理曼大帝（Emperor Charlemagne）作战，在比利牛斯山中的龙塞斯瓦列斯（Roncesvalles）与撒拉森人（Saracen）交手。罗兰率领的断后部队进行的是毫无取胜希望的战斗，但他勇敢地拒绝吹响号角（或者说是象牙号）求救，直到最终他不得不吹响求援号时，他的太阳穴迸裂了，他壮烈地阵亡了。后来的法国英雄、以机智而著称的诺曼底吟游诗人塔耶费（Taillefer），根据诺曼底系英国编年史学家韦斯（Wace）的记载，在1066年的黑斯廷斯战役（Battle of Hastings）中唱起了《罗兰之歌》（同时他一直灵巧地耍弄着自己的剑），鼓舞诺曼底骑士冲向英军，最后他也向撒克逊人发起了冲锋，终于被砍倒。

然而，最不可思议的法国战争英雄也许要数"奥尔良姑娘"（La Pucelle d'Orléans）贞德（Joan of Arc，1412—1431）了。她是个19岁的农家女，受到神意的启示，带领法国军队在"百年战争"中取得了对英国的多次重大胜利。她在被叛变的勃艮第人①俘虏后，遭到了亲英国的博韦主教（Bishop of Beauvais）主持的审判，最后以异端罪被烧死在火刑柱上。然而，法国人在处死了她之后，又以一个很配得上他们善变名声的一百八十度大转弯把她变成了烈士，不过那时距她被处决已有25年了：她于1456年被教皇卡利克斯特三世（Callixtus Ⅲ）宣布无罪，于1909年获行宣福礼，于1920年被封为圣徒。今天她是法国的保护神之一，②是无数歌曲、诗歌和戏

---

① 即勃艮第公爵约翰二世（John Ⅱ）的支持者。
② 法国的其他保护神还有圣丹尼（St Denis）、图尔的圣马丹（St Martin of Tours）、圣路易四世（St Louis Ⅸ）和利西厄的圣特雷莎（St Theresa of Lisieux）。

剧的主人公，并因莎士比亚、伏尔泰、柴可夫斯基（Tchaikovsky）、里奥纳德·科恩（Leonard Cohen）以及20世纪80年代"新浪潮"（New Wave）摇滚音乐团体"回旋在黑暗中的管弦乐"（Orchestral Manoeuvres in the Dark）等人的作品而得到了不朽。

整个16、17和18世纪，法国都保持了其军事强大的传统。中世纪晚期的法国骑士皮埃尔·泰拉伊（Pierre Terrail），即德·巴亚尔领主（le Chevalier de Bayard），以侠义和勇猛而闻名，被后世称为"从无恐惧，也从不抱怨的骑士"（le chevalier sans peur et sans reproche）。①巴亚尔效力过三位法国国王——查理八世（Charles Ⅷ）、路易十二（Louis Ⅻ）和弗朗索瓦一世（François Ⅰ）——然后于1524年在哈布斯堡（Habsburg）王朝同瓦卢瓦（Valois）王朝的战争中，战死于意大利。据说他的临终遗言中，有这样的豪言壮语："我像一名光荣的英雄所应当的那样死去，我尽到了自己的责任……"继他之后，又涌现出好战的太阳王路易十五的将领们——如维孔特·德·蒂雷纳（Vicomte de Turenne）和孔代亲王路易·德·波旁（Louis de Bourbon, Prince of Condé）。他们率军在"三十年战争"（1618—1648）中击败西班牙，巩固了法国的军事优势。18世纪的法国也不乏战争英雄：其中最著名的是德·蒙特卡姆侯爵（Marquis de Montcalm）。他是1759年魁北克战役（Battle of Québec）中的法军司令官，战死在那场战役中［他的英国对手詹姆斯·沃尔夫（James Wolfe）将军也同样战死］。德·蒙特卡姆侯爵至今仍被法国奉为民族英雄。

---

① 法国美食评论家古农斯基正是从这句评语，推出了他那句妙语："佩里戈尔的厨艺从无黄油，也从不抱怨。"（La cuisine du Périgord est sans beurre et sans reproche.）

冒犯法国人

因为法国人传说中的不好战而对其进行羞辱的最臭名昭著的国家侮慢语，来自马特·格罗宁（Matt Groening）的卡通电视系列剧《辛普森一家》(*The Simpsons*)。在1995年名为《斯普林菲尔德一带》(*Round Springfield*)的一集中，严厉的苏格兰学校门卫威利（Willie）出人意料地承担了一个任务——到斯普林菲尔德小学去教一堂法语课。他这样向全班打了招呼："你们好！吃奶酪的投降猴子们。"

这话一说出口，就成为侮辱法国人的武器库里被没完没了反复使用的"撒手锏"。2003年，当美国《国家评论》(*National Review*)杂志保守的专栏作家乔纳·戈德堡（Jonah Goldberg）用它来攻击了法国反对入侵伊拉克的立场后，这话变得格外流行起来。

有意思的是，假如你跟一位法国人说起这话，他/她很可能会一脸茫然地看着你。那是因为，当这个系列剧在法国播出时，那句台词被改成了"吃奶酪的猴子"（singes mangeurs de fromage）。

拿破仑时代的战争，自然也少不了悲壮的英雄传奇。例如拿破仑的司令官内伊元帅（Marshal Ney），被他的领袖誉为"勇中之最勇"（le brave des braves）。当拿破仑战败被流放后，内伊被逮捕并被判处死刑。由于战功卓著，他获准在执行时不蒙眼罩，并（罕见地）获得了向行刑队下令开枪的权利。他的死刑于1815年由行刑队执行，据说他当时说道：

> 士兵们，当我下令开火时，直接照我心脏打。请等待命

令。这将是我最后一次向你们发令了。我抗议对我的判决,我为法国打了上百仗,却没打一场反对她的战争……士兵们,开火![24]

进入20世纪,在第一次世界大战中,法国军队的伤亡人数在除德国和俄国的交战国中最高,其贡献由此便可显现出来。战死在壕堑战战场上的法国人,远远超过英国人(这个数字今天来看也仍然是巨大的):法国的阵亡军人为130万,而英国为88.6万。[25]即使最厌恶法国的死硬分子,都无法否认法国在那场人类最血腥、损耗最大的战争中所做出的巨大贡献。

那么,巴亚尔和拿破仑的祖国,怎么背上了怯懦的污名呢?法国人怕打仗的名声,很大程度上源于他们的军队在人类第二场全球性冲突——第二次世界大战中所起的作用(或者毋宁说,据说没起到的作用)。"法国人总有些地方靠不住。"在歌曲《热门话题》(*Conversation Piece*)中,诺埃尔·科沃德(Noel Coward)曾无数次地唱道。这句歌词1941年被艾弗·诺韦洛(Ivor Novello)改成了:"法国人总有些地方维希。"在敦刻尔克大撤退后,法国与德国签订了停战协议,放手让德军占领了法国北方,而在南方的前温泉小镇维希建立了纳粹傀儡政权——其投入敌人怀抱的速度和明显意愿令英国人和美国人感到震惊,给厌恶法国的人提供了一个绝佳的机会,面对着法国往昔辉煌战史的残骸幸灾乐祸。

当然,法国也有许多抵抗英雄,比如让·穆兰(Jean Moulin),他在里昂死在了盖世太保手里。"二战"期间,法国国内和国外反抗德国占领军和维希政权的斗争,汇聚在流亡海外的"自由法国"领袖夏尔·戴高乐将军的大旗下。戴高乐将军在伦敦通过英国广播公司(BBC)发布的讲演,始终激励着高举法国抵抗火炬的人们。即便如此,人们仍然指责,在这场战争的大部分进程中,法国的通敌行为比法国的抵抗行动要显著得多。现代法国历史上最耻辱的行为之一是将大约7.5万犹太人赶进了德国的集中营。这些人大多经过了巴黎东北郊的德朗西(Drancy)临时拘押点的转运。假如没有维希政权民兵和其他法国官员从1940年到1944年间的热心配合,这些转运是不可能完成的。尽管有成千上万的法国人参加了法国抵抗运动——尤其是在战争快结束,盟国的胜局已经非常明朗时——然而也有成千上万的法国人,加入了被称为"法兰西第一"(1st French)的武装党卫军查理曼第33武装掷弹兵师(33rd Waffen Grenadier Division of SS Charlemagne),自愿为纳粹作战。

甚至在战争结束后,盎格鲁-撒克逊人对法国人软弱怯懦和背信弃义的指责仍在继续。战后美国的马歇尔计划——人类历史上规模最大的援助计划之一——共将130亿美元注入了欧洲重建。法国人对他们大西洋彼岸先前的盟友的这些鲜血和现金方面的牺牲,有无感激之情?他们似乎没有——或者至少是在美国人眼里,没有应当有的那么多。按照法国广为流传的观点,马歇尔计划只不过是美国自身利益的延伸,是一种让欧洲重新站立起来,再花钱买美国消费品的办法。因此,这只是将法国社会"可口可乐殖民化"的一块遮羞布。法国人对于美国的普遍观点则是,这是一个"大批量生产商品、大批量生产文化,并且大批量生产感觉的国家"。[26]法国人当中还流

> 就我而言,战争永远意味着失败。
> ——雅克·希拉克,法国总统(1995—2007)
> 就法国而言,你说得对。
> ——美国右翼"电台明嘴"拉什·林博(Rush Limbaugh)回答道

法国人是吃奶酪的投降猴子

行着一些关于美国旅游者的令人生厌的故事，例如说美国游客在尝了些稀有的沃斯尼-罗曼尼（Vosne-Romanée）葡萄酒后，又点了可口可乐以冲掉该酒的味道。在战争刚刚结束的那年，等待回家的美国大兵和他们的法国房东之间，也积聚着矛盾，时而以暴力形式爆发。结果便是美国大兵离开法国后，厌恶法国的偏见普遍大大增强了。

但是善行与恶行之间的道德平衡，在战争期间当然比民间传说中所认为的那样微妙得多。再没有哪个单一事件，能像1940年5月末的敦刻尔克大撤退那样，体现出大战中的各方对历史鲜明的不同感受了。这次命运攸关的行动，确认了德国军队对西方的胜利，此后仅几个星期内，法国便沦陷了。1940月5月27日至6月4日，在这次被称为"发电机"的行动中，将近34万英军和法军士兵经由海上被救回。6月4日，这次大撤退被温斯顿·丘吉尔"奇迹般的营救"（仅仅一个星期前，他曾将当时英法军队的困境描绘为"巨大的军事灾难"）。丘吉尔和英国媒体鼓吹出来的敦刻尔克奇迹，是在德军攻势的魔爪下，在渔民和其他普通百姓的帮助下，英勇地拯救法国和英国战士的故事。其中渔民和百姓用"小船"征服了大海。然而，大多数法国人的观点却是，这是一种怯懦的抛弃行为，抛下他们单独面对德军，打一场根本无获胜希望的掩护战，最终导致他们投降，与敌人签订了耻辱的停战协定。[27]

虽然大战结束时，法国、英国和美国是正式的战胜国和盟国，但法国再也没有真正信任过背信弃义的约翰牛或者过分热心的山姆大叔（实际上，后面两位此后也没完全信任过狡猾奸诈的法国佬）。戴高乐屡次三番地拒绝了英国加入欧洲共同市场的申请，尽显他的敌意。他的理由是，英国好比甲板上没拴绳子四处乱撞的大炮，而且太倾向于美国，因此不能与其他欧洲国家真正兼容。①依我们今天的后见之明，戴高乐当年的预见不无道理。自打英国1973年加入欧洲共同市场以来，它与欧盟的关系中，就不断留下就预算贡献等问题发生争执、屡次闹着要退出的记录。英国右翼的保守党议员和街头小报也时常就大大小小的问题对欧盟破口大骂——从单一货币到法国对农业的补贴，从加强欧洲政治一体化到实行香蕉的统一形状。②

尽管曾就诸如下列问题发生过争执，1956年的苏伊士运河危机（美国与英法）、20世纪80年代的英国羔羊进口问题（法国与英国）、1986年法国拒绝美国军机飞经其领空轰炸利比亚问题（法国与美国），以及20世纪90年代的疯牛病危机（法国与英国），但"二战"后的几十年来，这些吵吵闹闹的盟国还是维持了摇摇摆摆的和平与合作。实际上，直到2003年，这几个同床异梦的盟友间才发生了最大的龃龉。法国拒绝加入英国和美国入侵萨达姆·侯赛因统治的伊拉克的鲁莽草率行动。这次行动号称要销毁那个独裁者本不存在的大规模杀伤性武器。与英国人和美国人的花言巧语不同的是，法国总统希拉克直言不讳地表示他不支持军事干预伊拉克，除非萨达姆·侯赛因终止与联合国武器调查团合作。在这点上，他得到了德国、俄罗斯、中国、教皇、联合国秘书长、美国前总统吉米·卡特（Jimmy Carter），以及70%—80%欧洲公众舆论的支持。²⁸结果，他遭到了《太阳报》(*The Sun*)的抨击。《太阳报》的法国版头版头条登出了文章《希拉克是个可怜虫》(*Chirac est unver*)。在美国，"法国薯条"被改名为"自由薯条"。电视连续剧《辛普森一家》中

---

① 而英国人一直认为，戴高乐一再拒绝让英国加入欧共体，是可耻的忘恩负义行为。1940年6月他逃离法国时，是英国庇护了他。
② 欧盟委员会在EU Commission Regulation (EC) No. 2257/94中提出。

的讽刺语"吃奶酪的投降猴子"又重新流行了起来。

如今，因伊拉克战争引发的外交危机已经尘埃落定。英美与法国的关系似乎也恢复了谅解。在更亲北约的尼古拉·萨科齐任法国总统期间，情况又有改善。萨科齐甚至被一些法国人讽刺地称为"萨科美"（Sarko l'Américain）。①萨科齐积极干预利比亚事务，简直就像小布什本人一样。近年来，法国在国际舞台上发挥了不小的影响，2013年2月因其在反对马里的伊斯兰民兵问题上的主动姿态，甚至受到了当时的美国副总统乔·拜登的赞扬。

> 打仗时没有法国，就好像猎鹿时没带手风琴一样。
> ——诺尔曼·施瓦茨科普夫（Norman Schwarzkopf），海湾战争时期美国领导的多国部队司令（1990—1991）

那么阴险狡诈的法国佬和背信弃义的约翰牛会不会打消彼此间的不信任呢？也许永远不会。但有一件事是肯定的，那就是将来无论是战争还是和平，它们的命运永远是缠绕在一起的。这就好比在很多战场的角落里，都隐藏着大量外国的尘土，而在法国北方，再没有任何国家的尘土比英国的多了。

◎ 传闻评估：错误。战争中各方都有英雄，也都有懦夫。

---

① 法国于20世纪60年代脱离了北约统一军事指挥体系，萨科齐又使法国回到了这一体系。此举引起了很多法国人的不满，被视为彻底背弃了戴高乐主义价值观，证明"萨科"是个叛徒。

VII

一片文化例外的土地

关于法国文化的传闻

法国人是法语偏执狂

> 在巴黎,每当我对他们说法语,他们都瞪大眼睛看着我;我始终没能让那些白痴们听懂他们自己的语言。
>
> ——马克·吐温,美国小说家和幽默作家(1835—1910)

对于从英吉利海峡英国一侧前往法国的游客来说,一连好几代都碰到了一个熟悉但又令人沮丧的问题。情况大致是这样的:英国游客用他们已经生疏——但恐怕还能用的——从学校学来的法语,鼓足勇气点一杯牛奶咖啡(café au lait)或者红葡萄酒(verre de vin rouge),然而对于这种怯生生的尝试,法国侍者典型的反应是一声冷笑,继而迅速地将谈话转为英语(而他们的英语不可避免地非常糟糕,口音很重)。对于来到法国的外国访客们来说,这样盛气凌人地拒绝他们尝试莫里哀的语言,是十分令人刺痛的。久而久之,定居法国的许多英国人就不再尝试与当地人交流,转而只与其他外国侨民来往了。当然,随后法国人就武断地抱怨起英国人和美国人"不肯费心说他们的语言"了。

法国人对他们的语言及其在世界上的地位,既感到骄傲自大,又感到潜在的不安，特别是相对于"莎士比亚的语言"。这种交错的感情有着极深刻而复杂的根源。在这种背景下，你不应忘记（而法国人从未忘记），莫里哀的语言其实曾经是西方世界政府、统治阶级和文化的主要语言。从被一些人誉为世界上第一个外交家[①]的狡诈而冷酷的红衣主教黎塞留（Cardinal de Richelieu，1586—1642）的时代起，直至20世纪中叶，法语都是国际外交用语。大量的外交术语都源自法语，而至今仍在使用就可证明这一点。例如：谅解（accord）、随员（attaché）、备忘录（aide mémoire）、公报（communiqué）、协约（entente）、缓和（détente）、临时代办（chargé d'affaires）……不胜枚举。法语传统上还主宰着很多文化和艺术领域，是最高贵和最雅致的品位的同义词。烹饪界最高级的术语，例如"cuisine"（烹饪）这个词本身，都来源于法语。经典芭蕾舞的用语也是如此，"ballet"（芭蕾）本身也是个法语单词。[②]

甚至在英国，很多个世纪统治阶级的语言都不是英语，而是法语。1066年诺曼底公爵征服英格兰后，征服者威廉确立法语为英国的官方语言。于是，尽管英语始终是平民大众的语言，被称为奥依语（langue d'oïl）的带有法国北方口音的法语，却成了英国法庭、议会和贵族使用的语言。（即便如此，一些诺曼底国王据说仍

[①] 杰出的美国外交家亨利·基辛格（Henry Kissinger）在其《外交》（Diplomacy，1994年）一书中，将黎塞留誉为名副其实的世界上第一个外交家。黎塞留引人注目地提出了"国家利益"（la raison d'état）外交思想，即在有些情况下，推行一条凌驾于其他法律或道德考虑之上的外交路线，是合理的。

[②] 尽管芭蕾舞从严格的意义上讲起源于文艺复兴时期的意大利，但古典芭蕾舞真正发展起来，却是在路易十四时期的法国。路易本人就是个热心的舞者，他于1661年建立了世界上第一所芭蕾舞学院——皇家舞蹈学院（Académie royale de danse）。直到今天，法语仍是芭蕾舞界的国际语言，无数芭蕾舞术语都出自法语。仅举几例：alonge（伸展）、arabesque（阿拉伯式舞姿）、attitude（姿态）、barre（把杆练习）和battement（腿部动作）。

然说的是粗俗的英语,因为用盎格鲁-撒克逊方言骂脏话显然更带劲。)中世纪时期,有好几位英国国王根本不说英语。例如,众所周知"狮心理查"(Richard Coeur de Lion,1189—1199年在位)对英语不感兴趣:他是在法国西部的普瓦捷(Poitiers)说法语长大的,几乎从来不说一个英语单词。他尽可能地不在英国待着。他短暂的统治时期的大部分时间,都投入到第三次十字军东征的战斗中。实际上,直到亨利五世(Henry V,1413—1422年在位)时期,英语才开始走上台面。亨利是第一位在宫廷和政府中推行英语的君主,也是自诺曼底征服以来第一位在私人信件中使用英语的英格兰国王。甚至在英语最终被确立为王室和政府的官方语言后,英格兰国王们仍普遍精通法语,将其作为第二语言,直到17世纪,当[随着威廉三世(William III)的到来]荷兰语短暂地流行了一阵子,继而(随着汉诺威王朝的出现)使用德语又一度成为惯例。

也许是着眼于维护法语与权力和统治阶级之间尊贵的联系,法国人在历史上一贯对保护其语言的纯洁性表现出特殊的热情。早在1635年,红衣主教黎塞留就成立了一个监督和保护法语的专门机构——法兰西学术院(Académie française,隶属于"法兰西学院",而不能完全代表后者),一直维系到今天。该院由40位被称为"不朽者"(Immortels)的社会贤达显要人士主持,其首要任务是判定法语的正确用法(尽管从严格的意义上讲,他们的意见只是建议性的,并不具备法律效力)。为此目的,学术院定期要推出名为《法兰西学术院词典》(*Dictionnaire de l'Académie française*)的巨型法语大词典。过去20年,"不朽者"们一直在为其第九版奔忙(其第一卷A–Enzyme于1992年出版;第二卷Eocène-Mappemonde于2000年出版)。自学术院成立以来,共有超过700位杰出人士荣获"不朽者"称号。他们来自政界、文学界、哲学界和艺术界的最高层;其中共有六位女性。①不用说,学术院是个与激进主义或革新不大相干的机构。例如,对于根据2008年法国宪法给予法国方言以保护地位的倡议,该院就是主要反对者之一。于是该院也时常遭到法国文学界激进人士的冷嘲热讽——其中包括本人就是学术院院士的法国剧作家埃德蒙·罗斯丹(Edmond Rostand)。他在创作于1897年的剧本《大鼻子情圣》(*Cyrano de Bergerac*)中,提到了许多第一代"不朽者"的名字(而他们早已被人们遗忘了)。

> 数学家就像是法国人:无论你对他们说些什么,他们都会转化为自己的语言,于是那些话就立刻变成了完全不同的意思。
> ——约翰·沃尔夫冈·冯·歌德(Johann Wolfgang von Goethe,1749—1832),德国作家,《箴言和沉思》(*Maxims and Reflections*),1832年

尽管诸如法兰西学术院这样的机构付出了辛勤的努力,但形成规范法语的主要历史障碍之一却是出自法国内部。也就是说,缺少一种全国各地都在说的单一语言。实际上,直到非常晚近的时期,仍然可以说法国根本不是一个"国家",而是一个许多有着不同语言、口音和习俗的地区性部落的大杂烩。法国北方方言——奥依语——得天独厚,因为这是巴黎及其周边地区的语言。正是这种方言发展成为了现代法语。1789年国王登台后,法国大革命的继承者们认识到,唯一能将国家统一起来的办法,就是将所有其他语言从法语中剔除出去。革命之后不久,

---

① "不朽者"的任命是终身制的,这些显要人士中极少有被剥夺这一称号的。那些为数不多的被褫夺者,包括"二战"中参加维希政权的一些通敌者,其中最著名的是维希法国的首脑菲利普·贝当(Philippe Pétain)元帅。

一份恰如其分地题为《关于消灭方言，普及使用法语的必要性和办法》(*On the need and ways to annihilate dialects and universalize the use of French*)的政府报告指出，当时法国总人口2500万人中，实际上只有300万人讲法语。¹怎样才能让这南腔北调、无法无天的巴别塔统一使用伏尔泰的文明的语言呢？答案是——将所有方言和地区性语言宣布为非法，强制使用统一标准的法语。正如狂热的革命者贝特朗·巴雷尔·德·维厄扎克（Bertrand Barère de Vieuzac）于1794年所做的一份关于地区性语言的报告中明确表述的：

> 联邦主义者和迷信分子说布列塔尼语；移民和仇视共和国的人说德语；反革命分子说意大利语，而狂热盲从的人说巴斯克语。让我们摧毁这些邪恶有害的工具吧。²

革命的立法保证了法语作为统一的全国性语言以许多种方式传播：将私立学校改为公立学校，以法语授课；颁布法令禁止在阿尔萨斯（Alsace）使用德语；颁布法令确保全国人民不会因使用地区性语言而受到"虐待"；颁布法令强制将法语作为公务用语。³

> 坐在夏纳的富丽饭店阳台上的年轻人，脸上突然泛起了一副不易觉察的羞愧表情，这种突如其来的畏怯神色表明，一个英国人就要说法语了。
> ——沃德豪斯（P. G. Wodehouse），英国幽默小说家（1881—1975），《博德金一家的好运》(*The Luck of the Bodkins*)，1935年

语言集中化政策在法国贯穿了整个19世纪，在可敬的政治家茹费理（Jules Ferry）改革时期达到了高潮。茹费理于19世纪80年代

担任法国教育部长期间，为现代世俗的法语教育体系奠定了基础。直到今天——当地区性语言已经差不多在法国根绝时——对它们卷土重来以及制造混乱的潜在危险的担心，仍没有完全消除。例如，法国没有批准《欧洲地区性语言或少数民族语言宪章》（European Charter of Regional or Minority Languages），因为该宪章要求给予地区性语言官方地位（就像英国给威尔士语和爱尔兰语的地位一样）。不过，法国政府承认地区性语言尽管没有"官方"地位，但却是"受保护的"。通过2008年对法国宪法的修改，法国政府确认了地区性语言是"法国的遗产"。[1]换言之，法国地区性语言与地区性奶酪有了大致相当的地位：昔日稀奇古怪的遗产，为洋溢着风笛伴奏的布列塔尼歌曲情调的暑假又增添了一抹地方色彩和辣味，并与一大块卡芒贝尔奶酪有了同样的政治影响。

法国政府铲除了方言后，到了20世纪下半叶，又遭遇到对语言纯洁性的新威胁：外语的入侵，尤其是英语词汇进入法国语言。第一波抗击洪水猛兽般的新词汇的号角于1964年吹响，有一本书在法国引起了轰动——勒内·埃蒂安布勒（René Étiemble）所写的《你会讲英式法语吗？》（Parlez-vous franglais?）。"英式法语"是指夹杂着英语词汇的法语，而《你会讲英式法语吗？》则是对法语被这样的词汇——诸如"le weekend"（周末）、"le businessman"（商人）、"le boss"（老板）、"le playboy"（花花公子）、"le shopping"（购物）——殖民化的反攻倒算。按照埃蒂安布勒的说法，法语很快将丧失文化的"纯洁"语言地位，使法国变成一个"自由企业"和

---

[1] 法国曾声明，是其宪法阻止其批准该宪章，因为这样做会危及法语作为国家唯一官方语言的地位。如上文所述，法兰西学术院反对2008年的宪法妥协。不过，弗朗索瓦·奥朗德总统已公开宣称，他打算批准该宪章。

"汉堡包、芝士堡和蛋堡"的垃圾国家——而汉堡包却是"我在芝加哥穷困潦倒时都不吃的脏东西"。[4]由于担心新的语言威胁在随后的几十年泛滥成灾,法国于1994年制定了所谓《图邦法》(Toubon Law),试图严防死守。按照《图邦法》的规定,政府官方出版物必须使用法语;接受国家资助的学校要求以法语为主要语言;广告必须使用法语,如使用英语,则必须有法语译文;工作场所的法律文件或其他文件——如计算机使用手册等——必须使用法语。

除了《图邦法》外,法兰西学术院也承担着阻挡英语词汇大潮来袭的使命,其任务是发明法语对应词并努力推广给公

> 法国人其实不在乎他们在做什么,只要他们能自圆其说。
> ——在1964年上映的电影《窈窕淑女》(*My Fair Lady*)中,亨利·希金斯(Henry Higgins)教授这样评论法国人

众。于是学术院在2003年引发了一场风波,因其否定了法国人民当时用于表示"email"的词语(e-mail、mail和mél),因为它们太像英语了。取而代之的是,学术院宣布法裔加拿大人使用的courriel一词,是正确的母语词(多少有些讽刺意味的是,加拿大法语一向被纯粹派人士蔑视,认为它不是"真正"的法语)。学术院的裁决发布没几天,法国文化部便下令,禁止在任何政府和官方文件中使用"email"一词。但这些都没用——大多数法国人仍然使用mail或mél等词,而不用courriel。很多广告商也无视《图邦法》。该法要求所有非法语词汇都要附法语译文,广告商们却肆无忌惮地使用英式法语。"Pokez, taggez, likez!"是法国电信(Orange France)针对年轻用户的广告。"Have fun, c'est Noel!"则是艾格内衣(Etam lingerie)公司所做的又一个广告。实际上,《图邦法》已经沦为全

国性的笑柄。

实际上,还有一种观点认为,恰恰是法国人对其语言的"纯洁性"和"正确性"的痴迷,导致了法语的衰落。换言之,法国的语言沙文主义足以解释为什么法语没能成为当今世界贸易的通用语言(而它曾经是国际外交的通用语言)。萧伯纳(George Bernard Shaw)曾经讽刺地说过:"英语是世界上最容易被糟蹋的语言。"英语每天都在世界各地的会议室里、宾馆和餐厅里被残酷屠杀着,但没人在乎,因为只要你说的话被别人听懂了,那么你是否用对了一般现在时和现在进行时,或者是否在单词之间正确做到了元音省略,或者你的英语发音有多难听,就都不重要了。法国人则相反,如果你的法语说得不像学校教科书上那么精确,他们就总是要纠正你,而且深以为乐。他们习惯于对你说他们的语言比英语难得多,"丰富"得多(即使英语的词汇量差不多比法语多五倍)。[①]然而,尽管法国人竭尽全力地阻击英语的语言入侵,侵略者却仍然不断进犯。法语的纯洁性受到的最新近的威胁,无疑来自互联网。法国人的典型反应是成立了一个监督机构,以保护他们技术术语的纯洁性。在他们提出的用来替代英语计算机和互联网术语的法语对应词中,有些是明快贴切的,但也有一些诸如用informaticien bricoleur代替geek(极客)、用élément d'une image numérique代替pixel(像素)之类的。不过,迄今为止,还没有官方的委员会来监管新的(英语)社交网络用语的涌入,因此,你暂时还能在Facebook(脸书)上写下un blogue、poker之类的词,将tweeter(推特)好友称

[①] 法国人坚信他们的语言比英语更难学,因而更优越。其实,这两种语言给人带来的挑战完全不同。法语的语法比英语更复杂,规则更多,然而一旦你掌握了这些规则,再使用法语就容易得多了。而英语的语法规则虽然较少,但却有上千种例外和特殊用法,必须单独掌握。

为twittos。年轻一代法国人中的叛逆分子们又产生了一个特别的问题。这些年轻人扫荡美国电视连续剧，学了大量他们认为有趣的词语。这些词都以未经法兰西学术院认可的方式在使用着——例如用très cool（酷）来表示swag。（Avoir le swag的意思是"漂亮"或"时髦"。）更不用提他们从郊区的移民聚居区学来的刺激、叛逆且又多得难以控制的黑话和俚语了。

然而街头最新的流言是，法国的语言防线最终会松动一些。从2012年5月当选总统的弗朗索瓦·奥朗德的社会党政府的部长们嘴里经常会毫不避讳地蹦出一两句英语——甚至是德语——句子来。法国主要的精英教育机构，也就是其高等精英学院，如巴黎政治学院（L'Institut d'études politiques de Paris）等，如今一些课程不仅在用法语，也在用英语讲授。甚至还有人提议从小学二年级（Cours Préparatoire）开始设英语课。① 与法国政府的传统立场明显不同的是，在2012年进行的一次调查中，90%的法国人认为法语中吸收新词汇是件好事。5 每年都有大约20 000个新词汇挤入法语，竞争获得认可的地位，但只有极少数会被特别开恩收入词典。实际上，法国的出版商们甚至正在鼓吹一个令人震惊的革命性主张，词典应当收录民众日常生活中实际运用的法语，而不是官方认可的用法。甚至还有一个一年一度的节日——"混成词节"（mot-valise）。混成词就像刘易斯·卡罗尔（Lewis Carroll）的《蛋头先生》（*Humpty Dumpty*）中所说的那样，将两种意思塞进一个词中。前总统候选人赛格琳·罗雅尔（Ségolène Royal）本人几年前就曾在无意中创造

---

① 新一届法国政府为改善法国学校中的英语教学质量所付出的努力，是对法国人的英语水平已很糟糕，已在实际上妨碍了法国年轻人在国际职场上的竞争力这一普遍认识的回应。2008年的托福考试（TOEFL）结果表明，法国在排行榜上的109个国家中，使用英语的水平仅排第69位。

了一个新的混成词。她提到了bravitude［brave（勇敢）+attitude（态度）］，无疑是对最高当局对词典编纂改革的态度的认可。实际上，虽然语言传统主义者对改革嗤之以鼻，但激进者却在暗中欢笑，因为看起来，法国语言前景（languagescape）①上传统的迷雾最终会被驱散。

◎ **传闻评估：历史上正确，不过情况似乎最终在改变。**

---

① 这也是一个混成词，是将language（语言）和landscape（前景）合成为languagescape。——译注

法国的流行音乐不可救药地难听

> 生活中总是充满了爱和忧伤——生活中总是在重复同样的歌。
> ——乔治·布拉桑（Georges Brassens, 1921—1981），法国歌手

这在英国已成为一个公认的事实：法国人的"高级烹饪"（haute cuisine）有多美妙，他们的流行音乐就有多糟糕。或者至少是英国人都倾向于这么认为。虽然英国人都非常乐于承认高卢民族对古典音乐所做的杰出贡献。诸如柏辽兹（Berlioz）、比才（Bizet）、德彪西（Debussy）和福莱（Fauré）这样的名字经常出现在英国音乐会节目单上——他们却不大愿意接受法国更大众化的音乐产品。有一个流传很广的说法：法国人擅长于"高端"文化，在"流行"文化方面却很垃圾；自然，"流行"文化是英国人和美国人的领地。虽然英美流行歌曲经常能在法国火起来，法语歌曲出现在英国排行榜上却比6月下雪还难得一

见。①这进一步加强了人们对法国历史上存在流行音乐孤立主义的成见。约翰·列侬（John Lennon）曾说："法国摇滚乐就好比英国葡萄酒。"这一毒辣的贬损自此便纠缠起法国流行音乐。

在普通英国人的脑海中，"法国流行音乐"这几个字所能唤起的，是令人很不快的形象，总体上说就是电视转播"欧视歌曲大赛"（Eurovision Song Contests）时，烫着鲻鱼头的法国歌手和穿着缎子热裤的伴唱歌手的特写镜头。如果再想想还有什么更令人不快的事情，那就还有：20世纪80年代由"黑色蕾丝"（Black Lace）乐队演唱的歌曲《阿嘎嘟》（*Agadoo*，最近被投票评为有史以来第四恼人的流行歌曲）②6，作者是法国人；法国最著名的摇滚歌星，居然是老掉牙的"猫王"（Elvis）的超级崇拜者，他起了个谁也想不到的艺名"约翰尼·阿利代"［Johnny Hallyday，而他的真名是让–菲利普·斯梅（Jean-Philippe Smet）］；法国有史以来第二畅销的流行歌曲是《跳舞的鸭子》（*Danse des Canards*），这是法国版的《小鸟之歌》（*The Birdie Song*，在前述调查中被投票选为史上最烦人的流行歌曲）。7还需要再多说些什么吗？嗯，也许只需要一点儿了……

关于法国流行音乐，首先需要了解的事情是，它与一种叫作香颂（chanson）的法国古老歌曲形式有着密不可分的联系。很难向法国以外的人解释香颂到底是什么。它就好比一头大象，当你看到它时（或者毋宁说听到它时），你知道那就是它，但却很难

---

① 当然，这条规律也有罕见的例外，比如1978年比利时人普拉斯蒂克·贝特朗（Plastic Bertrand）以一曲模糊的朋克风格的《平面于我》（*Ça plane pour moi*）在英国单曲排行榜上排到了第八位。
② 《阿嘎嘟》最早在法国于1971年由米歇尔·德兰克雷（Michel Delancray）和米娅·西米勒（Mya Symille）录制，自1974年起成为单身汉旅游度假机构地中海俱乐部（Club Med）的主题歌。1984年由黑色蕾丝乐队再度发行。

为它定义。香颂基本上是一种歌谣。现代香颂出自19世纪晚期法国卡巴莱餐馆（cabaret）和舞厅表演的流行音乐，产生了像伊迪丝·琵雅芙（Edith Piaf）这样公认的大师，以及其后的雅克·布雷尔（Jacques Brel）、米雷耶·马蒂厄（Mireille Mathieu）、夏尔·特雷内（Charles Trenet）、乔治·布拉桑和莱奥·费雷（Léo Ferré）等（具有讽刺意味的是，法国香颂的终极代表、杰出的

歌手雅克·布雷尔，实际上却是个比利时人）。香颂是一种与普通百姓的生活密切相联的音乐形式，记录着日常世俗生活的喜怒哀乐，经常配有启人深思，甚至富有诗意的歌词，却只需钢琴、吉他或手风琴等简单的乐器伴奏。总而言之，香颂一向是，如今也仍然是法国的精髓——和高卢香烟、廉价葡萄酒一样，是法国文化景观的一部分。

然而，20世纪50和60年代，一股巨大的浪潮从外部世界向法国流行音乐界发起了冲击，其势头似乎要横扫一切（包括香颂）。这就是摇滚乐的浪潮，其先锋是猫王和一大批山区乡村摇滚乐曲，很快便以甲壳虫乐队（The Beatles）和滚石乐队（The Rolling Stones）继之。世界各地所有的人都想欣赏新节奏，唯有法国公众

> 过去50年来的大部分时间，法国音乐都一点儿也不时髦，要么就是"你好，你好"风格的主题曲，要么就是拼命地模仿英国音乐，后者往往夹杂着令人窒息的英语词，产生令人作呕的效果。
>
> ——汤姆·德·卡斯泰拉（Tom de Castella），《BBC新闻杂志》（*BBC News Magazine*），2010年11月

（并非没有道理地）想用他们自己的语言灌制唱片。接下去就该法国摇滚乐的大奶酪——约翰尼·阿利代——登场了。约翰尼啥？这点你该相信我的，约翰尼·阿利代是法国有史以来最杰出的流行歌星。他或许是你没听说过的最大的流行歌星了。实际上，"强尼"（他的祖国人民这样亲切地称呼他）是如此璀璨的一颗巨星，2006年居然有一部法国电影，主题便是两个荒诞的平行世界，其中有一个约翰尼·阿利代不存在（对大多数法国人来说这是不可想象的，但对其他国家的人来说，强尼的确是不存在）。[8]

"强尼现象"对外国人来说是个长久的谜。法国人为什么会对这样一个留着一绺额毛，穿着像"疯狂的麦克斯"（Mad Max）一样衣服，身材又不咋地的家伙如此大惊小怪、魂牵梦萦，而又完全不是开玩笑呢？况且这家伙好像一生的大部分时间都在扯着嗓子翻唱像《再扭一遍》（*Viens danser le twist*）那样的英美摇滚乐经典啊。原因很简单，"强尼"多多少少是单凭只手之力，将摇滚乐引进了法国，同时他又冰雪聪明地将这种新节拍与法国香颂交替演唱，使得传统派人士也很高兴。多亏了他，法国人才说服了自己，平等地参加起摇滚乐革命，而没有成为英美音乐殖民化的牺牲品。自此法国人崇拜

起他来。对所有其他人来说，他始终是法国最大的文化例外。①

约翰尼的破土之功催生了20世纪60年代一大批全新的法国流行歌手，被合称为"耶耶一代"（yé yé generation）。他们的一些歌纯粹是模仿，但也有许多歌是真正的杰作。他们中成就最大的是塞尔日·甘斯布。甘斯布是个凶猛的烟鬼和

酒鬼，他故意蓄起的短胡须成了他风格的标志。他善于从低级趣味中提炼出高超的艺术来，他的歌曲的主题有屁、口交、乱伦、女性阴部、尿和纳粹死亡集中营等，不一而足。② 无疑，他最著名的歌曲——二重唱《我爱你，我不再爱你》[*Je t'aime…moi non plus* , 1969年和他的情人、英国女演员简·伯金（Jane Birkin）一

---

① 如欲充分了解这种说法，请看"法国电影一概矫揉造作"一章。"法国的文化例外"这种说法，最初是用于表示关税与贸易总协定（GATT）中经谈判达成的关于法国电影的例外条款的。后来这一说法扩展到了法国被认为在文化方面有独特性的所有领域。
② 从低级趣味中提炼艺术，实际上并非法国文化产品的新概念。早在1857年，夏尔·波德莱尔（Charles Baudelaire）就以其诗集《恶之花》（*Les Fleurs du Mal*）中一首题为《腐尸》（*Une Charogne*）的诗震惊了公众。他在诗中大胆地将他正追求的一位女士比作一头死去的动物的腐尸。

法国的流行音乐不可救药地难听

起演唱]的灵感来自于他做爱时的高潮。①原声录音带中有极度兴奋时的喘息声和呻吟声，使人们很长时间都认为那是放在这对恋人床下的一台录音机录制的。这首歌发布后，立刻在大多数国家遭到了禁止，并受到了梵蒂冈的谴责（在意大利发行这首歌的音乐制作人还被逐出了教会）。甘斯布对此的回应是，宣称教皇是"我们最好的公关先生"。

整个70年代和80年代，甘斯布继续不停地震惊和撩拨法国资产阶级，较引人注目的有：1979年录制了一首雷鬼乐（reggae）版的法国国歌《马赛曲》；1984年在电视直播时当场焚烧了一张500法郎的钞票；和他时年12岁的女儿夏洛特一起录制了一首名为《柠檬乱伦》（Lemon Incest）的歌，磁带的封面上是他们半裸地躺卧在床上的特写照片。当他于62岁"英年早逝"时[《解放报》（Libération）在他的讣告中宣称他的死因是"饮了太多的香烟"（il a bu trop de cigarettes）]，[9]他得到了近乎于国葬的哀荣，密特朗总统赞扬他是"我们的波德莱尔，我们的阿波里奈（Apollinaire）"。甘斯布善于捕捉来自外国的"新"音乐的要素，并与法国香颂结合起来，创作出典型法国风格的音乐：像高卢烟（Gauloises）一样够劲、要命。

至于如今，新近的法国民意调查表明，香颂仍然有着巨大的影响力，吸引着法国51%的音乐听众（尽管喜欢香颂的人数在逐渐减少，取而代之的是主流摇滚乐和流行乐，包括国际流行音

---

① 《我爱你，我不再爱你》最初是1967年，由塞尔日·甘斯布和碧姬·芭铎一起录制的，但在被广播电台"欧洲一台"（Europe I）不怀好意地播出后，芭铎当时的丈夫、德国商人冈特·萨克斯（Gunter Sachs）威胁要采取法律行动。这对情人在歌曲播出后不久就分手了。在芭铎的请求下，芭铎和甘斯布录制的这首歌再也没有在电台播出过，也从未正式发布过。

乐)。[10]经典香颂所关注的是普遍问题和日常问题，不会真正过时。不像英美流行歌曲往往是为解决

> 一切事物，最后都以一首歌来结束。
> ——皮埃尔-奥古斯丁·卡龙·德·博马舍（Pierre-Augustin Caron de Beaumarchais，1732—1799），法国剧作家和革命家

青春期少男少女焦虑躁动的问题，法国香颂的主题反映的是人生所有阶段的生活。例如，很难想象英国排行榜榜首的歌手们会普遍去关注以下这些不时髦的话题：关于孩子监护权的争斗、大龄晚婚夫妇的爱情、人对家乡的依恋，或者拆除巴黎的一座小露台花园来建一座停车场，等等。①但这就是法国香颂的魅力之一。香颂不必去唱锁链和皮鞭，不想去做心理修复，也不一定涉及因为你正减肥或者痛殴了负心人而觉得很酷的每件事情。[这说明，有些香颂最好不为人知。比如，最好躲着点儿埃迪·米切尔（Eddy Mitchell）——就是那个留着乱蓬蓬的头发，穿着又短又紧的上衣的家伙——还有吉尔贝·贝科（Gilbert Bécaud）]。通常，任何人在接近任何起着英国艺名的法国歌手时——比如，约翰尼·阿利代、埃迪·米切尔、迪克·里弗斯（Dick Rivers）——都要极其小心。英美的传统是倾向于将一首歌与原唱者紧密地联系在一起，法国人则不同，认为好歌可以自由地游离于原唱者，成为国家经典的一部分，无论哪一代人都可以随着翻唱。例如，像"*Ne me quitte pas*"这样的经典[字面上的意思是"别离开我"，但

---

① 这里提到的歌分别是：《我的儿子，我的战斗》[*Mon Fils, ma Bataille*，达尼埃尔·巴拉瓦纳（Daniel Balavoine）首唱]、《这对老夫妇》[*Les Vieux Mariés*，米歇尔·萨尔杜（Michel Sardou）首唱]、《图卢兹》[*Toulouse*，克洛德·努加罗（Claude Nougaro）首唱]，以及《小花园》[*Le Petit Jardin*，雅克·迪特龙（Jacques Dutronc）首唱]。

在英国以民谣《假如你离开》(If You Go Away)的形式而风靡一时]，最早于1959年由雅克·布雷尔（Jacques Brel）作曲并演唱，但此后被翻唱了50多次，翻唱的艺术家有：伊迪丝·琵雅芙、芭芭拉（Barbara）、约翰尼·阿利代、简·伯金、朱丽叶·格雷科（Juliette Gréco）、娜娜·穆斯库莉（Nana Mouskouri）、妮娜·西蒙（Nina Simone）和斯汀（Sting）。在法国，翻唱转录绝非炒冷饭，而被视为维护好歌的生命力、鲜活度和影响力的方式。这不仅适用于法国歌，也适用于外国歌。比如我就见到过像凯特·布什（Kate Bush）的《呼啸山庄》(Wuthering Heights)和"四个非金发女郎"(4 Non Blondes)的《发生了什么事》(What's Up)被法国歌手翻唱转录的唱片。经典歌曲在法国往往会加强代际之间的联系——对于《别离开我》，每十年的孩子们都有自己典型的唱法。而在英国则相反，每代人都只强烈认同自己那个时代的流行歌曲，因而代沟变得越来越大。

　　法国流行音乐既与香颂不同，又与其交叠，因此今天的法国流行音乐形式极其丰富多彩。法国是说唱音乐（rap）和嘻哈音乐（hip hop）的世界第二大市场。巴黎的说唱乐队如Sexion d'Assaut经常在音乐排行榜上夺魁。法国的电子舞曲也在国际音乐排行榜上居于领先地位，诸如"空气"（Air）和"蠢朋克"（Daft Punk）等乐队也倾倒了世界各地的DJ（音乐主播）们（舞曲不需要歌词，无疑有先天之利，比传统的香颂更易于被外国人接受）。会讲多种语言的歌手玛奴乔（Manu Chao），将多国语言与西班牙语、法语混杂，创作了如《我喜欢你》(Me Gustas Tu)等歌曲。甚至曾为约翰·列侬深恶痛绝的臭名昭著的"青蛙摇滚"（frog rock），也在改变了乐风之后，产生了诸如波尔多组合"黑色欲望"（Noir Désir）这样的摇滚乐队。①

走"法国猫王"的道路

很少有人知道，因为意大利裔美国歌手弗兰克·西纳特拉（Frank Sinatra）的演唱而举世闻名的经典民谣《我的道路》（*My Way*），原本是一首法国歌。这首歌最早是在1967年由法国流行歌星克洛德·弗朗索瓦（Claude François, 1939—1978）演唱的，那时候的歌名叫作《像往常一样》（*Comme d'habitude*），歌词讲述的是一对夫妇在共同经历生活的动荡的同时关系破裂的故事。人们都认为，那其实唱的就是克洛德·弗朗索瓦本人与当时的女友、娇小玲珑的金发女郎和"耶耶一代"歌星弗朗斯·加尔（France Gall）劳燕分飞的故事。美国歌词作家保罗·安卡（Paul Anka）一次在法国南方度假时，听到了克洛德·弗朗索瓦演唱的《像往常一样》，便用其曲调重新填写了英语歌词，将歌曲改名为《我的道路》，其主题完全变成了一个男人回顾自己的人生历程。《我的道路》经"老蓝眼睛"（Ol' Blue Eyes，弗兰克·西纳特拉的昵称）演唱之后，在全球引起了轰动和流行，如今已成为世界

---

① "黑色欲望"乐队经常被与他们的老师"门户乐队"（The Doors）相比，其主唱贝特朗·康塔（Bertrand Cantat）在人生道路上无疑重蹈了"门户乐队"主唱吉姆·莫里森（Jim Morrison）的足迹。康塔于2003年因杀害了他的女朋友玛丽·特兰蒂尼昂[Marie Trintignant；老演员让－路易·特兰蒂尼昂（Jean-Louis Trintignant）的女儿]而蹲了监狱，他的妻子后来又于2010年自杀了。"黑色欲望"乐队在特兰蒂尼昂被杀不久后就解散了，但他们已经以他们被称为富有诗意的折磨的歌曲，雄霸法国摇滚乐界二十余年。例如他们演唱的《风也会带走我们》（*Le Vent nous portera*），真是令人萦绕于心，难以忘怀。当然，众所周知，莫里森本人1971年在法国首都因吸食海洛因过量而死后，七青八黄葬在了巴黎的拉雪兹神甫墓地（Père-Lachaise cemetery）。他那覆满涂鸦的坟墓已经成为各国各民族躁动不安的少年的朝圣之地。

上最广为人知的流行歌曲，经常被人们选为自己或亲戚的葬礼乐曲。被深深爱戴他的法国听众亲切地称为"法国猫王"（Cloclo）的克洛德·弗朗索瓦，因为在巴黎的寓所淋浴时意外触电，不幸于39岁英年早逝了。由于他总是把头发染成金黄色，又总是穿着闪闪发光的西服，他在很多年都被法国知识界嘲笑为拙劣的家乡版的列勃拉斯（Liberace），被斥为总是输出感伤情调浓厚而内容肤浅的歌曲。但是最近，怀念过去更美好时光的更昂扬曲调的一代人，又重新对他作了评价。他那既恼人但又吸引人的歌《亚历山德里·亚历山德拉》（*Alexandrie Alexandra*）仍然是法国迪斯科舞曲的标杆，而《像往常一样》也始终是法国最畅销的流行歌曲之一。

实际上，欧视歌曲大赛上的缎子热裤似乎已经是很久远的事情了。如今，恐怕是自命不凡的英语流行音乐界需要自警自醒了。法国人正在卷土重来，正在向英美流行音乐界已趋泛滥的恶俗口味发动反攻。例如，早在2012年，法国喜剧演员兼歌手马克斯·布布尔（Max Boublil）就发布了一首歌《把你的性暴露出来》（*Put Your Sex in the Air*），狠狠地挖苦了一番蕾哈娜（Rihanna）和嘎嘎女士（Lady Gaga）等人。这些英美歌手喜欢在歌词里掺入刺激性的词句，一些人认为完全不适于他们年仅十来岁的听众。布布尔在歌中唱道："我唱歌时，喜欢跳些淫荡的舞，这样我十二岁的粉丝们，可以跟着学……"（Dans mes chansons j'aime faire des danses obscènes / Pour que mes petits fans de douze ans refassent le même）布布尔的歌名，很可能矛头暗指的就是蕾哈娜的歌*S&M*。蕾哈娜的歌中有这样的词："暴露的性，我不在乎，我爱那种味道……"

所以下次你再听到一首法国流行歌曲并想嘲笑时，请先三思。人家没准儿正嘲笑你呢。

◎ **传闻评估：错误。**

法国电影一概矫揉造作

　　法国电影有个基本的公式：丈夫和让娜睡了，因为老婆贝尔纳黛特劈腿和克里斯托夫睡觉，给他戴了绿帽子。最后他们一起离开，去了一家餐馆。

　　——苏菲·玛索（Sophie Marceau），法国女演员，1995年3月26日接受《观察家》（*Observer*）报采访时所说

　　天空中充斥着海鸥尖厉的叫声。摄像机镜头震颤着，闪过一些水泥管，移向一个高耸在地平线上的巨大的垃圾场。在垃圾场的边缘处，一个飘散着长长金发的女子坐在一把椅子上，神情木然地望着远方。她的膝盖上放着一棵大大的卷心菜。一个松松地打着领带，戴着墨镜，嘴里叼着根烟头的男人慢慢地走近她。接下来是漫长的沉默，间或只有海鸥连绵的叫声。"你好。"终于，他开口了。"你好，"她迟疑了一下，回了一句。"我看你拿了棵卷心菜。""是的。"她回答道。他们神情忧郁，默默无语，依然相互对望着……

　　这是戈达尔执导的最新影片的片头吗？如果你这么想，也情

有可原。但实际上，这是20世纪70年代BBC播出的传奇系列喜剧中由英国"巨蟒剧团"（Monty Python）演出的一个小品《法国字幕片》（*French Subtitled Film*）的开头。[11]这个滑稽短剧尽管是拙劣的模仿，但其中的要素，如忧郁的沉默、笨拙的象征主义、呆板的对话和含有意味的停顿等，却很容易在"新浪潮时期"（Nouvelle Vague）①的众多法国电影中找到对应物——甚至有过之而无不及。

> 乔治·弗朗瑞（Georges Franju）：电影应当有开头，有中间部分，还有结尾。
> 让-吕克·戈达尔（Jean-Luc Godard）：那当然，不过，并不一定是那个顺序。
> ——1981年9月14日《时代》杂志（*Time Magazine*）采访

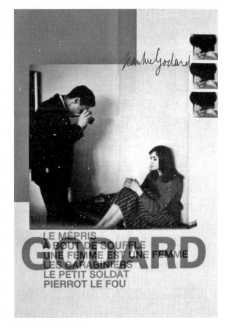

"新浪潮"晚期的法国电影的确太过异想天开，着实配得上那个"过于矫揉造作"的评价。但除此之外，法国电影还是有很多值得骄傲的成就的。毕竟是一对法国兄弟——奥古斯特·卢米埃尔和路易·卢米埃尔（Auguste and Louis Lumière）——发明了电影的概念，并给这个世

---

① 指20世纪50和60年代欧洲尤其是法国的艺术电影。

界带来了第一部商业性的公开放映的电影。他们于1895年在巴黎卡布辛大街14号大咖啡馆的印度厅中用手摇式活动电影机播放了十部画质粗糙的电影短片。不幸的是，卢米埃尔兄弟此后高傲地认为电影是"一项没有任何前途的发明"，从而抛弃了电影，转而钻研新摄影项目去了。他们也就此为法国电影制造业开启了一个普遍性的先例——开创先锋性的思想，然后让其他人在推广中去赚大钱。不过，其他法国电影家接过了他们的接力棒，帮助促成了20世纪这一主要的新创意媒介的成型，其中包括首位"电影魔术师"梅里爱（Georges Méliès）在多次曝光和溶解方面的早期特技效果；诸如马塞尔·卡尔内（Marcel Carné）和让·雷诺阿（Jean Renoir）等法国电影巨匠在第一批电影中的先锋性探索。作为杰出的印象派绘画大师皮埃尔–奥古斯特·雷诺阿（Pierre-Auguste Renoir）的儿子，让·雷诺阿将他父亲敏锐的社会观察才能从画布搬到了银幕上，由此开创了一个新时代。

对英美人来说是电影；
对法国人来说是第七大艺术

> 法国人经常用"第七大艺术"这个奇怪的叫法来称呼电影，这显示了法国人传统上对电影制作深深的尊崇，将其视为最高等级的艺术。这种叫法源自于德国哲学家黑格尔（Georg Wilhelm Friedrich Hegel, 1770—1831）在论述前六种艺术的《美学讲演录》（Lectures on Aesthetics）中的定义。意大利影评家里乔塔·卡努多（Ricciotta Canudo）在其出版于1911年的一部论述电影的专著中，首先提出了"第七大艺术"这种提法，他认为电

影是空间艺术（建筑、雕塑和绘画）与时间艺术（音乐、舞蹈）的结合。另外六大艺术是：

第一大艺术：建筑
第二大艺术：雕塑
第三大艺术：绘画
第四大艺术：舞蹈
第五大艺术：音乐
第六大艺术：诗歌

"电影是一个产业，然而很不幸，它也是一门艺术，"法国戏剧家让·阿努伊（Jean Anouilh）曾这样说道。法国电影的长处（或许也是弱点）之一，恰恰就蕴含在这句话中。因为对法国人来说，严肃电影传统上首先是一种高于和重于大众娱乐的艺术形式——正如法国媒体所经常提到的，是"第七大艺术"（le septième art）。于是，虽然法国普通百姓传统上还会享受些喜剧，浓墨重彩精心制作的"严肃"的法国艺术电影，却是昔日高谈阔论的阶层——法国资产阶级和国际影评家们——的专有领地。对法国电影的崇高期望在影响巨大的电影杂志《电影手册》（Cahiers du cinéma）上达到了登峰造极的地步。《电影手册》自20世纪50年代起便确立了法国电影导演的基本概念。那就是，电影本质上是创造性视野的一种载体，是导演或编剧发出的一种声音，一种在制作过程中要设法渗透到各种其他声音和要素中去的"声音"。导演拍摄荒诞离奇、古怪特异，有时候完全是异想天开的新浪潮电影，是天经地义的。①

　　20世纪50年代和60年代早期"新浪潮"运动中拍摄的电影，有一些堪称影史上最出色的作品——比如戈达尔的《筋疲力尽》(À Bout de souffle)和特吕福（Truffaut）的《朱尔与吉姆》(Jules et Jim)——但是到了后期，运动本身就变成了拙劣的模仿，为实际上超出了所有人知识范围的"存在的空虚"问题提供了实践。比如，让-吕克·戈达尔拍摄于1967年的电影《周末》(Weekend)。[12]一对各自有秘密情人的中产阶级夫妇（偶然地产生了谋杀彼此的打算），在法国各处的乡间进行着似乎漫长而无休止也无目的的散步。影片中有一段长达八分钟的单独的推拉镜头，跟随着一辆小汽车在交通堵塞中爬行。字幕出现在各种间隙中，向观众们抛洒着这样的智慧珍珠：他或她正在观看一部"漂浮在宇宙中"的电影，或者是一部"建立在废料堆上"的电影（也许在展现着"巨蟒剧团"那个小品的灵感）。影片的结尾一幕设置在一个嬉皮士食人族聚居的营地，艾米莉·勃朗特（Emily Brontë）和司各特爵士（Sir Walter Scott）也作为配角出现在观众面前，片中还有一段论述共产主义的优点的长篇演讲（但别忘了演讲的同时还播放着杀鸡的镜头）。显然，这是一部关于无聊和自负的电影。或者，这本身就是一部自负和无聊的电影？② "这部电影每秒钟有24个真理。"

---

① 甚至早在"新浪潮"运动之前，法国电影制作人们就已经在拍摄先锋性和荒诞离奇的电影了。例如，路易斯·布努埃尔（Luis Buñuel）和萨尔瓦多·达利（Salvador Dali）拍摄的怪异的超现实主义电影《一条安达鲁犬》(Un Chien andalou，1929年)，还有让·维戈（Jean Vigo）令人惊骇的《操行零分》(Zéro de conduite，1933年)，这部电影大胆地刻画了小学生反抗制度性暴力的故事，启发了林赛·安德森1968年拍摄电影《如果》(If)的灵感。
② 还有一位新浪潮导演，拍摄的豪华艺术片同样情节极少，那就是埃里克·侯麦。1975年的一部美国电影《夜色行动》(Night Moves)中曾有一个人物这样描述他观看侯麦电影的感受，就像"看着油漆慢慢变干"。

戈达尔1963年的电影《小兵》(Le Petit Soldat)中的人物曾这样说。而在《周末》中,我们不得不忍受构成了这部电影的每151 200纳秒一个的真理。

在补贴制度的娇纵下,在法国"文化例外"的保护下——也许

> 说到法国的文化例外,与一位公司总裁所说的——他说完这话后不久就丢了职位——正相反,这文化例外并没有灭绝,它表现在拍摄格外令人厌烦的电影,出版格外垃圾的书,以及制作格外做作和自负的各种艺术品上。不用说,我把我自己的著作也包括在这令人悲哀的陈说中了。
>
> ——弗雷德里克·贝格韦德尔(Frédéric Beigbeder),法国作家和文学批评家,《观察世界的窗口》(Windows on the World),2003年

还在将他们思想高尚的电影作品（oeuvre cinématographique）和美国媚俗的票房炸弹划清界限的希望之下——20世纪90年代的法国艺术影片制作人们热衷于拍摄用肚脐眼思考出来的大而无当、冗长乏味电影。①例如波兰裔法籍电影导演克日什托夫·基耶斯洛夫斯基（Krzysztof Kieślowski）的"红白蓝三部曲"（Three Colours）。在三部电影中或许最具生气的《蓝》（*Three Colours Blue*，1993年）[13]中，几乎没有任何对白，倒是有大量富有意味的停顿，朱丽叶·比诺什（Juliette Binoche）在咖啡馆里凝视着一杯咖啡，或者色眯眯地舔着一块蓝色水果糖。软色情和伪理智主义的结合，是这段时期法国很多艺术电影的特点，这也许是有意在迎合声名狼藉的塞尔日·甘斯布曾经长年浪荡的巴黎左岸咖啡馆的趣味。实际上，人在成年早期的确会有一个短暂时期对这样的电影感兴趣，尤其是男性大学生，很大程度上是因为这些电影将软色情与挽救声誉的知识分子的焦虑的发酵结合了起来。

毫不奇怪的是，法国公众并没有趋之若鹜地去看这些艺术电影，它们似乎主要是为法国的文化输出拍摄的，就像20世纪80年代麦钱特–伊沃里（Merchant-Ivory）②风格的电影在英国一样。（处于令人不适的巴黎厨房中的存在主义的苦闷对于法国电影的影响，正如歌舞升平的爱德华时代所塑造的那些一流演员对于该时

---

① "文化例外"是法国人非常喜欢使用的一个说法，从广义上讲，几乎可用于任何情况，以表示他们与所有其他人之间的文化差异——从中可以读出他们的优越感。从狭义上讲，法国的"文化例外"指的是20世纪90年代法国政府在关贸总协定（GATT）谈判中达成的关于包括电影在内的"文化"产品在国际贸易中的例外条款，它们使得法国得以保持其对本土电影业的补贴，并限制外国（尤其是美国）电影的进口。
② 著名电影双人组合，由制片人伊斯梅尔·麦钱特（Ismil Merchant）和导演詹姆斯·伊沃里（James Ivory）组成的电影公司，经常改编拍摄描写英国"二战"前上流社会那种温吞吞的情感流动的文学作品。——译注

代英国电影的影响一般,这些演员所表现的大都是出身上流社会的男主人公与被压抑的内心情感的斗争。)"法国电影业靠喜剧过活,却把奖项颁给了戏剧。"法国喜剧演员米歇尔·科卢奇[Michel Colucci,艺名"科鲁彻"(Coluche)]曾这样评论道。千真万确,历年来在法国票房赚翻的都不是艺术电影,而是好莱坞大片、迪士尼动画片和法国自制的情景喜剧[尽管艺术片一般都能在戛纳电影节(Cannes Film Festival)上获个奖]。实际上,法国有史以来票房最高的电影恰恰是美国电影《泰坦尼克号》(*Titanic*),名列票房前十的电影还有《白雪公主和七个小矮人》(*Snow White and the Seven Dwarfs*)、《飘》(*Gone with the Wind*)、《阿凡达》(*Avatar*)、《森林王子》(*The Jungle Book*)。而名列票房前十的本土电影,居然全是喜剧。[14]

法国情景喜剧对外国人来说是个谜。这主要是因为——对于所有不是法国人的人来说——它们并不可笑。其实,其滑稽之处更像是莎士比亚和莫里哀——以机敏睿智吸引资产阶级观众,以粗俗喧闹迎合下层民众,两极之间几乎不做文章。就以法国畅销电影《露营》(*Camping*,2006年)[15]为例。这是一个发生在海滨露营地的喜剧,一个自视清高的巴黎人和他的女儿因意外情况来到这里。当他们发现身处如此不文雅的一帮人当中时,先是非常惊恐,但最终精神上却得以焕然一新,资产阶级的烦恼被劳动阶级的营友们欢快的友情一扫而空。片中反复出现的一个关键笑料是一个双关语:rouler une pelle(字面上的意思是"转动铁锹"),实际上的意思却是"用舌头吻"(这是法国式的接吻法)。一个深陷中年危机痛苦的女人责备丈夫不再"转动铁锹"吻她。令人印象深刻的关键点是反复出现的视觉参照点"铁锹",无论是从字面上还是从隐喻意义上。当然,在电影的结尾,在经历了种种灾祸和外遇之后,他们终于享受了一个非常够劲的"转动铁锹"之吻。法国观念认为所有这些都非常令人捧腹。

毋庸置疑，对于电影中什么令人发笑，法国人和英美人的感受有所不同。许多法国喜剧片在法国国内轰动异常，到了国外却四处碰壁，这就很能说明问题。例如，1982年名称别出心裁的法国喜剧片《圣诞老人是狗屎》（Le Père Noël est une ordure）在美国就遭到了惨败。然而，在某些幽默类型方面，法国人仍堪称世界领先——例如讽刺［从法国卡通片的著名讽刺传统，以及相当于英国的《一模一样》（Spitting Image）的每天播出的电视讽刺节目《木偶新闻》（Les Guignols de l'info），便可以看出］。还有怀旧的温文尔雅的经典法国喜剧，比如雅克·塔蒂（Jacques Tati）的《于洛先生的假日》（M. Hulot's Holiday，1953年）。法国人也是黑色幽默的大师——"黑色幽默"（humour noir）这个词组本身就是法国超现实主义者安德烈·布列东（André Breton）创造的。"幽默就像咖啡——最好的是黑色的。"法国哲人贝特朗·塞贝（Bertrand Cèbe）曾这样说过。也许是因为法国大革命的遗产将存在性焦虑和对政治正确的深恶痛绝结合了起来，法国人最喜欢的莫过于一种刻毒的、病态的讽刺了。先说上一点真正的伤心事，再掺进少许荒谬，然后加上一两个禁忌搅拌搅拌，最后再来一番施虐，你就能创作出经典的法国笑话了：像黑咖啡一样黑，像断头台一样锐利。那么这种辛辣的幽默为什么没有在传统法国喜剧中大获成功呢？为什么黑色电影是美国人的发明而不是法国人的呢？

法国票房最高的十部电影

1. 《泰坦尼克号》(*Titanic*, 1998年)
2. 《欢迎来北方》(*Bienvenue chez les Ch'tis*, 2008年)*
3. 《不可触摸》(*The Intouchables*, 2011年)
4. 《白雪公主和七个小矮人》(*Snow White and the Seven Dwarfs*, 1938)
5. 《虎口脱险》(*La Grande Vadrouille*, 1966年)*
6. 《飘》(*Gone with the Wind*, 1950年)
7. 《西部往事》(*Once upon a time in the West*, 1969年)
8. 《阿凡达》(*Avatar*, 2009年)
9. 《森林王子》(*The Jungle Book*, 1968年)
10. 《101条斑点狗》(*One Hundred and One Dalmatians*, 1961年)

(*=法国喜剧)

数字来源:J.P.'s Box Office, 2013年3月

全世界票房最高的十部法国电影

1. 《不可触摸》(*The Intouchables*, 2011年)
2. 《飓风营救2》(*Taken 2*, 2012年)
3. 《第五元素》(*The Fifth Element*, 1997年)
4. 《欢迎来北方》(*Bienvenue chez les Ch'tis*, 2008年)
5. 《飓风营救》(*Taken*, 2008年)
6. 《天使爱美丽》(*Amélie*, 2001年)
7. 《香水》(*Perfume*, 2006年)

> 8.《大艺术家》(*The Artist*，2011年)
>
> 9.《高卢英雄大战凯撒王子》(*Asterix at the Olympic Games*，2008年)
>
> 10.《帝企鹅日记》(*March of the Penguins*，2005年)
>
> 数字来源：J.P.'s Box Office，2013年2月

然而仍有一阵改革风席卷了法国电影界。自21世纪初起，一批全新的法国电影破土而出：这些电影有着比双关语或闹剧更精妙的复杂幽默；这些电影想象都极其丰富奇妙，反映了外部世界而不是导演肚脐中的想法。一批富有叛逆精神的法国电影导演开始突破传统上对"艺术片"和"商业片"的划分，拍摄获得了巨大票房成功的黑色幽默、离奇诡异或令人感动的电影［如《天使爱美丽》、《西班牙公寓》(*L'Auberge espagnole*)、《大艺术家》、《不可触摸》等］。这些导演中的许多人跳出了法国电影学校的局限，花时间到国外去学习。他们中包括《西班牙公寓》(2002年)的导演塞德里克·克拉皮斯（Cédric Klapisch），他曾经被法国主要的电影学校拒之门外，因为他显然对法国的经典电影缺乏尊重，所以他转而赴美国求学。《不可触摸》(2011年)[16]是部所谓的"伙伴电影"，描述了一位四肢瘫痪的贵族和他的护工之间的关系。这位护工是个在当地悲惨的贫民区长大，刚从监狱里释放出来的黑人青年。这样一部电影，本来极有可能被拍得自作多情、俗不可耐、令人作呕，然而该片却成功地避开了所有这些潜在的陷阱，以一种大胆的法国方式，拍得感人至深而且——最出人意料的是——非常滑稽。毕竟，只有法国人能够制作如此政治不正确的笑料：有人开玩笑地将开水浇在瘫痪者的腿上（然而他毫无感觉）。

《不可触摸》上映之后仅几个月，就成为票房第二高的法国本土电影。到了2013年3月，成了法国有史以来票房第三高的电影。最近该片还成为世界市场上票房最高的法国电影，超越了诸如《天使爱美丽》和《大艺术家》等片。然而《不可触摸》中的幽默与法国传统喜剧截然不同，其影响也与用肚脐眼思考的"新潮流"电影的恶劣影响大相径庭。实际上，法国人似乎终于抛弃了电影是崇高的第七艺术的概念，转而接受了电影是商业艺术的主张。最终，除了忍受戈达尔的沉闷乏味之外，法国人似乎还有其他选择。

◎ **传闻评估：曾经正确，但现在越来越错误了。**

VIII

光之城

关于巴黎的传闻

巴黎左岸是作家和知识分子的天堂

> 无论是谁,只要没有在塞纳河左岸,也就是圣雅克街(rue Saint-Jacques)和圣父街(rue des Saints-Pères)之间的体验,就不能算是懂得人生。
>
> ——巴尔扎克(Honoré de Balzac,1799—1850),法国小说家,《高老头》(*Le Père Goriot*),1835年

巴黎左岸(Rive Gauche)是个传奇的区域。那里群英荟萃、热闹非凡的酒吧、咖啡馆和地下酒窖,是20世纪初知识分子编织梦想的地方。立体主义、超现实主义、存在主义、印象主义——现代主义中的众多这个主义、那个主义,大多诞生于左岸〔城北的蒙马特尔高地(Montmartre)次之〕的咖啡馆,(如果"现代主义"自己不是出自那里的话)。但是"左岸"这个词是什么意思呢?从地理上讲,指的是塞纳河左岸(即顺流而下左手边的一侧,或者说是河的南岸)。然而,"左岸"作为文化术语,主要指的是圣日耳曼德佩区(St Germain-des-Prés)和蒙帕纳斯区(Montparnasse),以及两区之间密如蛛网的街道。左岸也是巴黎的

学生区，是索邦（the Sorbonne）大学及其各种各样的后续学院的总部。因此，这里有时也被称为"拉丁区"（Latin Quarter），因为中世纪时该大学的学者们都讲拉丁语。究竟是什么，使得巴黎的这块弹丸之地成了地球上文化地图的中心，且至今仍然是创意世界的中枢呢？巴黎咖啡馆成为艺术、知识和政治生活的温床，这一传统可追溯到很久以前。甚至在旧王朝时期，路易十四国王都对巴黎咖啡馆里煽风点火的政治辩论深感不安，派出他的警察长官来打探这些活动。[1]一场大革命和几次政权更迭之后，许多事情都改弦更张（或者灰飞烟灭）了，然而咖啡馆辩论却仍在继续。1867年，来访的美国记者爱德华·金（Edward King）曾评述道："庞杂的巴黎每天聚拢两三；一切都发生在咖啡馆；人们闲谈在咖啡馆，私通在咖啡馆；密谋在咖啡馆，梦想，消愁，期望，全都在咖啡馆。"[2]自19世纪中叶起，激进艺术团体——引人注目的有现实主

义者和印象主义者——就聚集在左岸的咖啡馆里，后来也在蒙马特尔高地的咖啡馆里聚会。这些聚会场所成了反对法国艺术院校的刻板指导的叛逆中心。

咖啡馆还是供奉一种神水的圣殿。这种神水既是法国知识分子和劳动阶级的

> 艺术家在欧洲没有家，除了在巴黎。
> ——尼采（Friedrich Nietzsche, 1844—1900），德国哲学家

甘露，也是毒药，那就是苦艾酒。这是一种由苦艾草、茴芹和茴香酿成的绿色耀眼、酒劲猛烈的鸡尾酒，有着公认的致幻效果。苦艾酒又被称为"绿精灵"（la fée verte），既是法国诗人和作家的灵感来源，也是灾星祸根。波德莱尔、兰波和魏尔伦，都曾因它的魔法而苦苦挣扎过。波德莱尔曾经在日记中写道："现在我不停地忍受着眩晕的折磨，今天，1862年1月23日，我收到了一份严重警告。我感到疯狂之翼煽起的风从我身边吹过。"[3] "绿精灵"在19世纪晚期出自咖啡馆的法国艺术品上留下了不可磨灭的足迹。凡·高（Van Gogh）画作中令人迷幻的绿色和黄色，以及他最初的发疯，都已被归因于苦艾酒强大的魔力。许多咖啡馆的肖像画都显示了苦艾酒上瘾后的双重境地，一方面主人公周围洋溢着欢快的气氛，另一方面他或她却深深地陷入自己的阴影幻觉中——例如德加（Degas）阴郁的咖啡馆人像画《苦艾酒》（*L'Absinthe*，1876年），描绘的是一名劳动阶级的妇女，在新的一天正在迫近的冷光中，神情沮丧地面对着一杯绿色饮品；或者是孤独寂寞的人们，在凡·高的《夜间咖啡馆》（*The Night Café*）所描绘的顶灯的那种地狱般的黄色强光照耀下，在醉酒的恍惚麻木中，精神几近崩溃。

巴黎左岸是作家和知识分子的天堂

虽然诸如居斯塔夫·库尔贝［Gustave Courbet，他因画作《世界的起源》(*The Origin of the World*) 招来骂名］①等现实主义者经常出没于左岸的啤酒馆，印象派艺术家们却青睐右岸和蒙马特尔高地——先是在巴蒂尼奥勒（Batignolles）一带，后来又聚在皮加勒（Pigalle）的"新雅典"（La Nouvelle Athènes）咖啡馆。左岸真正的全盛期是20世纪早期、两次世界大战之间的时期，当蒙帕纳斯，继而是离河更近的圣日耳曼德佩的咖啡馆和酒吧，成为产生于第一次世界大战的废墟中的"迷惘的一代"的避风港的时候。著名的双叟咖啡馆（Les Deux Magots）20世纪30年代时曾是超现实主义者的重要据点，利普啤酒馆（Brasserie Lipp）则为政治团体所喜爱。在知识分子的喧嚣、放任自由的风气，以及一大批如雨后春笋般出现的小出版社的吸引下，数以百计"迷惘的一代"外国文学家和艺术家像飞蛾扑火一样涌到这块地方。詹姆斯·乔伊斯（James Joyce）、亨利·米勒（Henry Miller）、埃兹拉·庞德（Ezra Pound）、弗·司各特·菲茨杰拉德（F. Scott Fitzgerald）、欧内斯特·海明威（Ernest Hemingway）、巴勃罗·毕加索（Pablo Picasso）、朱娜·巴恩斯（Djuna Barnes）、福特·马多克斯·福特（Ford Madox Ford）、格特鲁德·斯泰因（Gertrude Stein）……全都为左岸咖啡馆中酝酿的丰富的思想做出过贡献。格特鲁德·斯泰因和她的同性伴侣艾丽斯·托克拉斯（Alice B. Toklas）以她们的星期六晚沙龙而著称。获得邀请等于是对有灵感的艺术家或作家的认可。

在"二战"法国被占领期间，许多人来咖啡馆只是为了躲避严寒。"到占领期快结束时，也就是1943—1944年的冬天，所有来

---

① 欲更多地了解库尔贝及其富有争议的画作，参见关于法国女人和体毛的章节。

这里的人都是为了取暖，"一位来花神咖啡馆（Café de Flore）的作家回忆道，"你会留下一个印象，一楼的房间就像一间教室。萨特坐在一张小桌前，在写《自由之路》（*Paths of Freedom*），西蒙娜·德·波伏娃在另一张桌前，在写《人都是要死的》（*All Men Are Mortal*）……不远处，阿瑟·阿达莫夫（Arthur Adamov）也在写，无疑是在写他的剧作之一……"[4]

让-保罗·萨特是无可争辩的左岸之王。美国学生来花神咖啡馆，只为坐一坐他常坐的椅子，而咖啡馆的场景也使他在全世界学生群体中，成为比诸如孟德斯鸠、伏尔泰或狄德罗等杰出的法国前辈更大的明星。西蒙娜·德·波伏娃也对美国大学里新生的女权运动产生了巨大影响。像20年后的西尔维娅·普拉斯（Sylvia Plath）一样，她将庄重的美丽和令人痛苦的妇女解放使命、虽然勇健但仍无望地受制于男性主宰的女权主义者身份集于一身，成为大学二年级学生的梦幻对象。萨特本人曾这样描写花神咖啡馆："我们完全安顿在那里：从上午9点到12点，我们工作，然后出去吃午饭，下午两点，我们又回到那里，同我们遇到的朋友谈话，

巴黎左岸是作家和知识分子的天堂

直到晚上8点。吃完晚饭后，我们在那里接见已事先约定的人。你或许觉得奇怪，但在这家咖啡馆，我们就像在家里一样。"他后来又曾宣称："四年间，通往这家咖啡馆的道路，对我来说就是'自由之路'。"女演员西蒙娜·西尼奥雷（Simone Signoret）曾说："我于1941年3月的一天晚上，出生在花神咖啡馆的一张板凳上。"然而并不是所有人都这么欢快。"萨特？"花神咖啡馆的老板后来曾评论说，"他是我最差劲的客人了。他坐在那里，一连好几个小时地在一叠纸上沙沙沙地写，面前只摆着一杯饮料，从早到晚都不换一杯。"5

> 美国是我的祖国，而巴黎是我的故乡。
> ——格特鲁德·斯泰因，美国先锋派艺术收藏家和作家（1874—1946）

尽管萨特和波伏娃曾风靡一时，然而，第二次世界大战后，左岸无论如何也不复旧时风光了。仍然有大批的作家和艺术家涌到这一地区——引人注目的有塞缪尔·贝克特（Samuel Beckett）和新的"垮掉的一代"美国作家，包括艾伦·金斯堡（Allen Ginsberg）和威廉·伯勒斯（William Burroughs），他们都是在塞纳河畔破旧无星的旅馆里成名的——但是左岸的黄金时代还是走到了尽头。早在1948年夏天时，《纽约客》（New Yorker）杂志的专栏作家、左岸多年的住户珍妮特·弗兰纳（Janet Flanner）就曾以贬抑的口吻评论蜂拥而至圣日耳曼德佩区的战后美国大学生们：

> 花神咖啡馆成了来自小地方的俏妞们的杂货店。她们一成不变地穿着蓝色牛仔裤，陪着她们中西部牛仔形象的约会对

象。他们则大多留着布杂艺术（Beaux-Arts）的小胡子。这些知识青年旅游者们资助了渡轮街（Rue de Bac）的皇桥（Pont Royal）酒吧，那里曾经满是法国的存在主义者，现在则满是游客，只不过他们经常辩论的是存在主义问题。[6]

1968年"5月风暴"[①]后出现的右翼反攻回潮使巴黎变得呆滞保守，而与此同时世界各地其他城市却开始放松管制。例如，刚刚从压抑的麦卡锡时代走出的美国，突然出人意料地成为自由言论的港湾。有关亨利·米勒的《北回归线》（*Tropic of Cancer*）、艾伦·金斯堡的《嚎叫》（*Howl*）、威廉·伯勒斯的《裸体午餐》（*The Naked Lunch*）等书的一系列官司，都取得了针对文学审查制度的重大胜利。在旧金山，劳伦斯·弗林盖蒂（Lawrence Ferlinghetti）开办了先锋性的"城市之光书店"（City Lights Bookstore），而此前巴黎左岸的许多书店却关张了——包括著名的莎士比亚书屋（Shakespeare & Company）。该书屋1919年由美国人西尔维娅·比奇创办，长期是作家们的避难所，也是詹姆斯·乔伊斯的《尤利西斯》（*Ulysses*）最早的出版商。[②]突然之间，巴黎改头换面了。随着书店和艺术家们搬离，豪华精品屋和银行家开始迁入。著名的法国歌手阿兰·苏雄（Alain Souchon），在他那苍凉的香颂《左岸》（*Rive Gauche*）中，捕捉到了左岸无可奈何花落去的景象：

> 永别了，巴黎左岸，
> 永别了，我音乐和诗歌的家园；

---

① 欲更详细地了解1968年5月的事件，见法国与革命的章节。
② 最早的莎士比亚书屋在德国占领巴黎期间，于1940年关张，再也没有重开。另有一家书店，为纪念西尔维娅·比奇，后来改用了这个名字。

> 误入歧途的商人们夺走了一切,
> 他们在书店里,在书店里,卖起了衣裳;
> 夜色依然温柔,但一切都不再是过去;
> 噢,我的泽尔达,我的蒙帕纳斯,
> 一切都不再是过去……[7]

如今,左岸只是其辉煌的全盛期可怜的回声了。不错,还有一些书店保留着,半隐半现在时尚精品屋之间——包括以西尔维娅·比奇开创的出版社命名的一家新的莎士比亚书屋。"迷惘的一代"曾经光顾的咖啡馆也依然存在。你仍然可以体验一下双叟咖啡馆或花神咖啡馆,如果想只花一点小钱品尝一下欧洲大陆的风味早餐,那没有问题。但是别指望发现一位哲学家坐在你旁边。假如你的确指望,那么最可能发生的情况是,你的臂肘会碰到另一位像你一样的旅游者,他正试图透过黑暗的玻璃,捕捉一瞥难以捉摸的过去。圣日耳曼德佩所在的巴黎第六大区,是整个巴黎地价最贵的地方,每平方米达到9790欧元,[8]能住得起这儿的

是银行家和电影明星，而不是思想丰富而钱包瘪瘪的先锋派知识分子。也有一些角落还保留着一丝正宗左岸的痕迹：弗勒吕咖啡馆（Café Fleurus）是个仍然在做电影交易的地方；静谧得只能听见鸟鸣的大清真寺（Grande Mosquée）的茶室，是女影星卡特琳娜·德诺芙常去的地方；[9]还有拉丁区索邦大学附近生机勃勃的穆夫塔尔街（rue Mouffetard），热闹非凡地挤满小餐馆和店铺，还有一个欣欣向荣的街边市场。索邦大学一带的学生区，实际上是左岸传统保持得最完好的部分，洋溢着青春的生气和活力。

> 如果你年轻时，有幸在巴黎生活，那么无论你余生去哪里，这段体验都会跟随着你，因为巴黎是一道可移动的盛宴。
> ——欧内斯特·海明威，美国作家（1899—1961）

那么巴黎的先锋派人士现在到哪里去了？许多人去了伦敦、杜布罗夫尼克（Dubrovnik）或者伊斯坦布尔（Istanbul）。虽然一些仍在巴黎坚守的艺术家和作家的确是在左岸租住着"chambres de bonne"（楼房顶层小卧室，往往做佣人房）——这是他们所能承受的价位里仅有的选择了——许多其他人却去寻找新的发呆、思考和慢条斯理的地方了：主要是在现在已成为时尚的塞纳河右岸。起初是在玛黑（Marais）的犹太人聚居区，继而——当银行家和服装精品店追随他们而至时——他们又逃往城市更北的方向，到了圣马丁运河（Canal St Martin）河畔，那里有河岸、小桥和工作室，风景如画，野趣盎然。在一个晴朗的夜晚，沿着运河上的小桥走一走，经过河岸上鹅卵石路旁成排的漆成粉色、黄色或绿色的方糖状工作室，你也许能——如果你足够幸运的

巴黎左岸是作家和知识分子的天堂

话——听见一番关于存在主义的谈话。也许甚至是用法语进行的谈话——谁知道呢?

◎ 传闻评估:错误。左岸现在是银行家、律师和已成名的电影明星们的天堂。

巴黎地铁臭气熏天

> 地铁太不像话了（Métro c'est trop）
> ——1977年法国朋克乐队"电话"（TÉLÉPHONE）专辑中的一首单曲的名称

任何访问过巴黎，并且乘坐过地铁的人，在乘扶梯下到地铁站核心地带时，都至少有一次，会被巴黎地铁那独特而强烈的臭味熏倒。即使今天，那仍然是一种与众不同的臭气，但似乎——假如历史记录有几分可信的话——以往那臭气还更加令人无法忍受。"二战"时期驻扎法国的美军为消除美国大兵对法国人的偏见，曾编写过一个小册子《法国人的112个恼人之处》，其中提到过美国人的一个普遍抱怨："如果你乘坐地铁，那臭气能把你熏死，有蒜味，有汗味——还有香水味！"小册子的作者解释道，有蒜臭味，"是因为精于烹饪的法国人，用的蒜比我们多"；有汗臭味，是因为法国人一直被迫使用"非常糟糕的代用品肥皂"；而有香水味，则是因为"法国的女士们宁愿闻香水味，也不愿闻没洗澡的气味，这点上她们和你们一样"。① 50多年过去了,尽管历史悠久的臭气的某些成分有所改变,但仍然有一股独特的气味飘荡在巴黎地铁的地下通道内。1998年,英国记者约翰·利奇菲尔德(John Lichfield)曾这样写道:

> 地铁中的气味,是一种介乎于燃烧的空气和腐烂的香蕉之间的味道,是一种独具特色的巴黎体验:对于旅游者来说,像埃菲尔铁塔和香榭丽舍大街一样,是这座城市的一部分。其神奇的配方是,或者曾经是,烧焦的橡胶味、汗味和下水道味的一种精致的混合。以前还包含浓重的法国香烟味,直到十年前香烟在巴黎地下空间被禁止。[10]

> 地铁是个检验萨特理论的好地方,就抗幽闭恐怖症而言,每名乘客都成了所有其他乘客的地狱。
> ——弗朗索瓦·莫里亚克(François Mauriac, 1885—1970),法国作家和诺贝尔奖获得者

抱怨地铁中散发的气味的,并不限于外国人。"我恨人们。他们在地铁里散发臭味,他们在人行道上散发臭味。"法国现代哲学家和作家皮埃尔·布多(Pierre Boudot)写道;美籍法裔作家朱利安·格林(Julien Green)1949年在他的日志中写道,他的朋友、作家安德烈·纪德(André Gide)"在地铁中降入了地狱"。

如今,巴黎地铁已经没有大蒜的气味了(前文已经讲过,这种辛辣植物的消费量在法国已经急剧下降),也没有香烟的气味了

---

① 法国人不洗澡这种传闻的起源和起因,可参阅本书中专门讨论这个问题的一章。

（如利奇菲尔德所写道的，香烟已经在20世纪80年代被禁了）。然而，如果说地铁里还有一种自有的、独特的"香水味"，那无疑是千真万确的。每个车站都会提供不同的味道很冲的鸡尾酒。前调（top notes）可能是硫磺味、臭鸡蛋味、脏袜子味和尿味，对应的基调（base notes）会是含有假薰衣草香水味的清洁用品味［夏特雷—大堂站（Châtelet-Les Halles）］；或者老鼠屎配列车刹闸的焦糊味，再渗入一丝廉价的须后水味［皮加勒站（Pigalle）］；香榭丽舍站则是游客汗水的湿臭味，掺入假的香奈儿5号香水和左岸香水味，而且与地铁站毗连的地下停车场还会定期吹来廉价香水味，会给过于天真的游客们一种雅致的印象，以为闻到了死老鼠的气味。① 而且地铁里不仅各站有各站的香味，依季节与一天内时间的不同，还有不同的味道：夏天是体臭味，秋天是湿雨衣和湿雾味，冬天是人们喘气和咳嗽时呼出的口气味。

但是地铁里很独特的味道绝不只是人体散发的气味。专家的分析发现不同的地铁"芳香"实际上是因为各站都有各自复杂的化学反应。例如，巴黎市中心玛德琳（Madeleine）站那与众不同的刺鼻气味，很不幸地和与之同名的那种著名的普鲁士蛋糕诱人的香味毫无共同点。尤其是在地铁14号线玛德琳站那臭名昭著的站台，那股地下的臭气格外强烈，那是由缓缓释入车站隧道的硫化氢造成的（众所周知硫化氢散发的是臭鸡蛋味，是臭气弹的关键成分）。这种气体出现在这里——谢天谢地含量还没达到令人窒息的程度——据说是因为车站上方的地下水，渗透了有机物质，又浸透了车站的墙

---

① 对啦！如果你在巴黎地铁里闻到了死老鼠味，也可能是真的。据估计，该城有600万到800万只下水道老鼠。单是2011年，就有1716起与发现老鼠相关的投诉。

体和天花板，然后渗入了站内。①

巴黎地铁恼人的臭味也是长期令该市交通管理部门头疼的事情。法国政府负责地铁运营的机构巴黎大众运输公司（Régie autonome des transports parisiens，简称RATP），每年要投入大约650万欧元，试图解决怨声载道的地铁臭味问题。其措施包括寻求一大批训练有素的香水专家的帮助，请他们出谋划策。这些顾问都是叫作"Les Nez"（字面上的意思是"鼻子"）的香水制作精英团体的成员，他们传统的职业是为法国规模巨大的香水和化妆品产业调制商用香料。1998年，主管部门甚至尝试过在地铁清洁产品中引进一种新的专门设计的香水，以那个尤其臭名远扬的车站名"玛德琳"命名。据说这种香水包括有"柠檬味、橘子味和薰衣草味，还有额外的缕缕花香和幽幽的木质香，再配以香草和麝香的香气"。（2001年这种香水也被介绍到伦敦地铁试用，然而仅用了一天，就因为乘客们抱怨恶心而作罢了。）主管部门用尽了手段：在列车上使用香水喷雾器；使用带香味的清洁剂；甚至还在地下撒一种香味"微球"，人眼看不见，但当乘客们脚踩到时，就会爆炸并长久地散发出香气——但最终却全都是枉费心机。

另一方面，尽管来巴黎的外国人或许觉得地铁里臭不可闻，有证据表明许多巴黎人却对那种熟悉且怡人的味道持宽容甚至贪恋的态度。在20世纪末21世纪初对地铁乘客的嗅觉倾向进行的调查中，巴黎大众运输公司惊奇地发现，尽管乘客们认为某些特别的气味——尤其是人的体味和粪便味——是危险的，他们也对保留一种明确而特有的"地铁"味有不同的观念，他们对这种味道情有独

---

① 这种渗漏不仅释放出恶臭气味，而且还在地铁站天花板上产生了大量锈褐色的含铁钟乳石。

钟。他们极其强烈地主张地铁的确有也应当继续有一种自己的味道，地铁应当"散发自己的味道"，保持其独特的印记。[11]于是，尽管巴黎通勤者们对地铁的恶臭表达了强烈厌恶，但忙碌了一天后，他们显然又对车厢里那湿气蒸腾、子宫一般的安全感，消毒液和漂白剂的刺鼻气味，车轮的焦糊味和刹车的火燎味，怀有一份怀旧之情了。

对于刚从各省来到大都会的天真少女们来说（这是法国电影和文学中无休无止地再现的主题），地铁

> 再没有什么地方能比地铁更让你憎恨人类了。
> ——菲利普·贾恩那达（Philippe Jaenada，生于1964年），法国作家

的臭气和冬天街上的香烟味、清晨咖啡馆的漂白粉味一起，都代表着巴黎生活精髓的一部分。因此在雷蒙·昆诺（Raymond Queneau）1959年引起轰动的小说《扎吉在地铁里》(*Zazie dans le Métro*)中，刚刚随叔叔来巴黎度周末的少女主人公，心里只有一个愿望：去探探巴黎的深处（然而她却未能实现这个愿望，因为在她访问巴黎全部时间里，地铁都在习惯性地罢工）。像韦斯巴芗柱一样，巴黎地铁站以其破破烂烂、乱涂乱画的列车和乌七八糟的混合气味，成为了一个既吸引人又有危险的声名狼藉的地方，在那里，单调乏味的城市生活荡向了更黑暗的边缘。

因此时至今日，尽管巴黎大众运输公司竭尽全力地想香熏地铁，地铁却顽固不化地死抱着它那历史悠久的味道。乘地铁14号线在玛德琳站下车的乘客们，仍然会像几十年前一样受到臭鸡蛋味的侵袭。来访巴黎的人们，如果忍受不了该市地下通道里那股极具特色的芳香，也许最好是去打出租车；或者你就只能入乡随俗，像巴

黎人一样纵情于这种城市嗅觉心理地图的诗意。正如昆诺在其小说原稿中一处后来未出版的注释里对他的女主人公扎吉所写的,他最终让他的女主人公实现了愿望,走进了传奇迷宫一般的巴黎地铁:

> 地铁大张着嘴,喷出浓烈的气味……是一种尘土的气味,一种富铁的干燥的尘土,一种扎吉觉得既新奇又生猛的气味,她狂热地吸了起来。[12]

◎ 传闻评估:正确。巴黎地铁仍然散发着一种极其独特的气味,尽管蒜味和烟味如今已被不一般的化学品气味取代。然而,由于只有左岸的知识分子们和解构主义哲学家们能够理解的复杂的社会文化原因,巴黎地铁这种独特且不可遏抑的气味是无害的,但显然——用人类学的术语来说——是一种包含冷漠、兴奋、厌恶和危险等城市体验的集合体。

巴黎是欧洲狗屎之都

问：你在巴黎怎么认出他是个美国人？

答：只有他在遛狗的时候还把狗屎捡起来。

——巴黎的美国侨民中广泛流传的笑话

这是流传最久的外国人对于巴黎街道的看法之一。从系列喜剧《欲望都市》(Sex and the City)里凯莉·布拉德肖(Carrie Bradshaw)在这座到处是烟雾、奇怪语言和狗屎的城市经历的险象环生又倒霉不已的短程旅行（其中不可避免地有一段镜头，她那细细的鞋跟插进了一团黏糊糊的屎里），到斯蒂芬·克拉克(Stephen Clarke)创作的《狗屎》(Merde)系列，人类最好的朋友的排泄物，成了与小酒馆、铸铁街灯等量齐观的巴黎一景。而且，似乎就连法国人自己也认为，光之城的人行道上有比较令人不快的一面。例如，法国记者洛尔·瓦特兰(Laure Watrin)和莱拉·德迈(Layla Demay)对他们的孩子在巴黎和在纽约学习的词汇直言不讳地作了如下比较：

巴黎被称为狗屎之都，还真不是浪得虚名。如果是在纽约，我们的孩子首先想到的词是"的士"，而在巴黎却是"狗屎"。当我们的大男孩闹内急，而一眼又看不到厕所时，他说："这没什么大不了的，我可以在人行道上解决。"而当我们严厉而坚决地拒绝后，大男孩又说："可这真不公平，狗有权利这么做，为什么我就不行呢？"狗倒的确是走到哪儿拉到哪儿。就此而言，流浪汉都比小孩子权利大。[13]

> 噢，上帝啊，迪尔塔凄惨地嘟囔着，天边这是多么凶猛的狗屎旋风啊！
> ——约里斯–卡尔·于斯曼斯（Joris-Karl Huysmans, 1848—1907），法国象征主义作家，小说《在那里》（*Là-Bas*）中对巴黎的预言，1891年

不幸的是，我们身边的证据——包括在法国首都街头多年行走（或者毋宁说是滑行）的体验——都倾向于证实这个传说。巴黎大约有30万只狗，每年要往人行道上倾泄20吨狗粪，相当于每5秒钟有1公斤狗粪落在巴黎首都的步道上（其总量足以填满三个奥运会游泳池）。[14]实际上，有传说称正是国际奥委会对巴黎狗屎的顾忌，导致该市丧失了举办2012年奥运会的机会。日本是个以清洁而著称的国家，据说对他们的运动员踩在湿滑的人行道上会引发的健康危险尤为关注。他们的担心不无道理：每年平均有650名巴黎人因为在人行道上踩着狗屎滑倒，而被送进医院。[15]而且这个问题还不仅限于巴黎，法国大城市大多都有（就连比利时首都布鲁塞尔的法语区也有）。

法国各市政当局都竭尽全力地试图减少主要城市人行道上的狗粪量。雅克·希拉克任巴黎市长时，建立了一支奇特而荒唐的摩托车拾粪队。其正式的名称是"狗粪清洁队"（caninettes），公众则称

之为"摩托拾粪队"（motocrottes）。他们骑着一种模样很怪异的绿色三轮机动车（tuk tuk），配有一种吸尘器，能快速移除令人恶心的秽物，车后部不是坐乘客的，而是装上了一个能够收集狗粪的垃圾筒。然而"摩托拾粪队"开销不小，收效却并不大，于是在2002年被取消了，如今只成了巴黎城市史上一个怪异的脚注。自那以后，当局便不再注重在狗作孽后的清理，而是明智地将重心转移到教育它们执拗的主人在它们身后打扫。像许多欧洲其他国家的首都一样，如今在巴黎如果纵容狗在人行道上任意拉撒，将被处以罚款。巴黎市政厅最近制作的一张招贴画，描绘了一个天堂般的海滩被狗屎所玷污的情景，似乎促使了一些巴黎狗主人良心发现，上街收拾起狗粪来。穿黄夹克的"狗顾问"不时上街巡逻，或者去狗主人喜欢遛狗因而狗屎也较多的地方，随时准备发表一番关于犬类卫生行为的讲演，他们还随身带着免费的收集袋。市政厅甚至还有一项举办关于人行道礼仪的街头讲座和座谈的计划，内容包括如何教导自己的狗在排水沟排泄（如所有狗主人都能证明的，其实这根本不可能做到）。这是件费力的工作。法国人习惯于把大多数事情（包括各种各样的废物处理工作）都推给国家，法国的狗主人们在狗屎这个问题上被证明尤其顽固不化。正如一位法国作家所说的："法国的狗主人才不肯听别人劝告，让他们的狗在排水沟里便溺呢。美国人富于公民精神，会留心他们狗的粪便。法国人不会屈尊去做这样的事情。他们不具备同样的公民义务感。"[16]

不过尽管狗粪是法国首都最臭名昭著的污秽物，却并非该城街道上臭味的唯一来源。巴黎数量多得吓人的鸽子——当地人毫不客气地称之为"飞鼠"（rats volants）——受到了更多的咒骂，尤其来自那些或因为傻或因为喝醉了酒而曾在树下栖息的市民。从伦敦的特拉法加广场（Trafalgar Square）到威尼斯的圣马可广场（Piazza

San Marco），鸽子在世界上许多大的城市空间都被视为灾星，但在巴黎，鸽子尤其享有骂名。据估计巴黎市中心有大约8万只鸽子，或者说每25名居民就对应着一只鸽子。[17]一个叫作"比斯特"（biset）的品种最为常见。这是一种终年盘旋在该城上空的一种瘦小的灰色鸽子，却因为坐在公园板凳上的游人们抛喂的面包屑而肥胖了起来。不过还有一个褐色中泛着粉红的品种，称为"拉米尔"（ramier），冬天时飞走，春天时飞回，暴食绿色枝苗，然后拉出一种特别臭的酸性鸽粪，腐蚀这座古城的高楼大厦和名胜古迹。巴黎的春天实际上不是一个非常浪漫的季节，因为天空中不时会落下些鸽子粪来。塞纳河上著名桥梁的桥拱、地面车站的支柱、绿树成荫的大街的人行道……都必须定期举行"洗礼仪式"，用高压水枪移除鸽子赐给它们的气味刺鼻的外衣。

丝袜里的一粒屎

> Merde（狗屎）一词最早出现于12世纪的法国讽刺童话集《列那狐的故事》（*Le Roman de Renart*）中。法国人经常委婉地称之为"康布罗纳的话"（le mot de Cambronne）。这来源于一个流传甚广的传说，法国将军皮埃尔·康布罗纳（Pierre Cambronne, 1770—1842）在滑铁卢战役中被英国将军查尔斯·科尔维尔（Charles Colville）爵士劝降时，只用了这一个强劲有力的脏词来回答。这个故事被维克多·雨果写进了他的小说《悲惨世界》（1862年）中。
>
> 康布罗纳的上级指挥官也不厌恶用这样的说法。拿破仑据说就曾对他怀疑叛变了的外交官夏尔-莫里斯·德·塔列朗说过："呸，你不过是丝袜里的一粒屎而已！"（Why, you're just shit in

a silk stocking!）。皇帝刚一退位，据说塔列朗就鼓起勇气评论道："真可惜啊，先生们，这么伟大的一个人居然这么没教养！"

在今天的法国，merde最常见的用法是一个较温和的骂人的词，并不是指人屎或者狗粪（后者更常见的说法是crottes de chien）。不过merde仍然经常被演员们用于相互祝愿演出时交好运——相当于英国的短语"break a leg"（大获成功）。这种用法的来源似乎要追溯到从前，当演出的成功与否是用排在剧院外面的长长的车马队来衡量时。如果来的车马多，自然会在大街上留下数量惊人的马粪。

不过，巴黎市政当局尽管在对付狗屎方面低效无能，在解决鸽粪问题上却似乎卓有成效。遍及全城，在鸟类喜欢出没的地方，都开始出现不起眼的鸽舍。这些鸽舍被起了个既形象又生猛的名称，叫作"避孕鸽屋"（pigeonniers contraceptifs），既为入住者定量提供食物，同时也要限制其生育率（鸽子一年只允许繁殖一窝，多余的鸽蛋会被小心地摇匀，以避免孵化）。与此同时，保护巴黎名胜古迹免受酸性鸽粪侵蚀的战斗，也变得越来越高科技，最新的手段是在雕塑上安装了电磁设备，发射的脉冲游客感觉不到，却能显著地驱逐鸽子。

再从天上飞的"老鼠"转说地上跑的老鼠，地上的老鼠是该城排粪的第三有害物。据大致估计，巴黎有大约600万—800万这种啮齿类动物。每秒钟有超过9公斤老鼠排泄物倾泄到这座城市的下水道中，总计大约每天800吨，每年29.2万吨。[18]冬天，当老鼠们潜入楼房内寻求取暖时，以及夏天，当土木工程到了传统的开工时间，老鼠们需要躲避钻头寻找新栖身地时，这个问题便尤为严重。据估计，巴黎25%的无明火火灾都是老鼠在逃窜时咬断电路而造成的。鉴于老鼠有惊人的繁殖能力——它们从出生两个月这样稚嫩的年龄起，就具备了强大的生殖能力，一年能生三四窝，一窝能生六到十二只小老鼠，结果就是仅仅一对老鼠一年之内就有可能产生5000只新老鼠[19]——巴黎每年都要举行一次灭鼠行动，实在是不足为奇。黑鼠（Rattus rattus）的穷亲戚——小家鼠（Mus musculus）——在法国首都也很常见。凭借其超常的攀爬能力，甚至能到达巴黎高楼大厦的顶层。没有任何地方能逃避这些不速之客的造访，无论多么豪华。在巴黎著名的克里永（Le Crillon）饭店，曾接待过许多世界各国领导人，据说最近有一位顾客在其酒吧的茶几上支撑起身子时，正好看到一只老鼠旁若无人地在其豪华的深红色沙发上休息，十分悠然自得。不过这种小家鼠的形象至少不像其个头更大的表亲那样凶恶，因而成为无数法国童话和童谣中永恒的角色，它还在法国童话故事中担任着类似于英国的牙仙子的作用。[①]

年复一年，日复一日，巴黎市政当局的机器开足马力，运转不停，对巴黎的桥梁、隧道、下水道和城市广场进行消毒、灭害、杀菌、打扫和擦洗，力图消除该市野生和家养的动物们恼人的排泄物。某些法国评论家从人与自然的这种经常性的战斗中看到城市空间清洁、防病的特点，会抱怨自然界被管制并被降低为花园城市里过分装饰的吊篮。[20]而另外一些人，可能刚刚因为踩着狗屎而滑倒，毁了又一双细高跟鞋，那么她恐怕会抱怨巴黎的城市空间根本不够

---

① 法国儿童会将乳牙放在枕头下，希望它们能神奇地变成硬币。硬币不是仙人的，而是一只小老鼠存的。法国最著名的童谣之一《一只绿老鼠》（Une Souris verte）中就包含将一只小老鼠浸在热油里的情节。据信这首童谣的形成时间大约在18世纪早期，其含义像许多童谣一样，已经不确定了。最初很可能含有政治意义，但随着时间推移已经模糊了。

清洁。无论他们谁的观点更接近真相,春天来到巴黎时,您最好还是遵守一些金科玉律,不幸的是西纳特拉著名的歌里没有唱到这些。那就是:永远留心脚下,永远不要在树下徘徊,永远不要在离开座位时把格吕耶尔奶酪留在桌上。

◎ **传闻评估:正确。巴黎不仅是欧洲的狗屎之都,而且是欧洲鸽粪之都和老鼠屎之都的有力竞争者。**

IX

法国深处

关于法国节假日的传闻

8月法国到处关门

假期：民众的致幻剂。
——路易·卡拉费尔泰（Louis Calaferte，1928—1994），
法国作家，《说过的话》（*Choses Dites*），1997年

任何在法国城市，或者法国省会附近的小镇和村庄度过夏天的人，都知道那种感受。在像是被遗弃了的街道上，可怜巴巴地四处寻觅，只为找一根法棍面包或者一份报纸，然而两旁的店铺全都拉下了卷帘门，没完没了地映入眼帘的布告上，全都是冷冰冰的语句："7月18日至8月18日外出度假，暂停营业。"或者诸如此类的话。这滋味实在是不好受。然而——对外国来的夏季旅游者不那么明显的是——虽然这样的小镇和村庄不得往日模样，而像是投下了垂死的阴影，但它们在海滨和山中对应的村镇却热闹非凡。实际上，法国8月并不是到处关门，而是出现了一个大规模的迁徙现象：巨大的、疯狂的人流离开城市，沿着蜿蜒蜒蜓的高速公路和国道，一年一度地奔向阳光、大海和沙滩。情况一向是这样吗？

法国人虽然热衷于休假，但大规模群体度假，却是相对较近的

现象，尽管这或许令人难以置信。如我们所知，旅游基本上是英国人发明的。18世纪的英国绅士们喜欢"大旅行"（grand tour）——拿上一本华而不实的旅行指南，奢华地遍游欧洲旧大陆的文化名胜，沿途还不时地造访各种各样的妓院。整个19世纪和20世纪初期，情况都没有什么变化。旅游始终是有钱和有闲阶级的特权。田间劳作的农民、工厂里挥汗的工人，还有仆人、侍者等，既没时间也没精力旅游观光。实际上，直到1936年，随着人民阵线（Popular Front）——这是一个"二战"开始前在法国执政的、由温和的社会主义者莱昂·布卢姆（Léon Blum）领导的左翼政党联盟——上台掌权，法国的第一位旅游部长莱奥·拉格朗（Léo Lagrange）①才给工人们带来了一年一度的带薪假日。开天辟地第一回，法国工人获得了每年15天的带薪假日〔在随后的几十年里，其假期不断延长，今天法国大约每年五个星期的带薪假日，是1982年由社会党总理皮埃尔·莫鲁瓦（Pierre Mauroy）确立的〕。这个假必须在"正常假期"休——也就是说在学校放假期间，当时是从7月中旬直到10月初。[1]但是工人阶级突然有了这么多自由时间，他们能干些什么呢？政客、教会以及法国统治阶级的其他成员，全都认为工人们应当有效地利用休闲时间，而不是纯粹闲逛游荡。于是，他们着手建立了一套结构性的假期体验，以确保工人们在休假时，能够像在工作场所一样勤奋地锻炼他们的头脑和精神。假期成为用于进行健康的户外体育运动，大量地摄入阳光和新鲜空气，以弥补在生产线上不见天日的生活导致的衰弱的时间；成为城市工人与农村家庭成员团聚的时间；最为重要的是，假期成为观赏法国

---

① 他的正式官名是"体育和休闲部副部长"（under-secretary for sport and the organization of leisure）。

的美丽风光和名胜古迹，探索和重新发现法国的辉煌遗产的时间。正如一份报纸所宣称的，旅游应当"使法国人热爱他或者一无所知，或者知之甚少的祖国大地"。²

于是法国公众旅游的黄金时代开始了。单是1936年，实行带薪休假制度的第一年的夏天，莱奥·拉格朗

> 假期本是为劳动人民准备的，但首先享受到假期的却是懒人。
> ——安妮·巴兰汀（Anne Barrantin），《你听我说》（*De Vous À Moi*），1892年

专为劳动阶级设立的假日折扣火车票就售出了60万张。法国哲学家西蒙娜·薇依（Simone Weil）目睹了整车整车首次休假的人们，在笔记本上生动地描述了他们的激动之情：

> 此前，我从来没注意到，惯于坐着特快列车旅行的人们，对生活已经何等地饱享生厌、麻木不仁。而和我们同车的那些人却完全是另一番景象，让你感觉仿佛是来到农村婚礼现场一样：他们激动地擦着眼泪，唱着歌，说着这样纯朴直白的话："这才算没白活啊！"³

接下去的几十年，还将有更多的假日折扣火车票售出，将其购买者送往由诸如国家资助的"乡村家庭度假村"（Villages vacances familles），或者新成立的"地中海俱乐部"（Club Med）等组织经营的折扣度假村或露营地。地中海俱乐部成立于1950年——在比利·布特林（Billy Butlin）于英格兰东海岸的斯凯格内斯（Skegness）开办他第一个假日营地15年后——这家以三叉戟为标志的著名法国俱乐部，是在一派理想主义享乐论的漩涡中白手起家的。地中海俱乐

部起初是一家非营利机构，其最早的度假村都是为了共享资源而建立，说话时禁止使用"您"（vous）这种正式的称呼，交易使用贝壳而不是钱。[4]以前精英人士的活动，如露营——最早是英国人作为对贵族范儿的追求而发明的，常常与登山紧密相连——这时迅速转变为法国劳动阶级度假的象征。到1972年时，20%的人选择家庭露营度假。大山也变成了新的运动场，尽管只接待更专门的客人。20世纪60年代，北阿尔卑斯山（Northern Alps）大兴土木，建设滑雪场和山地度假村——第涅（Tignes）、瓦勒迪泽尔（Val d'Isère）、莱特鲁瓦谷（Les Trois Vallées）和莱萨尔克（Les Arcs）都是在这一时期建成的。雅克·塔蒂（Jacques Tati）等人的电影作品使那些最早的度假者的形象永载史册。雅克·塔蒂的《于洛先生的假日》（Les Vacances de M. Hulot）刻画了中产阶级的窘态，面对陌生、新奇的度假模式，他们还不能放松抠抠缩缩、省吃俭用的习惯。另一个非常法国化的机构——夏令营（colonies de vacances）——也是在20世纪50和60年代发展起来的，它为各地区孩子们提供有组织的寄宿式度假活动。夏令营最初是为城市劳动阶级的孩子到乡下呼吸新鲜空气而设计的，后来推广到中产阶级间，直到今天仍然存在。①许多法国人都对他们童年时代在夏令营度过的时光留有美好的回忆，正如法国歌手皮埃尔·佩雷1966年在其香颂《快乐的夏令营》（Les jolies colonies de vacances）中所表现的：

---

① 最早的夏令营，是1876由埃尔曼·比翁（Hermann Bion）牧师在瑞士举办的。牧师组织了68名9岁到12岁的瑞士劳动阶级儿童，住到农民家里，体验乡村生活，呼吸新鲜空气。其费用是由慈善机构的捐赠和工会、孩子父母的雇主们资助承担的。这一理念迅速在欧洲、美国（美国的"夏令营"始终是儿童机构）、南美和日本推广开来。1913年共有10万名以上法国儿童参加了夏令营，1936年达到42万多，1955年超过了100万。自20世纪80年代起，参加夏令营的儿童数量有所下降。夏令营在英国始终没能成为儿童不可或缺的体验，从未达到在法国和美国那样普及的程度。

快乐的夏令营啊！
谢谢你们，妈妈和爸爸
每年我都想再来一次
嘿—嘿—哈哈！

Les jolies colonies de vacances
Merci maman, merci papa
Tous les ans, je voudrais que ça r'commence
You kaïdi aïdi aïda.[5]

然而，并非所有人都乐于加入度假的快乐大合唱。夏天，当"雪铁龙2CV"（Citroën 2CV）构成的鸣笛大军如洪水般涌上经典的假日路线如"第7国道"时（这是从巴黎通往里维埃拉海滩的主要道路，因法国歌手夏尔·特雷内的同名歌曲而闻名遐迩），有钱人则悄悄地打好包，逃向了新地方。与此同时，保守的法国媒体辱骂起无产阶级，说他们是"布帽无赖"，侵入了富人的传统领地。为了减轻热门旅游点如蓝色海岸等地的压力，法国政府在20世纪60年代试图将寻求太阳浴的人群分流到邻近的朗格多克–鲁西永（Languedoc-Roussillon）海岸，导致诸如拉格朗德默特（La Grande-Motte）等度假村所在的海岸鳞次栉比地树立起大量巨大的水泥柱来。

问题仍然存在，每年8月法国人是否依然倾城而出，拥堵在通向那些人满为患的传统海滨热门度假地的公路上，即使在已有廉价航空和很实惠的一揽子出国度假产品的今天？答案是：是的，他们依然如故。实际上，在很多方面，情况与20世纪50年代相比，都没

> 我对某些员工非常生气,他们确信自己在休假时绝不会情绪低落。
>
> ——菲利普·布瓦尔(Philippe Bouvard,生于1929年),法国记者和幽默作家

有什么太大变化。法国人依然认为度假是生活中必不可少的部分:实际上,每人每年至少度一次假的权利,已受到法律保护,成为神圣的"文化权利"。① 三分之二的法国人每年至少会度一次假;如果不去度假,就会被视为最丢脸的社会排斥的标志。直到今天,法国仍然是所谓"社会旅游",或者说国家资助度假的世界冠军。法国旅游部的主要任务之一就是确保尽可能多的国民认识到他们休年假的权利。于是法国政府(通过税收减免)间接地资助了差不多好几百万欧元的由雇主发给员工的"假日抵用券",另外还有数百种津贴和补助帮助那些负担不起外出度假的人。国家资助的低价度假营和度假村今天依然存在,还有数十家慈善机构将帮助穷人家或单亲家庭的孩子每年夏天外出度假视为己任。这样的慈善活动的一个标准广告描绘的是,9月份开学后,孩子们回到学校里,一群孩子兴高采烈地谈论着自己的假期见闻,只有一个孩子茕茕孑立,被排除在谈笑外。而且,几乎所有人都倾向于在同一时间离开城市,前往海边。因此,在每年8月日历上的"红日子"(journées rouges),法国公路系统的大动脉都会堵塞,巴黎牌照的汽车排着长长的队列,驶向里维埃拉或布列塔尼。②

---

① 即1998年7月通过的《排斥法》(La Loi sur l'exclusion)。
② 如今的汽车更多的是丰田车,而不大可能是濒于灭绝的"雪铁龙2CV"了。著名的度假之路"第7国道"——法国版的66号公路——也已经支离破碎了。但是这些都不妨碍"雪铁龙2CV"、"大众甲壳虫"(VW Beetle)和"菲亚特500"(Fiat 500)等老爷车热情的车主们的怀旧之情。他们会在老公路上举行老爷车集会,重温他们年轻时假期堵车的盛况。

在许多方面,法国设立休假制度的初衷——如巩固家庭关系、树立爱国意识等——尽管是潜移默化地,但一直维系到今天。令人惊奇的是,57%的法国人都在国内度假,其中的大多数食宿都不靠商家解决(即食宿在自己家,或者朋友家,或者自家的第二处住所)。[6] 直到20世纪,法国在相当大的程度上仍然是个农业国,其结果之一就是很多法国人——无论是中产阶级还是劳动阶级——都仍然在乡下有亲戚或者有宅第,他们会在假日走访这些亲戚或者回归祖屋。法国所有阶级的人都热衷于在乡下购买"家族住房",供所有大家族成员在度假时使用,这也是个可敬的传统。① 每年夏天都和岳母、继兄弟,以及几个远房表亲一起,在像电脑壁纸一样的某个隐秘的法国郊区小镇住上一个月,对大多数盎格鲁-撒克逊人来说恐怕都是噩梦,但对法国人来说,却是习以为常之事。相反,坐上一架易捷(easyJet)航空公司的廉价航班,到外国去"度一次周末",这主意在更为传统的法国人看来,却不觉得有什么好。不过,通常需要在线预订的廉价航班和一揽子外国度假计划,也渐渐在法国流行起来,尤其是在年轻一代当中。这种趋势又因为廉价航空公司,尤其是瑞安(Ryanair)公司在法国领土上的迅猛扩张,而得到进一步推动。瑞安公司已开始威胁到先前不可一世的法国航空公司(Air France)的霸主地位。② 法国人不愿意说英语,再加上"假日抵用券"(一般只能在法国境内使用)制度,促使法国人普遍更愿意在国内度假,这

---

① 在法国,各个阶级的人都采取相同的度假方式,尽管舒适度和奢华度有所不同,这是个令人愉快和振奋的事实。工人和资本家都同样喜欢去滑雪,都喜欢在乡下买一幢度假屋,或者住在度假村里。中产阶级那帮家伙们可能不大喜欢露营,并且更喜欢离开祖国温暖的怀抱,冒险去国外旅游。
② 当法国人当真决定出国旅游时,他们的口味(可想而知)也相当保守。法国人在法国之外最喜欢的欧洲旅游目的地是西班牙和意大利;在世界范围内最喜欢的目的地是北非说法语的马格里布(Maghreb)地区,更冒险一些的人,喜欢去美国。

对国民经济也是有助益的。毕竟，当法国人度假时，钱只是从法国的一部分转移到了另一部分。而当英国人度假时，钱却流向了国外。

所有这些的结果之一，是法国人的假期——尤其是8月份的长假——部分上起到了使法国人的生活进行深度新陈代谢的作用。再也没有什么地方比8月的巴黎更能证明这件事了。在旅游者的各个圣地都热闹非凡的同时，该城真正的本地人的生活，却像冬眠的野兽一样陷入了蛰伏状态，到了8月的最后几天才开始慢慢地复苏。单是"回归"（la rentrée）这个词，就十足像是在冬眠者的脊背上电击了一下，使之继而浑身发热，心跳加速。法国人的"回归"远不只是中小学生们回到了课堂，而是法国社会的整体更新。①在经过了8月份的自由放荡之后，这也是现实社会责任的回归时刻：就像1966年的电影《可爱的八月》（Paris au mois d'août）里的中年男主人公，妻子和孩子去海滨度假了，他在被遗弃般的巴黎和一位性感的嫩模甜蜜缠绵了一夏——当"回归"日来临时，就仿佛响起了叫醒闹铃。②

尽管在"正式的"法国年历上，一年的起点始于1月，但一年"真正的"开端却是9月。这时"政治回归"（rentrée politique）才发生，即国家的政治机器重新开始运转，新闻媒体从新闻匮乏时期只能去关注巴斯克羔羊，终于又转移回关注影响该国命运的严肃问题；还有"文学回归"（rentrée littéraire），数以百计的新书出现在书架上（单是2012年就不少于646种）；甚至还有"传媒回归"

---

① 在这个意义上比新年重要得多。新年往往只是家人聚在一起静静地吃一顿低调的晚餐，而不会借机痛饮一番，醉倒在夜总会门外的人行道上。
② 在《可爱的八月》中，法国著名影星、歌星夏尔·阿兹纳武尔（Charles Aznavour）星光四射，但多少有些奇怪的是，英国女演员苏珊·汉普希尔（Susan Hampshire）也一举成名。该片值得一提的是，这是一部关于热烈的性爱的影片，但在表现性的镜头方面却非常克制。片中有整整五分钟，画面中什么都看不到，只有苏珊·汉普希尔的左手在一张床单上灵巧地移动着。

（rentrée médiatique），电视频道要向观众推出它们的新主持人和新节目。无疑，公交主管部门也认为人们在好好地休息了一番后都会有一个好心情，因而这也经常是他们宣布公交提价的时候。这自然会引发一番抗议示威，从而确保"社会现象回归"（rentrée sociale）也必然发生。当重新出现在办公室时，假如没有晒出黝黑的皮肤，或者没有带回一连串的假日故事，就相当于自甘被社会排斥。当然，在许多其他欧洲国家，包括英国，人们也习惯将8月份的全部或部分时间用于休假。但只有在法国，这才会被视为人类社会生存的绝对必要条件。那些没有外出度假的人，会成为大家由衷地怜悯和同情的对象。同样，尽管英国9月份也有悄悄"慢热"的复苏现象，但与法国地动山摇、大张旗鼓的"回归"相比，实在是小巫见大巫了。

不过，最近有迹象表明，法国的这种"全民旅游"的经典模式正在发生非常缓慢的变化。随着法国个人主义的逐渐滋长，在规定时间，例如8月，进行家庭"长"度假的这种传统模式，正在渐渐地让位于"分步"模式，就是像英国和其他欧洲国家的人那样，更频繁地休更短的假期。[7]法国人似乎最终也接受了在线预订"时尚酒店"（hip hotel），度"周末假"。于是，许多传统的法国度假村都不得不调整其运营方式［例如，"乡村家庭度假"（Villages vacances familles）联盟在2006年将其近乎一半的度假村实行了私有化］，或者寻找新领地（如"地中海俱乐部"大幅降低其市场份额，急剧转向高端市场，由于价格猛涨，大批老顾客离开）。"夏令营"自20世纪80年代起，孩子数量也大幅减少，许多劳动阶级的父母如今都更乐于在假期将孩子送去与祖父母同住，或者送进兴旺繁盛的国营假日中心。然而，2013年时，仍有130万法国孩子部分假期时间是在夏令营，或者假日寄宿处度过的。[8]露营地和拖板住房仍然是极受欢迎的廉价度假目的地，尽管即使在这里，如今更可能看到的活动项目是普拉提（pilate）和网球，而不再是伴着小鸟的歌声跳舞或者竞选"营地小姐"。像在英国一样，竞争枯瘦的膝盖和最有魅力的老奶奶的比赛已经一去不复返了，取而代之的是卡拉OK之夜和整晚的迪斯科。

然而，无论法国人去哪里，无论他们做什么，8月对他们来说，仍然是一年中的光明时日，如同一趟所有人都怀着孩童一般迫不及待的期望在苦苦等待的列车。假如哪个倒霉的旅游者在这个神圣的休假之月，冒险离开了巴黎市中心，住到了法国人的居住区或者普通的小镇、村庄，结果发现所到之处像西部片里被遗弃的鬼城一样，没人能帮上忙。如果你在8月份还想确保每天能吃上法棍面包，唯一的解决办法是跟法国人一起随大流：关掉手机，坐上小汽车，备好在长长的车队中排上一整天要听的音乐光碟，将GPS定位系统指向最近的海滩，然后上路。

◎ **传闻评估：错误。法国在8月并非到处关门，法国人只是**从城市迁移到了海滨。

法国海滩污染严重

一阵阵的狂风在布列塔尼海岸上咆哮着,那巨大的油轮令人深深地恐惧起来。

——米歇尔·科卢奇,艺名"科鲁彻",法国喜剧演员(1944—1986)

多年来,盎格鲁-撒克逊人一直在抱怨欧洲南部海岸的卫生和环保标准。说到法国的尼斯(Nice)和多维尔的海滨,必须承认,你肯定能找到阳光灿烂的热门海滩和时尚中心,不像在英国的布赖顿(Brighton)或者布莱克浦(Blackpool),你只能在狂风大作的周末,在码头上打俗不可耐的高尔夫球。可是你了解眼睛看不见的危险吗?蔚蓝海岸那诱人的沙滩下隐藏着什么?你能确保那乱石林立、风景如画的海岬另一端,就没有排水明沟或者化工厂正向泡沫四溅的大海排放污物吗?总之,欧洲大陆的沙滩就时髦别致而言,比盎格鲁-撒克逊的海岸或许略胜一筹,但是安全问题,就是另一回事了……

毫无疑问,法国的海滨度假地就时尚程度而言,在欧洲大陆排行榜上一向是名列前茅的。19世纪晚期，当最早的一批海滨度假地从19世纪初就已时兴的众多温泉疗养中心中脱颖而出时，诸如诺曼底的多维尔这样的名胜海滩，就像磁石一样吸引来大批的富人和时尚人士。多维尔有"诺曼底的皇后海滩"和"巴黎的里维埃拉"之称，有快速列车与巴黎相连，有赌场、赛马场，自20世纪20年代后，又有了时尚购物店，如可可·香奈儿出售将布列塔尼/诺曼底渔民的条纹衫改造成时装时的著名精品店。① 来这里的富人和时尚人士，就是普鲁斯特在《追忆似水年华》（À la recherche du temps perdu，1913—1927）中讽刺的那些人，其缩影便是势利的资产阶级维尔迪兰夫人（Madame Verdurin）。在她看来，整个诺曼底就是一个"巨大的英国公园"，成群结队赶时髦的讨厌的巴黎度假者像洪水一般涌到了鲜花海岸（Côte fleurie）的海滨小镇上：特鲁维尔（Trouville）、多维尔、卡布尔（Cabourg），当然还有虚构的巴尔贝克（Balbec），小说部分情节展开的地方。接下去，当然还少不了里维埃拉本地，这里很早就是欧洲喷气机阶层人士的冬季社交场。尼斯著名的"英格兰大道"（Promenade des Anglais）证明该城很早就有有钱的游客从海峡对面而来。

然而，随着最早的带薪假日于1936年出现，法国海滩的面貌永远地改变了。② 新近获得解放的产业工人们渴望争得在阳光下铺开一块浴巾的空间（无论多么小），这导致法国沿海的三大海岸——英吉利海峡、大西洋海岸和地中海海岸——都在战后岁月获得了巨大发展，里维埃拉和相邻的朗格多克-鲁西永海岸大都变成了墙连着

---

① 欲详细了解渔民的条纹衫被改造成时装，随后又成为法国象征的故事，请看"餐前酒"中相关内容。
② 欲更多地了解带薪休假制的产生和公众旅游的兴起，请看上一节内容。

墙的水泥森林。例如，法国南方埃罗省（Hérault）的拉格朗德默特（La Grande-Motte）度假村。这座每年能吸引200万游客的20世纪70年代的大垃圾建筑村，以有一圈巨大的金字塔形的摩天大楼环抱着海滩为荣，这些大楼起着诸如"大金字塔"（La Grande Pyramide）、"太阳神庙"（Le Temple du Soleil）和"斐济"（Fiji）的名字。拉格朗德默特还以经常举办有3000多名狂欢者参加的通宵达旦的海滩晚会而著称，其旅游收入丝毫不亚于西班牙著名的伊维萨岛（Ibiza）。因此，这是个应该避开的地方（除非你本来就想体验一下海滨拉斯维加斯的感受）。同样，在罗讷河口省（Bouches-du-Rhône）的滨海福斯（Fos-sur-Mer）（马赛以西一个正在开发的主要港口的度假区），游客们不仅能享受到当地的旅游胜景，还能享受到与之竞争的东边的钢铁工业、西边的炼油厂，以及从该城广袤的沙滩之外乘风破浪而来的络绎不绝的巨大油轮。而你仍然不得不为撑开自己的遮阳伞而抢夺地盘。

游客们看不到的开发还不是法国海岸面临的唯一问题。环境问题近年来也日趋严重，引人注目的是大片大片黏糊糊的海藻，法国人称之为"绿藻"（algues vertes），如今已形成了围绕着布列塔尼海岸的一条令人作呕的绿带。环保人士呼吁这一问题已有多年，但法国媒体对此始终保持着其素有的谨慎。直到2009年，一位当地兽医在布列塔尼海滩上骑马时，马突然神秘地倒地暴毙，对马的尸检表明，马是被硫化氢（一种以散发出臭鸡蛋味而著称的有毒气体）窒息而死的，而硫化氢是在沙滩上的绿藻腐烂分解过程中产生的。[9] 2011年夏天，总共有36头野猪和数十只海鸟被发现在海藻覆盖的布列塔尼海滩上窒息而死，这时就连法国政府也无法再将这一问题扫进那片翠绿的碧毯下了。

是什么导致了这些翠绿的侵略者侵占了法国北方海岸最富诗情

画意的部分呢？环保人士们将矛头指向了布列塔尼规模宏大的羊、牛和鸡养殖业。他们声称是每天排入大海的动物粪便中含有的大量硝酸盐，刺激了绿色淤泥的疯长。法国强大的议会农业游说集团断然否认了这一说法。面对大批度假者恐慌地逃离布列塔尼，政府宣布了一项行动计划，包括在受影响的海滩每天清除海藻（做不到每天清除海藻的海滩将予关闭），还发动"宣传"攻势，向游客们保证海藻如果在分解前被移除，将不会对海水浴者和日光浴者构成任何威胁。实际上，按照布列塔尼旅游局（Breton Tourist Board）网站上非常煽情的说法，这种新型的"海白菜"并非外来入侵者，而是"布列塔尼生态系统自然的产物"，这样说是因为它就像"一盘巨大的沙拉，是可以吃的"。但这并不表示这种海藻就出现在布列塔尼许多餐馆的菜单上了。

> 假如布列塔尼海滩今年夏天被浮油污染，至少我们的木屐里不会塞满沙子了。
> ——罗朗·旭克耶（Laurent Ruquier，生于1963年），法国记者，《我不会为难自己》（*Je Ne Vais Pas Me Gêner*），2000年

然而，包括法国人在内，没有任何人以煽情的口吻，描写过自21世纪初以来侵入地中海海岸的海洋生物。这种体形呈铃状，闪着怪异的紫光，拖着带有鲜红色刺丝囊触须的物种，学名为"紫水母"（Pelagia noctiluca），俗称为"紫毒刺"（mauve stingers），近年来在里维埃拉数量呈爆炸式增长。它们的天敌（金枪鱼、沙丁鱼、鲭鱼和海龟）遭到了过度捕捞，加之全球海洋变暖，它们得以大量生长，且个头儿越长越大。单是一片海滩外漂浮的紫水母，据说就能绵延出七英里多。许多来地中海度假的游客都受到了这些有毒的入侵者的伤害：在蔚蓝海岸的某个区域，据说一天就发生了超

过500起急诊病例，2007年西班牙总共有7万人被蜇。当局迅速作出反应，表示被蜇的毒性并不大，不会有严重后果。被蜇者的症状包括轻度恶心、呕吐和腹泻，最严重的不过是有些淋巴结肿大、腹痛、麻木、刺痛或者肌肉痉挛。但是你来度假，总不希望发生这样的事情吧？

然而，近年来，新的欧洲洗浴用水质量标准的制定——要求所有欧洲国家在2015年之前实施——引起了一定的恐慌。因此，法国许多海滨度假地开始整改。

> 全球气候变暖，加上猪粪流入大海，使得布列塔尼的部分海岸变成了海藻池。
>
> ——让-马里·古斯塔夫·勒·克莱齐奥（Jean-Marie Gustave le Clézio，生于1940年），法裔毛里求斯籍作家，*Journal de L'an 1*

根据欧洲环境署（European Environment Agency）关于2011年洗浴用水的年度报告，法国海滨的洗浴用水质量得分低于欧洲平均水平。经检验，只有60.8%的法国度假地有优质水（欧洲的标准是77.1%）。欧洲国家中，洗浴用水最干净的是塞浦路斯，最脏的是荷兰。英国在2011年的排名中离榜首不远，有82.8%的洗浴用水被认为"优质"。（然而2012年在夏天之外的季节，英国下了很多雨，雨水将城镇的污染物冲进了海里，也带走了更严格的报告需求，这意味着英国2012年的洗浴用水清洁度直线下降了20%。）[10]

因此，问题依然存在。你在那些诗情画意的海滩预订度假席位之前，怎样才能确保你将沐浴的是普罗旺斯，而不是某个炼油厂的阳光？怎样确保你将沉浸在蔚蓝的水晶之海，而不是工业青贮窖排放进地中海的废物分解出的硝酸盐中？答案是要做好作业。有大量的评级系统，根据清洁度和卫生设施配备状况，在对海滩进行排名——比如"蓝旗"（Blue Flag）国际计划（尽管滨海福斯和拉格朗德默特都获得了蓝旗，令人对其评级标准产生怀疑）。还有一个更有用的欧洲环境署和谷歌地图（Google Earth）合作的网站，会对欧洲大多数度假地的水质进行评级。或者，如果你当真想避开在工业废料中游泳的话，你可以总是奔向更遥远的度假地，比如法属波利尼西亚（French Polynesia）的博拉博拉岛（Bora-Bora），或者印度洋上的法属留尼汪岛（Réunion，不过在这里，你可能转而受到鲨鱼的袭击）。如果你最忌讳的是"眼污染"的话，你可以坚持去被各种排行榜频繁评为法国最美海滩的地方——比如旅游网站猫途鹰（TripAdvisor）2012年的评选结果，科西嘉（Corsica）岛上风景如画的韦基奥港（Porto-Vecchio）高居榜首，形状不大规则的比亚里茨（Biarritz）紧随其后。①

不管怎样，你可以安慰自己的是，无论法国海滩的水质、污染状况或淫秽色情状况如何，在道德操守方面，比泰国之类的海滩还是要强得多的。另外你也不用和牛争夺晒太阳的地方［像在印度的果阿（Goa）那样］，或者和乌泱泱的人群摩肩接踵（像在世界上最拥挤的中国海滩上那样）。而且，在淡季的傍晚，你仍然有可能沿着法国海岸驱车，发现令人窒息的美景——比如菲尼斯泰尔（Finistère）崎岖而嶙峋的海岸线、吉伦特省（Gironde）阿卡雄湾（Arcachon）的巨大沙丘——大自然的鬼斧神工顽强地抵抗着人类最亵渎神灵的改造尝试。或者，像普鲁斯特笔下的马塞尔（Marcel）描述的他对荒野的诺曼底海岸的想象：

---

① 即2012年"猫途鹰旅游者选择奖"（TripAdvisor Travellers' Choice Awards）。完整的榜单，从高到低为：韦基奥港、比亚里茨、卡尔维（Calvi）、卡西斯（Cassis）、瑞昂莱潘（Juan-les-Pins）、昂蒂布（Antibes）、戛纳（Cannes）、尼斯（Nice）、圣马洛（Saint-Malo）和滨海圣玛丽（Saintes-Maries-de-la-Mer）。

你仍然感觉到你的脚下……（即使旅馆正叠覆其上，却没有力量改变大地最古老的骨髓），你感觉到你其实正在法国陆地的尽头，在欧洲的尽头，在旧世界的尽头。这里是渔民最终的归宿，是自创世起就生活在这里的所有渔民的后代最终的归宿，面对着永恒的海雾和夜色。

◎ **传闻评估：部分正确。**

法国海滩上挤满了不穿上装的女人

> 所有的年轻人最终都来到了这片光荣的海滩,在海水的边缘处,姑娘们似乎彻底自由了,她们如此美丽,她们根本不再需要我们梦想的谎言了。
>
> ——路易–费迪南·塞利纳(Louis-Ferdinand Céline, 1894—1961),法国作家,《长夜漫漫行》(*Voyage au Bout de la Nuit*),1932年

啊,幻想一下吧,你是个普通的男性背包客,来到了法国……在蔚蓝海岸的白沙滩上疯跑了好几英里,然后坐在一个咖啡馆的露台上,享受着凉爽的微风轻轻地吹拂,这时一群古铜色皮肤的少女,半裸着身子从波浪中浮现出来……

这是踏上法国海滩的许多游客的终极梦想,而且是一个并不必然失望的梦想。只要你选对了海滩。这意味着你不要去诺曼底或布列塔尼沿岸那些海风劲吹的沙滩(除非你想把整下午的时间都花在寻找化石上)。对活人标本更感兴趣的人,唯一的明路是去里维埃拉。圣特罗佩(St Tropez)仍然是首选的目的地:那里的海滩上,上

装很大程度上只是选项之一,"比基尼"就意味着运动泳裤加一顶遮阳帽。沿海岸线停靠的游艇上,经常装点着不穿上装的美女,她们显然在皮肤护理艺术上花过不少钱(但大多数花的不是自己的钱)。

不过法国人可不是一直对袒胸露乳这么放得开,或者说对在海滩上晒太阳时的装束从来不在乎。把皮肤晒黑,在19世纪时可是一点儿也不流行。

> 人出生时是赤裸的,却要穿着衣服生活,正如人出生时是自由的,却要在法律下生活。
>
> ——安托万·里瓦罗利(Antoine Rivaroli,1753—1801),里瓦罗尔伯爵(Comte de Rivarol),法国作家

黑皮肤被视为下等阶层农民的标志。到20世纪初时,潮流才完全变了,前面说的农民这会儿都进了工厂,开始变成苍白无血色的模样。突然之间,晒太阳成了很酷的事情,黝黑的皮肤成了终极地位的象征,表示一个人的时间是在游艇上或温泉小镇度过的,而不是像奴隶一样在生产线昏暗的灯光下劳作。1920年,可可·香奈儿小姐带着一身古铜色的皮肤从蔚蓝海岸返回后,掀起了一阵日光浴的狂潮。非洲裔美国舞蹈家约瑟芬·贝克(Joséphine Baker,她那黝黑的皮肤可是天生的,不是太阳晒的)也在巴黎时尚界激起了一股强烈的欲望,人人都想模仿她黑又亮的外观和最低限度的着装。然而,20世纪20年代,在约瑟芬·贝克穿着香蕉皮一样的裙子,不着上装登台献舞,撩拨着巴黎人的同时,地方上的小资产阶级却为开始占领海滩的着装暴露的享乐主义叛逆者们感到震惊了。(至少,按照当时的标准,她们算是着装暴露了。早期的女式泳装是从头到脚遮蔽身体的,更接近于今天的穆斯林泳装而不是比基尼。)自20世纪20年代起,宣扬道德的家庭联盟和家庭协会等组织,便与海滩

法国海滩上挤满了不穿上装的女人

叛逆者们做起了斗争，时常会大打出手。它们还会开列"伤风败俗的海滩"名单予以公布，供公众咨询。例如1927年，在布列塔尼海岸的一个小渔村，一伙家庭妇女便从海滩的树上折下树枝，抽打起一群已到婚龄的女性日光崇拜者，因为她们的丈夫似乎对这些妙龄女郎过于感兴趣了。[11]

实际上，直到20世纪50年代，随着大规模旅游热潮的掀起，城里人每年夏天都涌向海滩，日光浴才真正流行起来。即便如此，此时海滩上的着装标准仍然严格地是一件宽大的袍衣。毫不奇怪的是，比基尼的确是法国人的发明，是时装设计师路易·里尔德（Louis Réard）20世纪40年代的创意。也许比较令人惊奇的是，他也是一位汽车工程师。[恐怕这也不足为奇。毕竟芭比娃娃的发明者杰克·瑞安（Jack Ryan），也发明了"麻雀"和"鹰"导弹]。里尔德和另一位法国设计师雅克·埃姆（Jacques Heim）较起劲来，两人都要制作出世界上最小的女式泳装。埃姆其实已经创造了比基尼的前身，叫作"原子"（Atom），打出的营销口号是"世界上最小的泳衣"（由相对较宽大的两块布料构成，有一个近似于西装短裤的不算大的女式短裤）。里尔德以更具挑逗性的设计击败了埃姆：上面是两个三角形的胸罩，用线带在顶部连起，下面只有一条丁字裤。他将自己的发明称为"比基尼"，是以比基尼环礁（Bikini Atoll）命名的。比基尼环礁是南太平洋群岛中的一座小岛，那年夏天那里进行了原子弹试验（之所以选择比基尼这个名字，大概是因为里尔德想创造出自己的反原子导弹，以战胜埃姆）。他打出的营销口号是"比世界上最小的泳衣还要小"，总共只用了45平方厘米的布料。第一件比基尼泳衣被装在火柴盒里销售，以证明他没有吹牛。但此事引起了公愤。正经的模特们都拒绝试穿，里尔德能找到的唯一愿意为他做模特的女人，是一位赤裸上身的卡巴莱舞女。对她来说，这件用料吝啬的衣服能遮掩的部位大概比她平时的衣服还要多。比基尼泳衣于1946年7月5日正式发布，在一颗23 000吨的原子弹于比基尼环礁爆炸五天之后。该泳衣立刻在意大利、西班牙、比利时和法国遭到了禁止。[12]

拉格泰姆音乐（ragtime）和抵抗运动：非凡的贝克女士

奇怪且具有讽刺意味的是，第一个时尚且先锋性地（然而绝不淫秽地）赤裸上身出现在巴黎舞台上的女人，居然是个美国人：杰出的非裔美国表演艺术家和政治活动家约瑟芬·贝克（1906—1975）。贝克女士出生于美国密苏里州圣路易斯市（St. Louis）的后街小巷中，家境赤贫，15岁时被一名走街串巷的杂耍艺人看中，成了穿着褴褛衣服在街角跳舞的孩子。继而她作为合唱团的女团员在百老汇取得了巨大成功。当她于1925年出现在香榭丽舍大街上新举办的黑人滑稽剧表演中时，巴黎被倾倒了。

贝克令人至今仍记得她的拿手节目——穿着香蕉皮裙子，不穿上衣跳的一种艳舞。她经常带着宠物猎豹奇基塔（Chiquita）一起演出。奇基塔戴着一只钻石颈圈，时而逃脱控制，跳进乐池，既吓坏了乐队，也令观众毛骨悚然。

然而贝克绝不仅仅是个不穿上衣的舞者。她于1937年加入法国国籍，嫁了一个法国人，并永久定居法国后，在"二战"时期的法国抵抗运动中发挥了重要作用。20世纪五六十年代，她对美国的民权运动也给予了有力支持。她拒绝面对种族隔离的观众表演。约瑟芬·贝克在进行了一次观众爆满的回顾演出后，于1975年平静地离世。作为第一位出生于美国，却因为英勇行为而获得了法国最高荣誉"军功十字奖章"的女人，她得到了完备的军礼安葬。

法国海滩上挤满了不穿上装的女人

实际上，直到20世纪60年代，里尔德的炸弹才以他所期望的毁灭性效果爆炸了。那是在圣特罗佩，拜成熟性感的碧姬·芭铎所赐。身着由粉色方格棉布和昂格莱斯刺绣（broderie anglaise）等儿童面料制作的细带比基尼，芭铎奠定了今后法国海滩唯一的着装规范：最低限度。不久，她又被偷拍到没穿上装的照片，于是单片比基尼（monokini）诞生了。①蜂涌到圣特罗佩海滩上的时尚潮人们，无视当地政府的劝阻，变成了袒胸露乳的太阳崇拜者（实际上，禁止单片比基尼的布告牌和炫耀单片比基尼的女人们一样多）。名导演让-吕克·戈达尔更是大胆前卫，在他的电影《已婚女人》（A Married Woman）中竟出现了一个赤裸上身的女游泳者的镜头（后来被审查员剪掉了）。最终，在经历了1968年5月惊天动地的变化后——那一年全法国的人都在造反，从女人到学生，所有的人都走上街头抗议示威——为争取乳房自由而进行的战斗打赢了，许多法国海滩都正式或非正式地容忍了袒胸露乳的日光浴……

今天，圣特罗佩的大部分海滩都是"比基尼上部随意"的，首

---

① 即法国版的"单片比基尼"，不过是免去了比基尼胸罩。还有一位美国设计师的确发明了一种叫作"monokini"的衣服，然而没能流行起来。

屈一指的是著名的塔希提海滩，是20世纪60年代为争取裸露上身的日光浴而战的先锋海滩之一。不过你也不必局限于仅仅不穿上装，也有一些海滩的着装规范是完全可以穿得像你出生那天一样，包括被认为"伤风败俗"的阿格德角（Cap d'Agde）天体海滩。在那里，如果你穿着衣服走上海滩会被轰出来。穿裤子的女性会被时尚俱乐部拒绝。尽管是德国人发明了裸体主义，并且他们仍然是最有可能全裸着出现在海滩上的国民，法国却是世界上拥有最多数量的裸体海滩和度假村的国家之一。在一个世界上最善于穿着打扮的国家，人们却对脱衣如此着迷，实在是莫名其妙，但是法国人的确痴迷于裸体。20世纪60年代法国曾有一部获得巨大成功的喜剧连续剧，叫作《圣特罗佩的警察》（*The Policeman from Saint-Tropez*），由明星路易·德费内斯（Louis de Funè）主演。他扮演一位圣特罗佩地方警察，统领着一帮笨手笨脚的老爸警察，不断地卷入与海滩上的裸体者们的"衣着大战"。最后是裸体者获得了胜利。时至今日，完全在黄金时段播出的电视剧仍时常在裸体海滩拍摄，不时有裸奔者令误打误撞而来的资产阶级家庭感到崩溃的镜头。①

然而，尽管20世纪60年代后法国人对裸体和裸胸抱起了宽容态度，但时代却似乎时时在变化。年轻一代的法国女性仿佛又不像她们的母亲们那样在海滩上热情豪放了。小资的青春少女们在涉及裸胸问题时，都变得含蓄内敛起来，没有人确知原因（法国知识分子和新闻界都注意到这一点，也都深感遗憾）。说法之一是，今天的海滩已不再是社会规范解放的空间，而只不过是又一个牙齿和（修

---

① 例如，2012年6月法国TF1电视台播出的电视剧《天体主义十分钟》（*À Dix Minutes des Naturistes*）。

剪过的）指甲的搏斗场了。1968年"五月风暴"最著名口号之一是"铺路石的底下是沙滩"（sous les pavés, la plage），其含义是：文明制度的压迫下是自由。①然而如今的沙滩，还那么自由自在、安逸舒适吗？20世纪90年代对人体美的狂热崇拜，意味着越来越多的女人，对一年一度必须宽衣解带的夏天假日，心生起恐惧来。如今的蓝色海岸上，人造的假乳和假臀大肆争奇斗艳，真正的物件却有些相形见绌了。随着越来越多的外来客如潮水般涌到里维埃拉，竞相炫耀着她们的膨胀物，正宗的法国尤物便有尊严地撤退了……

> 天体主义的实践不仅没有导致伤风败俗，而且是与伤风败俗进行战斗的一种很好的方式。
> ——加斯东·迪维尔博士（Dr. Gaston Durville，1887—1971），法国天体主义领袖人物

无论是什么原因使她们又变得端庄了起来，在最近的一次民意调查中，50%的法国女人说她们讨厌在沙滩上全裸，37%的人在看到裸胸或裸臀的人时会吓一跳。[13]今天的比基尼更像是一种令人惊叹的高科技产品，一种能凸显曼妙身材的精巧设计，能通过内部装置将女人的乳房垫高、肚子抚平、臀部提升，而不再像20世纪60年代那样就是几条没有艺术品味的带子。而且，几十年来第一次，老式的上下连体的泳衣又成为市场上的宠儿了，越来越多的法国女人拒绝加入竞争海滩上最美妙身材的大战了。甚至在"巴黎海滩"（Paris

---

① 指的是巴黎的示威学生撬起铺路石掷向警察后，发现石板的下面，城市居然是建筑在一层沙子上的。这个口号被情境主义者（Situationist）广泛使用，这是一个在1968年革命中盛极一时的号称马克思主义的先锋团体。

Plage）——每年夏天在塞纳河岸仿造的海滩——裸露上身晒日光浴，如今都可能被罚款。有趣的是，在法国普通海滩上，女人们对裸露上身的日光浴望而却步，却与裸体主义本身的兴盛形成了鲜明反差。越来越多的家庭涌向了"正式的"天体海滩。这表明是否能赤条条地来到海滩上并不是太大的问题，问题是在哪处海滩。

这是否意味着祖胸露乳那令人迷醉的全盛期，也就是碧姬·芭铎和她的第一任丈夫罗杰·瓦迪姆可以轻松自在地漫步在当时依然蛮荒的庞普洛纳（Pampelonne）海滩的日子，就此一去不复返了？未必。在法国东南部只要你去对了海滩，你仍会看到大量裸露的"胸器"，只是别指望它们是"法国制造"的。

◎ **传闻评估：部分正确。法国海滩上仍有赤裸上身的女泳者，但其中真正的法国人越来越少了。**

法国的村庄非常古雅

这是最优雅的法国乡村生活——有露天市场、迷人的乡村咖啡馆和悠闲、友善的人们。

——巴黎郊区一家法语学校的广告词

啊,"典型"的法国村庄:圆润的石头砌成的一簇农舍偎依在山顶,覆满青苔的斑斓屋顶,漂亮的百叶窗上装饰着鲜艳的天竺葵……谁不曾梦见过这般安宁而静谧的人间天堂?法国的乡村,就是慢车道生活的经典梦幻,那是一个时间静止的地方,仅有的声响就是星期天早晨教堂的钟声,乡村咖啡馆玻璃上的滴答声,尘土飞扬的乡村广场上几个戴着贝雷帽的老人玩木滚球的咔嗒声……别忘了转过街角还有福特汽车的展厅、快餐连锁店烤牛城(Buffalo Grill),还有家乐福(Carrefour)的大卖场。

毫无疑问,纯正的法国乡村无比美妙。法国的地理位置使其囊括温带气候和地中海气候,意味着它享有西欧或许最为多姿多彩的风景。在佩里戈尔(Périgord)和普罗旺斯、布列塔尼和勃艮第、阿登高地(Ardennes)和阿尔代什(Ardèche)这些面貌迥异的地区,的确存在着美丽得不可思议的村庄,真仿佛是从马塞尔·帕尼奥尔(Marcel Pagnol)的《恋恋山城》(Jean de Florette)的书页上扒下来的。这样的乡村,十有八九会有一个风景如画——不过也安静得多少令人有些不安——的中心区。这个中心区有古老的集市广场,有教堂和村公所(mairie)。在这片田园诗般的风景区几英里内,你通常还会看到低造价的水泥住宅、外观相似的假日别墅、谷粮仓和其他仓库——总之,地方当局认为有用(通常也很可怕)的任何东西,都会在这里。

法国人一般来说,并不像英国人那样迷恋他们的乡村(或许是因为农村在法国实在是太多了——至少目前还是如此)。在英国,人们对战后城市的扩张有可能彻底吞没农村深感忧虑,以至早在1947年英国的城市周围便建起了"绿带"。规划限制也使得新的开发必须与当地风景和建筑和谐相称这样的原则得以深入人心。强大的议会游说团体如国民托管组织(National Trust)和呐喊不已的激进组织如英格兰乡村保护运动(Campaign to Protect Rural England)一向非常活跃,时刻准备着扑灭任何有可能以黑暗、邪恶的工厂玷污英格兰田园牧歌般的乡村的提议。法国则不同,没有像国民托管组织这样有土地所有权的遗产保护团体;其最相似的机构——文化遗产基金会(Fondation du patrimoine)——主要是帮助和资助古老建筑的所有者维修和保养他们的房产。法国草根阶层的环保运动比英国声势小得多,只有引人注目的重大项目才有可能激起波澜。一个明显的例证就是法国政府在大西洋卢瓦尔省(Loire Atlantique)的农村小公社诺特尔达梅–代朗代(Notre-Dame-des-Landes)附近修机场的计划目前引起的喧嚣。这个计划要耗费6亿欧元,占用1600公顷耕地,为一个已经有一座机场的城市〔南特(Nantes)〕再建一座机场,无论从经济方面还是从环保方面看都显然值得质疑。

声势浩大的地方环境保护组织的相对缺乏，意味着法国虽然对具有历史意义的特定地区和建筑保护得很积极，但假如一座村庄不幸位于这些文化例外之外，很大程度上就只能听凭地方政府的规划部门处置了。大多数情况下，会预先有一个"地方城市发展规划"（Plan Local D'urbanisme，简称PLU）来许可住宅、商业和公共开发。所以假如一座工厂或一座医院、一个消防站或一栋公寓需要建设，只须按照PLU的规定建设即可——哪怕那建筑正对着你的后花园，阻挡了你原先能尽情享受普罗旺斯山景的视线。

当然，在这方面法国面临的挑战与英国没什么不同，那就是：如何为不断扩大且日益产业化又渴望有自己独立的家的人口，提供足够的低成本住房，与此同时又不破坏农村。英法两国采取的措施也大体相同，就是实施双重标准。"官方"的规定是所有地方政府都必须建设至少20%的公益住房，以捍卫法国神圣的平等原则，或者称为"社会融合"（mixité sociale）。实际上，最排外的社区——比如巴黎西郊的"上等资产阶级"村庄勒韦西内（Le Vésinet）——传统上就拒绝这样做，于是他们选择了每年缴纳罚款。巴黎西郊的"化外之地"，如勒韦西内、迈松拉菲特（Maisons-Laffitte），以及"皇家"公社凡尔赛和圣日耳曼昂莱（St Germainen-Laye），实际上都是法国最早开发的郊区地带。回溯到19世纪，当铁路刚刚开始在法国纵横延伸时，像这样的郊区地带，都是靠在破败的城堡废墟上拍卖建筑地块而兴起的。20世纪20年代，在法国政府降低贷款利率以兴建郊区私有住房的政策刺激下，郊区开发缓慢地蔓延开来。[14]然而，法国仍然保留有庞大的农村人口——扎根于山区和丘陵地带的"原产地"（le terroir）的人口。

20世纪60年代穷人们的确大批迁居到法国小镇上。他们像沙丁鱼一样挤在新建成的由高层塔楼构成的住宅区里。这些塔楼至今仍像沉思的巨人一样在法国大城市的周边若隐若现，令人生畏。这些住宅区的居住者住进了一栋高过一栋的大楼，过起了郊区生活，但他们都憧憬着属于自己的一小片乐园：一幢独立的房子，带一个花园。于是

> 一个晴朗的早晨，法国人醒来后，发现他们的花园里突然长出了一棵猴面包树……在不到半个世纪的时间里，几乎完全是不声不响地，法国的地图被改变了。法国市民擦了擦眼睛后，不得不接受了这样的现实：几百年来人们都持有的著名的城乡对立观念，已经不复存在了。取而代之的是另一种形式的土地占有，既复杂又模糊，在选举时又无可置疑地难以权衡利弊……那就是郊区化……
>
> ——《法国，这位是郊区人》(*Le Français, Cet Homo Périurbanus*)，载法国《世界报》(*Le Monde*)，2012年5月31日

到了20世纪70和80年代，这个梦想开始实现。小镇和村庄周围广袤的地域，原本都是农田、农庄和古代城堡，这时开始被开发商们疯狂抢购，建设成私人住宅区。事情很简单，想买房子的人所须做的就是在大批即将建成的楼宇目录中挑选。这些私人住宅区纷纷起着诸如"浪漫""进步"和"蔚蓝"的名字，实际上都是一些拼装的盒子，有着千篇一律的屋顶和五颜六色的百叶窗的水泥立方体。这些房子在法国房地产经纪人们的黑话中，被滑稽而夸大地称为"亭子"（pavillon，是古代法国国王专用狩猎小屋的名称），是法国版的邦瑞（Barratt）之家。你最低花5万欧元就能买一幢这样的房子，在巴黎或其他大城市郊外的随便哪座"样板房"村，比如Domexpo和Homexpo之类的，完成必要的文书工作后就能拿到钥匙。今

天，法国新建房屋中的85%，都是"目录上的住房"（maisons de catalogue）。

自然，当新私人住宅区的水泥森林像雨后春笋般在法国各地扩张时，郊区住宅的业主们就需要新的道路网络，将他们与不再愿意居住，但却仍然需要去上班的城市连接起来。随着《帕斯夸法》（loi Pasqua）于1998年的颁布，法国政府慷慨地承诺，所有居民都将居住在距高速公路45分钟的区域内。这个梦想（或者说是噩梦）迅速地实现了。很快，所有大城市——继而是中等城市——然后是村庄——的周边，就都有了邪恶的三位一体：高速公路、购物中心和新建的水泥私人住宅区。如今，法国有超过1400座面积在2500平方米以上的大卖场，有超过8000家超市，还有30 000个以上交通环岛。[15]（实际上，全世界一半以上的交通环岛都在法国，法国的环岛比世界上任何其他国家都多。）法国每秒钟有26平方米农业用地被开发商吞噬。

到1998年时，法国乡村和小镇杂货店的数量降至1966年的六分之一，地方肉铺的数量下降了三分之二。二分之一的村庄不再有任何本地小店。[16]与此同时，随着村庄的中心变成博物馆，村庄的外围却在变成巨大的购物中心。一般来说，在法国村庄的入口处，你既可能看到潺潺流水的小河上架着古朴的石桥，更可能看到森林般的广告牌，在为当地的英特超市（Intermarché）、麦当劳（McDonald's）或者迪卡侬（Décathlon）做着广告。[①]从风景如画的小镇中心信步走去，你肯定会被导引到镇外巨大的购物中心，或称"飞机库"（hangar）。就以我居住的村子为例，这里

---

① 在这方面法国也许更像美国而不是英国。英国在很大程度上倒是规避了小镇边缘路旁广告牌林立的恐怖景象。法国的大部分郊区，实际上都与美国而不是英国更近似。美国郊区风光的特色之一，便是长串长串的大水泥房子里巨大的购物中心。

原是偎依在巴黎郊区的一座很小的村庄。最近三年在仍保留着中世纪景象的村中心建起了一个属于"目录上的住宅"的"亭子"区；村子入口处的主要公路下开通了一条地下通道；还新建了一座30 000平方米的购物中心（与已有的一座相连）。具有讽刺意味的是，这座购物中心起名"果园"，以纪念被它取代了的众多果园。

在大多数外国人心目中，法国人的典型住房是巴黎的一个小巧公寓和乡下一座古朴的别墅：城里很时尚，乡下美如画。然而事实却是，两边都不靠。在法国，56%的人都只有一套住房。其中很多都是"目录上的房屋"，或者郊区的"亭子"。实际上，这不仅是法国家庭住房的现实，也是梦想。根据2004年的一项调查，受访的法国人中只有10%想住在大城市的市中心，只有16%的人想住到乡村去。绝大多数人——49%——的梦想是住到郊区去。[17]换言之，普通的法国人梦幻中的住宅既不是普罗旺斯薰衣草田环抱的农舍，也不是巴黎时尚大街上豪斯曼风格（Haussmann-esque）的公寓，而是……一条死巷里楼上有两间卧室、楼下有两个客厅的复式楼房。法国的乡村已经开始反映这一梦想：越来越不像电影《普罗旺斯的一年》（*A Year in Provence*，又译《山居岁月》），越来越像电影《左邻右舍》（*Neighbours*）了。

法国风光中这种日益增多的郊区特色，当然没有逃过法国时事评论员们的眼睛。这种现象一直受到环保人士的猛烈抨击。他们指出，这种在法国乡村雨后春笋般涌现的火柴盒式的房子，碳排放量比电影《金刚》（*King Kong*）里那头庞大的猩猩还要巨大。这些房子吞噬了法国大片的农田，消耗了大量的能源，更不用提一家两辆、一天往返巴黎两次的小汽车排放的尾气了。但是总体而言，法国的知识分子对这种郊区风光视若无睹（因为他们中的大

法国的村庄非常古雅

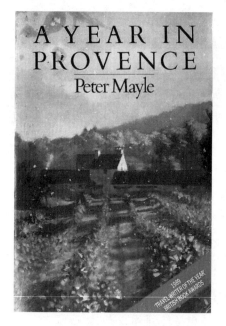

多数实际上都生活在巴黎市中心）。法国没有郊区诗人——也没有郊区的救星来详细制定逃离"亭子"监狱逃往城市的计划，也没有约翰·贝奇曼（John Betjeman）来哀叹猛犸象般庞大的购物中心盘踞的巴黎西郊［被一些有黑色默感的人称为"整容项目"（Plaisir）］，曾经密聚在薄雾中的老榆树。更没有法国版的《美国丽人》（American Beauty）、《绝望的主妇》（Desperate Housewives）或者《单身毒妈》（Weeds）这样的电影和电视剧，来揭示颤动的网眼帘背后郊区生活的真实情况。①

但是法国的乡村并没有完全丧失。有许多具有开拓精神的市长，主持制定了像"村庄之心行动"（Opération coeur de village）这样富于想象力的计划。这是一种资助制度，旨在为死气沉沉的村庄中心注入新的生气。其措施是修葺翻新以前的学校、工厂或商店，将旧建筑物改造成住房或公寓，而不是采取简单（且具有诱惑

---

① 本章所探讨的是"郊区村庄"，即英国人和美国人通常理解的郊区，是城市、小镇或村庄的外围，主要是因私人住宅区的扩张而形成的郊区。这种郊区在法国被称为périurbanisme。法国还有其他类型的"郊区"，即banlieue或cité，是建在城市边缘的庞大的住宅区，供穷人和移民居住。这样的地区在英国被称为"内城区"（inner-city），其实就是贫民区。法国媒体和艺术界反映各地这种贫民区的报道和作品极多（与私人住宅区构成的郊区形成了鲜明反差）。像cité这样的郊区不是本章探讨的话题，实际上也不是本书的话题，需要有经深入调查研究的专门书籍来探讨它们。

力)的办法,在外围开发新的"目录上的住宅"。但是这样的计划需要眼光、想象力,以及——最困难的——现金。于是问题依然存在。你怎样确保旅行社网站上吹嘘的"风景如画的法国乡村"里的民居(gîte),当真坐在你假日梦想所寄托的村庄里?你怎样确知那些民居偎依在有古代城堡的山顶的阴影里,而不是在"飞机库"超市的下风向?答案是调查。有许多组织能保证某个村庄的确不是出于《浓情巧克力》(Chocolat)那样的电影,例如,像《法国最美丽的村庄》(Les Plus Beaux Villages de France)这样的非官方指南,或者像《村庄特色》(Village de caractère)这样的官方列表。[顺便提一句,《浓情巧克力》是在勃艮第的村庄奥泽兰河畔的弗拉维尼(Flavigny-sur-Ozerain)拍摄的。但是别指望在那里看到电影中的那条河,河景是在英国的维尔特郡(Wiltshire)拍摄的。]你也可以检验一下法国人最喜欢的村庄,是2012年数百万观众通过国家电视台从总共23个候选村庄中选出的:洛特省(Lot)的圣西尔拉波皮耶(Saint-Cirq-Lapopie),在一个巨大的山谷里,一群美得催人泪下的琥珀色石屋簇拥在一面峭壁之下。如欲了解这种村庄的数量,2012年《法国最美丽的村庄》将157座村庄评定为"美丽"级。法国总共有31 927座人口在2 000人以下的村庄。当然,评级并不能说明一切,法国还有大量风景如画却鲜有人涉足的小地方,正等待着被发现。不过请记住,前方不远处也许还有一座欧尚(Auchan)大超市或者大牧场(El Rancho)连锁店,也正等待被发现。

◎ **传闻评估:部分正确(不过有大量例外)。**

法国乡村风格非常时尚

只需20万美元,你就能在费城(Philadelphia)的高档住宅区梅因莱恩(Main Line)买到一座"正宗"的法国农舍。

——迪安·马康纳(Dean Maccannell),《旅游者:休闲阶层新论》(*The Tourist: A New Theory of the Leisure Class*),1999年

那些梦想着在法国的洛特–加龙省(Lot-et-Garonne)拥有几亩地的英美中产人士,一提起法国农舍或村居,都立刻能想到一种熟悉的室内装饰风格。没有任何装饰的墙壁,也许涂抹着石灰或者厚厚的一层黄褐色的crépi,[①]因地中海沿岸干冷的密史脱拉风(Mistral)常年的劲吹而褪了色;代代相传的饱经风霜的灰色或铜绿色的家具,装饰着褪了色的约依印花布(toile de jouy);[②]起皱的

[①] Crépi是法国房屋墙壁上传统打底用的一种粗灰泥,经常因岁月的陈化而呈现出美丽迷人的黄褐色。
[②] 约依印花布是一种压印着复杂但通常是田园风光图案的灰白色的亚麻布,最早出现于18世纪的法国,如今已与法国乡村内饰密不可分地联系在一起。

朴素的红格子桌布，与盛着奶油的碗罐或者浆硬的亚麻餐巾并不匹配，但仍然很和谐。这一切都无声地诠释着这种简朴但又典雅的风格。但最重要的是，还有一种低调而朴素的雅致：精美的葡萄酒用普通的玻璃杯奉上，塞满地方特产的沙拉盛在结实的玻璃碗中，当地熟食装在沉重的椭圆形白色大浅盘里。这体现出一种质朴但又优雅的简单，见证着一种与生俱来的精致的品味和品质，尽管表达这种感觉的物体会在现世腐蚀或风化，但这种感觉却会无所畏惧地永恒闪耀。

但是，这种我们认为自己了解的"法国乡村风格"的形象来自哪里？无疑，你在真正的法国农庄或乡下房屋中很难见到，除非是在一小部分顶级民居（gîte）或酒店（chambres d'hôte）中，而许多这样的酒店是外国人拥有的。典型的法国民居——尽管会有摇摇欲坠的石头和法国灰百叶窗构成迷人的外观——但内部却很有可能是杂乱地铺着丑陋、俗丽的花砖的20世纪70年代颜色的墙壁和地板，宜家（IKEA）的家具，镶褶边的窗帘，细铁丝网围栏，和/或绣着心形图案的亚麻台布。难道法国人从来没听说过Farrow & Ball壁纸吗？他们有可能不了解西沙尔麻垫的潜能吗？难道所有那些登着精美翻新的法国乡居住宅（通常都为英国人所有）的令人垂涎的图片的室内设计杂志在撒谎吗？答案是，它们的确在撒谎——或者至少部分上在撒谎。

"法国乡村风格"，如我们所理解的，与法国农村基本上没什么关系。[18]那其实是室内装修设计师的一个发明。早在18世纪晚期，路易十六的王后玛丽·安托瓦内特就在凡尔赛小特里阿侬宫（Petit Trianon）附近她假造的村庄里自娱自乐，用刻着花押字的银桶挤牛奶，用扎着丝带的篮子收鸡蛋，还假装没有注意到王室内侍们穿着农民的衣服，在她临近时清扫着道路上的马粪。真正的法国农民家庭是粗陋且非常讲求实用的，他们竭尽所能地利用一切本地材料。我们所知道的今天的"法国乡村风格"，其灵感并非来自于农民家庭，而是汲取于法国所谓的"各省风格"——由法国各省富裕的中产阶级人士在模仿贵族城堡富丽堂皇的内饰时开发出来的风格。实质上，那是将路易十四、路易十五和路易十六时期的凡尔赛风格逐渐减弱后，使之更加家庭化和寻常化后形成的风格。[19]那是一种要展现怡人的雅致和与过去的联系的面貌。对于19世纪末和20世纪初来到欧洲的美国游客们来说，这正是他们想要寻找的风格。

19世纪晚期，美国作家伊迪丝·华顿（Edith Wharton）——她作为小说家名气更大，但她其实在室内装修方面也很有创见——是最早从英国和法国的农村房屋汲取了灵感的人之一。她认为这些灵感可以作为对已经配备了所有舒适用品，只是缺乏历史感的美国中产阶级家庭住宅进行改造的模式。[20]后来，到了20世纪初，曼哈顿的名媛埃尔西·德·沃尔夫（Elsie de Wolfe）也看出了借助法国的装饰品和家具，为美国居家增添少许历史厚重感的潜在可能性。埃尔西曾是一名演员，她可能是第一个将头发染成蓝色，在社交聚会上表演倒立，并且用豹纹印花布覆盖18世纪的脚凳的女人（据说她第一眼看到巴黎先贤祠，就惊呼道："这是米黄色的——这是我的颜色！"）。她也几乎肯定是世界上最早的室内设计师了。在她出版于1913年的代表作《品味优雅的房子》（*The House in Good Taste*）中，埃尔西描述了她各种各样的房屋翻新方案——从纽约一幢破旧不堪的赤褐色砂石建筑，到凡尔赛她心爱的房屋。[21]埃尔西尤其受到了凡尔赛城堡所体现的18世纪法国设计思想的启发，开创了20世纪初的美国房屋装修设计风格。当时的美国房屋，多是英国维多利亚时代的黑暗阴郁风格，像是能引发幽闭恐惧症的监狱一般，埃尔西以她从镜厅（Hall of Mirrors）和橘园（Orangerie）等处得到的灵

感,将它们改造成明亮、开放、反光和有格状装饰的空间。笨重、阴暗的家具被刷着亮色漆,饰有拼贴艺术和中国风格图案的家具所取代,有些居室的改造还受到了吉维尼(Giverny)的"莫奈花园"里蓝黄两色客厅的启发。丝绸、锦缎和丝绒让位于轻巧、透气的印花棉布,当然少不了传说中的约依印花布。《品味优雅的房子》一书中收录了很多照片,展示了富裕的曼哈顿住户得到了埃尔西怎样的重新装饰:路易十四、路易十五和路易十六时代的家具和宽大、柔软的现代沙发、充足的照明,以及所有最好的现代便利设备并肩而立,和谐相处。总之,是凡尔赛和散乱放置的靠垫的结合。

在这个现代化和综合化的过程中,"法国乡村风格"是以与"英国乡村风格"近似的方式制造出来的。"英国乡村风格"是另一个美国人的发明,她就是南希·兰开斯特(Nancy Lancaster)。[22]像埃尔西一样,20世纪40年代兰开斯特引领的风靡一时的英国乡间式住房改造,也创造出一种本质上是美国式的婚姻,它将灵巧的小物件、趣味雅致的重大纪念物和对辉煌遗产的暗示,与通风良好但冷冰冰的英国原住房的现代贵族主人们并不知道的物质享受结合了起来。①20世纪50年代和60年代的织物设计师们很快发现了乡村住宅梦工厂的潜能：在法国，皮埃尔·福雷（Pierre Frey）奢华的织物以大朵大朵的花和各式各样的猎犬为特色，能给任何窗户带来乡间城堡般的感觉，正如"自由"（Liberty）和"罗兰·爱思"（Laura Ashley）的"乡居"织品在英国一样。

> 印花棉布中最令人满意的是约依印花布。其设计引人入胜，画面精美，比你在普通丝绸和其他面料上看到的图案，装饰性要强得多。
>
> ——埃尔西·德·沃尔夫，美国女演员和室内设计师（1865—1950），《品味优雅的房子》，1913年

将英国和法国城堡、乡居老屋的家具、设备和装饰图案，移植到像纽约上东城（Upper East Side）这样遥远的地方，就创造出了室内装饰的全球"风格"。现在，在美国棕榈泉的别墅里出现"法国乡村风格"，在东京高层塔楼里出现"英国乡村风格"，都是完全可能的。当（如今一半都空着的）豪华群岛——迪拜（Dubai）的棕榈岛（Palm Island）——开发出来后，房地产开发商的目录里有了大量不同风格的房屋，其中就包括"法国风格"。现在法国或英国"乡村风格"也不再是富人的专属。室内设计师特伦斯·康兰（Terence Conran）在回忆起1952年他

---

① 英国乡村住宅作为一种国家神话获得图腾般的重要影响，正是乡村住宅本身作为一种风俗的衰落之时，其时大约为1945年伊芙琳·沃（Evelyn Waugh）描绘贵族荣耀衰败的经典之作《故园风雨后》（*Brideshead Revisited*）面世之际。随着时间推移，这个神话又得到了国民托管组织的大量房产和诸如被BBC改编的《故园风雨后》这样的电视连续剧的助长，鼓舞了头发蓬乱、精神萎靡、爱到伦敦牛津街买泰迪熊的一代人。这个神话的吸引力至今仍未衰退，正如自2010年以来在全球热播的英国独立电视台（ITV）的电视剧《唐顿庄园》（*Downton Abbey*）所证明的。

第一次到法国进行自驾游时所感受到的令他激动不已的色彩、气味和声音时,坦言法国体验是他最早的居室设计的主要灵感来源。[23] 凯思·金德斯顿(Cath Kidston)重现了英国"复古"(vintage)风格,雷切尔·阿什维尔(Rachel Ashwell)受法国启发创造了"老旧时尚"[shabby chic,通过美国零售巨头塔吉特(Target)进入了大众市场],使得法国和英国的"乡村风格"在曼哈顿的顶楼里能像在英国瑟比顿(Surbiton)的半独立房子里一样容易地再现出来。诸如家庭服务台(Comptoir de Famille)和德于利斯花园(Jardin d'Ulysse)等法国品牌,也靠向世界各地的消费者销售油漆家具、镶褶边的灯罩、细铁丝网食品柜、熟铁墙壁烛台、陶瓷公鸡、格子桌布、印花押字的餐具、约依印花布靠垫和搪瓷咖啡壶等等,而发了大财。

  这使得我们又回到那个微妙的问题,就是有着梦幻外观的房子却可能有着不那么梦幻的内饰。房子从外面看美轮美奂,但里面会是什么样子呢?会让英国游客满意吗?答案是,要看……房屋主人偏爱哪种"世界装饰风格"了。他们也许喜爱"法国乡村风格"(尤其当他们其实不是法国人时)。如果是这样,并且你很走运的话,你也许能看到这种风格的雅致版本——有一些古旧的、精选的物件,在必不可少的Farrow & Ball壁纸映衬下,精心地布置着。如果你不走运的话,你看到的将是这种风格的廉价版本——破损的地板和20世纪70年代流行色彩的墙砖,铺张华丽且过分考究的枝形水晶大吊灯,每扇碗柜门上都有细铁丝围栏,矫揉造作的镶褶边灯罩,必不可少的瓷公鸡,海贝制作的钟表,以及绣着心形和蝴蝶结的所有物件(假如房主是法国人,尤其是一对出租度假小屋的法国老夫妇的话,这种情况最有可能发生)。另一方面,房主也许根本不喜欢任何这些风格;他们也许喜欢波希米亚的折中主义风格,或

法国乡村风格非常时尚

者日本的禅意花园，或者非洲的部落雕塑，或者就喜欢贱如粪土的宜家风格，或者任何其他与他们的房子根本不相称的垃圾风格。那就无话可说了。然而，天边还有一线希望的曙光。归根到底，如果你当真想看"法国乡村风格"的话，其实你根本不需要到法国来。在得克萨斯州的巴黎，或者佛罗里达州的凡尔赛，你就很可能看到。

◎ **传闻评估：部分正确。**

X

最好的敌人

关于英法关系的传闻

法国人讨厌英国食品

每当面对英国饭菜时,我只想说一个字:滚!

——保罗·克洛岱尔(Paul Claudel,1868—1955),法国诗人

对于英国厨艺,有没有人愿赞上一句?从历史上讲,肯定没有。英国厨艺一向被认为是世界上持续时间最长的笑话之一(无论是对英国人来说,还是对任何其他人来说)。以伶牙俐齿而著称的意大利学者阿尔贝托·登蒂·迪·皮拉赫诺(Alberto Denti di Pirajno,1886—1968)曾说,英国人不会通过烹饪给食品增添滋味,全靠用番茄酱增添"食物本不具备的味道",这便是"这个不幸的民族"的餐桌上摆满了各种瓶装酱料和酸辣酱的原因。到了20世纪,弗吉尼亚·伍尔夫(Virginia Woolf)曾哀叹英国菜肴"令人生厌",熬卷心菜、咬不动的肉,还有用来冒充"肉汁"的黏糊糊的颗粒酱;美国记者玛莎·哈里森(Martha Harrison)甚至推测:"英国人在全世界霸占了那么多殖民地,其动机就是他们在寻找好吃的。"

> 英格兰人只有一种酱,就是熔化的黄油。
>
> ——伏尔泰曾对苏格兰哲学家和经济学家亚当·斯密(Adam Smith)这样说,约翰·雷(John Rae)所著《亚当·斯密的一生》(*The Life of Adam Smith*),1895年

法国人当然不会置身于这种冷嘲热讽的世界大潮之外。法国人关于英国厨艺曾有一句老话:"如果一尝是凉的,那就是汤;如果一喝是热的,那是啤酒。"法国杰出的政治家和外交家塔列朗(Talleyrand,1754—1838)曾说:"在法国,我们有三百种酱和三种宗教;而英国人只有三种酱,却有三百种宗教。"小说家爱弥尔·左拉1898年因发表控诉法国军方在"德雷福斯案件"(Dreyfus affair)中阻挠司法的公开信,引发轩然大波,被迫流亡英国。他认为英法将来无论就什么问题达成一致,也不会在烹饪问题上形成共识。在此后的一百多年,法国人的态度似乎也没有太大软化。"你不能相信做饭做得那么差劲的人,"2005年,雅克·希拉克总统在俄罗斯的加里宁格勒(Kaliningrad)与弗拉基米尔·普京总统会晤时,在会场外曾被人们听到这样谈及英国,"英国是继芬兰之后,饭菜第二糟糕的国家。"他继续评论说,英国对欧洲农业做出的唯一贡献就是"疯牛病",当他应时任北约秘书长、苏格兰人乔治·罗伯森(George Robertson)之邀尝了苏格兰肉馅羊肚之后,他和北约的关系也发生了问题。

任何法国留学生在英国家庭居住了一段时间回到法国后,都不约而同地会大谈他们受到的心理创伤。其中一名学生抱怨说,不仅是因为英国天天下雨,而且他所住的加油站附近蹩脚的拉毛粉刷半独立房子里的接待家庭,每天晚上都坐在电视机前,一边看肥皂

剧，一边没完没了地喝令人作呕的奶茶。这位不幸的学生只能吃炸鱼和薯条，或者加一种奇怪的薄荷醋、煮得过头的羔羊肉，或者用橘子酱、醋和玉米淀粉烹制的豆，再或者一种叫作la jelly的难吃至极的柠檬黄色的食品，有时候这四种东西在一顿饭里都得吃到。2004年出版的一本法国旅游委员会（French Tourist Board）编的法国服务员指南这样描写英国的烹饪术："很简单，建立在流行饮食文化的基础上，主要食材是剩饭剩菜。"招牌菜很显然是"馅饼""布丁"和"汤团"。服务员们得到的建议是，尽可能不要告诉英国游客他们吃的肉来自什么动物，甚至不要暗示；给英国游客上的肉不能有一点儿血丝（用法国人的话说，就是一定要烹饪过头）；不要向英国游客推荐动物内脏、蛙腿或蜗牛等菜；不要对英国菜肴进行暗讽。[①1]

那么英国食品糟糕透顶这种举世皆知的恶名，是怎么来的呢？据食品历史学家们研究，英国菜肴在中世纪之前，因为肉切得精致、调料使用大胆，在整个欧洲都美名远扬。[2]英国烹调的名声到底为什么跌落了，是学术界激烈辩论的话题。有许多说法都很令人信服，其中之一是没落最早始于宗教改革，因为自17世纪开始施加于英国社会的清教徒的影响而进一步加剧。"美食"（Gastronomy）因享乐主义和感官刺激而与"暴食"结盟，而"暴食"（Gluttony）则是新教徒眼中的"七宗罪"之一，是牧师们每星期都会在布道坛上严加斥责的行为。这两个"G"打头的词成了叛徒和天主教徒的标志——那些不畏神的高贵家庭像宗教改革前的时代一样，继续大

---

① 据说最早向顾客提供带血丝的肉类的饭馆，是19世纪末伦敦著名的辛普森（Simpson's）餐厅，因此英国人有厌恶红肉的传统，实在是有些奇怪。不过法国旅游委员会2004年的指南还指出，厌恶带血丝牛排的，并不仅仅是英国人，美国人、德国人、西班牙人、意大利人、日本人、荷兰人和波兰人，显然也有这种忌讳。

啖飘着天主教奢华香味的美味佳肴。新教徒平常简单的伙食——朴实无华、有益健康的饭菜——成了正直和敬神的英国人的食物。作为艺术的美食让位于作为家政学分支的烹饪。工业革命使得形势继续恶化，随着城市的迅速发展出现的成千上万的工人，被切断了传统的食物来源。然后是第二次世界大战，使本已病入膏肓的英国厨艺遭到了致命的最后一击：食物配给制。在英国，一连14年，牛奶、黄油、鸡蛋、糖和数十种其他食品的供应量都受到严格的限制。整整一代英国人在成长过程中从未尝过柠檬或者见过香蕉——更不用说学习英国传统的烹饪技巧，如炖松鸡或腌制牛舌。英国烹饪任何残留的信誉都被战争扼杀了。填补这一真空的是加工食品的先驱：弗赖本托斯（Fray Bentos）、雀巢（Nescafé）和第一家切片面包生产商沃登面包（Wonderbread）。

不幸的流亡

1898年7月18日夜晚，法国小说家爱弥尔·左拉（1840—1902）在极度保密的情况下，匆匆跳上一趟火车，逃往英国。他逃亡的原因是在报纸上发表了一封公开信《我控诉》（J'accuse），痛斥法国军队最高层在"德雷福斯案件"中表现出的反犹主义和腐败，结果被判诽谤罪。左拉将在英国度过不到一年的流亡时间，先是在韦布里奇（Weybridge），继而在上诺伍德（Upper Norwood）。在此期间，他坚持记日记［后来以《流亡笔记》（Pages D'Exil）为名出版］，以展现自己在收留他的家庭过着多么悲惨的生活。他想念他的狗、他的情妇、他的孩子们和他的妻子（恐怕就是这个顺序），而且他几乎一句英语也不会说。但最最要命的是，他厌恶英国的饭菜：

"我承认我感到这里的烹饪方式让我很难适应。给我做饭的的确是一位热心的太太,她只为俭朴的人做饭。但是这至少让我深刻了解了这儿俭朴的人们都吃什么。任何东西里都从来不放盐。所有用水煮的蔬菜端上桌时都没加黄油或其他食用油。切成大片的烤肉倒是不错,但是炖肉片和牛排简直没法吃。我很怀疑这里的调味酱都是什么,我根本不用。还有面包——噢,我的天哪!——英国烤得半熟的面包啊,软得像海绵一样!……我基本上是靠烤肉、火腿、鸡蛋和沙拉活着。我谈及烹饪术倒不是为了抱怨,而是表达一下我的惊讶——从哲学的角度讲——法国的砂锅炖菜(pot-au-feu)和英国的牛尾汤之间的差距何其大哉。我们或许什么时候能让两国人民团结起来,但我们永远不可能让他们在厨艺上意见一致。哪怕我们像兄弟一样,我们仍然会就土豆该不该配黄油这样的问题争吵不休。"

——引自《流亡笔记》,1898—1899年

振兴英国烹饪的法国人

今天已经很少有人记得马塞尔·布莱斯坦(Marcel Boulestin, 1878—1943)了,但正是他,首次将法国的烹饪国术带到了英国。布莱斯坦出生在法国西部的普瓦捷(Poitiers),在西南地区的当地餐馆长大。他对英国素有好感,曾试图让他在普瓦捷的家族喜欢上薄荷酱羊肉和英印咖喱的味道。据说他在巴黎研究过肉馅饼和橘子酱,曾劝说作家科莱特(Colette)在巴黎富凯(Fouquet's)餐厅的晚宴上分享了一个盛大的葡萄干布丁,还以威士忌替代了葡萄酒。

> 布莱斯坦于1906年来到英国，先是做装饰生意，但是失败了，于是在"一战"之后转而写烹饪书。他的第一本书——《英国家用简易法式烹饪法》(Simple French Cooking for English Homes)——于1923年出版后大获成功。他也是第一位上电视教做菜的厨师。布莱斯坦并无厨师职业资格，但正如他所说的："我一生都吃得不错，而且像我在法国西南地区的大多数同胞一样，我有烹饪的天赋。"他对伦敦的宾馆和餐厅冒用法国烹饪的名声深恶痛绝，说那些地方"不伦不类的菜品却起着冠冕堂皇的名字，它们还总是用白沙司做鱼，用布朗沙司做肉"。他强调使用新鲜的食材，力推法国宽敞的大厨房的简朴作风。他那些简单随意的菜肴很适合战后俭朴的生活方式，并使诸如伊丽莎白·戴维（Elizabeth David）等烹饪作家深受启发。他在伦敦科文特加登（Covent Garden）创办的餐馆，虽然此后数易其主，但一直营业到20世纪90年代。

然而，乔治·奥威尔（George Orwell）曾预测，在经历了食品配给制的摧残后，英国美食必将复兴，果然，今天的英国烹饪已经今非昔比了。[3] "现代英国"已经挥别了饭菜粗糙的过去，如今的美食酒吧提供诸如黄油马恩岛腌鱼（Manx kipper）和伯福德（Burford）褐鸡蛋咸肉等菜肴，而不再是像馅饼、薯条和盛在篮子里的豆子及鸡肉一样的传统酒吧食品。英国现在有农贸市场，有成架的有机食品，还有成群的电视厨师忙碌地在为"新英国"厨艺正名。英国彪形大汉穿着围裙烹饪浸在萨福克（Suffolk）鹅油里的有机洋葱已不再是件丢脸的事情。然而法国人对海峡对岸的饮食革新有没有什么触动呢？他们是否一边吃着杂碎馅饼，一边改变了对英国食品的厌恶呢？某种程度上，是的。女王陛下的臣民对人生中更美好的事物的热情，得到了法国美食圣经——米其林指南（Michelin Guide）——的赞许（这可是件相当不容易的事情啊）。2012年的指南将令人垂涎的三颗星授予了四家英国餐馆：名厨赫斯顿·布卢门撒尔（Heston Blumenthal）开办的肥鸭餐厅（Fat Duck）和阿兰·鲁（Alain Roux）开办的"河滨酒馆"（Waterside Inn）——均在伯克郡（Berkshire）的布雷市（Bray）；切尔西（Chelsea）的戈登·拉姆塞餐馆（Restaurant Gordon Ramsay）和阿兰·杜卡斯（Alain Ducasse）在伦敦上流社会聚集的梅菲尔区（Mayfair）开设的"多尔切斯特餐厅"（The Dorchester）。令法国厨艺蒙羞的是，在由《餐厅杂志》（*Restaurant Magazine*）主办的2012年"百佳"评选中，布卢门撒尔在伦敦骑士桥区（Knightsbridge）开设的"晚宴"（Dinner）餐厅排名第九，比名次最高的法国餐馆——若埃尔·罗比雄（Joël Robuchon）开办的拉特利耶（L'Atelier）餐厅——高出三位。而且更令法国人感到往伤口撒盐的是，"晚宴"餐厅的菜单居然无视法国"高级烹饪术"，而以苦心挖掘英国烹饪档案而研制的菜肴为特色。一些英国经典菜肴甚至杀进了法国餐馆，例如，现在面包屑和传统的焦糖蛋奶冻（crème brûlée）和苹果挞一起，并列于法国小酒馆的菜单上。

总而言之，有迹象表明，法国的美食精英们已经觉察出一股变革的香味正在从不列颠海岸的烹饪界飘出。那么大街上普通的法国人是否也觉察到这种变化了呢？很遗憾，似乎没有。民意调查和到访英国的法国游客的采访记录，都令人沮丧地是负面的。"英国厨艺的主要成分是水。"法国流行歌手达尼埃尔·达尔克（Daniel Darc）在访问英国后这样评论道。法国游客的典型看法似乎是——无论如今的英国人是怎样的食品文化消费者，无论伦敦最时髦的餐馆怎样前沿——封面光亮的食谱书和起着自命不凡的单字名字的豪华餐厅,都不应是一个美食家的国度所为。法国的在线伦敦旅游指南建议说,除了极少数高档餐馆外,在几乎所有餐馆,点牛排时都须点"嫩一点的",或者更好的办法是,点"进口的"。法国游客普遍抱怨,英国的超市囤积的都是密封、过季、无味的水果和蔬菜,连基本的乳制品都没有[没有普通的小法瑞尔奶酪(petites suisses),也没有白奶酪(fromage blanc)]。很多肉制品和海鲜英国的超市都没有(没有小牛肉,没有兔肉,没有海胆,也没有活龙虾)。当然,法国游客和侨民最终的观点是,英国最好的菜肴都是法国菜。正如当代法裔希腊作家皮埃尔·达尼诺斯(Pierre Daninos)所感慨的:"英国人也许教给了世界餐桌礼仪,但法国人教会了世界怎么吃。"

> 你不禁会纳闷,英国沙拉到底是无知的结果,还是为一种奇怪的变态口味有意为之。
> ——马塞尔·布莱斯坦,法国厨师

在本土法国人中,英国菜对他们的影响似乎等于零。在2011年进行的一项关于法国人喜爱的外国菜肴调查中,高居榜首的是意大利菜,其次是中国菜,然后是日本菜(尤其受到年轻法国人的青睐)。英国菜甚至未能上榜。[4]不过令英国人振奋的是,有一种英国食品在世界上所有国家中都算得上出类拔萃,那就是早餐。2011年在一项对2400名宾馆客人的调查中,完全英式早餐当选世界最佳早餐,就连法国人都认为那是他们喜爱的宾馆唤醒餐。[5]所以如果说英国烹饪至少有一餐拯救了培根的话,那就是伟大的英式早餐了。用萨默塞特·毛姆(Somerset Maugham)的话来说:"要想在英国吃好,你只须一天三顿都吃早餐。"[6]

◎ **传闻评估:部分正确。**法国烹饪行家正在改变藐视英国烹饪的观念,但"现代英国人"很重视美食享受这种观点尚未渗入一般法国人中。

英国人占领了法国乡村……法国人占领了英国城市

> 法国人是个讲求逻辑的族群,这就是英国人非常讨厌他们的原因之一。另外的原因在法国本身,我们一向认为这个国家对他们来说过于好了。
>
> ——罗伯特·莫利(Robert Morley,1908—1992),英国演员

英国人侵略法国不是什么新鲜事。实际上,在两国跌宕起伏的历史上的不同时期,法国都有部分领土处于英国的统治之下。自安茹的亨利(Henry of Anjou)——后来的亨利二世——时期,英国人就渴望拥有一片法国土地了。亨利二世本人凭借1152年迎娶最适合的法国新娘——阿基坦的埃莉诺(Eleanor of Aquitaine)——继承了法国西部的大片领土。他开创的金雀花王朝(Plantagenet)的大部分土地〔只除了西南部的加斯科尼(Gascony)〕,又于13世纪初落到了法国国王手里——部分上是因为无能的国王约翰无嗣——正是为了夺回这些土地,好战的英国国王爱德华三世才于1337年发动了对法国的百年战争。实际上,自那以后的英国君主都

自称为英国和法国国王,而且英国王室的盾徽上也历史性地加入了觊觎法国王位的标志:鸢尾花(fleur-de-lys)。直到英王乔治三世后,鸢尾花标志才从英国王室盾徽上移除。乔治三世糊涂一世,却聪明一时,于1802年最终放弃了长达几个世纪的英国国王对法国王位的主张。不过乔治三世的慷慨十有八九是为了自保。毕竟,那时法国正处于大革命中,并把他们自己的王室家族送上了断头台。①

整个19世纪和20世纪初标志着与此前500年的一次决裂,英国最终对统治法国失去了兴趣,转而集中精力统治世界的其余部分。

> 上帝对英国人是爱是恨,我不知道,但我知道他们肯定会被全部赶出法国,只除了那些死在这里的人。
>
> ——据说是法国民族女英雄圣女贞德(Joan of Arc,1412—1431)所言

但这并不意味着英国人放弃了将他们的邻居殖民地化的梦想,即使公然仗剑做不到,也要私下悄悄地做到。早在18世纪下半叶,英国上流社会人士便蜂涌到法国里维埃拉,享受美丽的自然风光和阳光灿烂的地中海气候。里维埃拉遂成了英国富裕和时尚人士传统的冬季度假地。尼斯著名的英国人漫步大道(Promenade des Anglais)就是这些早期富人或贵族阶层到来的见证。②19世纪末20世纪初,盎格鲁-撒克逊冒险家开始进一步向内陆挺进,侵入了普

---

① 乔治三世放弃英国君主对法国王位由来已久的主张,是与拿破仑统治的法国达成和解的企图之一。拿破仑此前刚刚击败了欧洲君主的一支联军(包括哈布斯堡王朝统治的奥匈帝国和沙皇俄国的军队),正令其他保守的欧洲君主魂飞魄散。欲更多地了解当时英国人对法国大革命的反应,见"法国是个革命的国家"一章。
② 直到今天,喜欢乘喷气式飞机飞来飞去的富裕时尚人士仍习惯于在秋冬季来到法国里维埃拉,使得8月成为普通旅游者挤破头的月份。高雅的游艇于10月份悄悄地来到圣特罗佩,参加"周末航行赛"(weekend des voiles),就是这一情况的明证。

英国人占领了法国乡村……法国人占领了英国城市

罗旺斯的薰衣草地和纯朴乡村。一种新型的居民开始到来：或充满不羁的艺术气息或附庸风雅的中产阶级人士。20世纪二三十年代，普罗旺斯和蓝色海岸成了美国作家的家园。比如，伊迪丝·华顿（Edith Wharton），作为一切法国事物的终生爱好者，她于1927年在耶尔（Hyères）的山中购买了圣克莱尔城堡（Castel Sainte-Claire），在那里度过冬天和春天，直到1937年她去世；弗·斯科特·菲茨杰拉德（F. Scott Fitzgerald）于20世纪20年代到访过耶尔、戛纳和蒙特卡洛（Monte Carlo），最终停留在圣拉菲尔（St Raphaël），在那里写了《了不起的盖茨比》（*The Great Gatsby*），并开始写《夜色温柔》（*Tender is the Night*）。英国作家威·萨默塞特·毛姆也于1928年在圣让卡弗尔拉（Saint-Jean-Cap-Ferrat）买了房子——毛雷斯克别墅（Villa Mauresque），此后他大部分时间都住在那里，只除了"二战"时期短暂流亡在外。伊丽莎白·戴维的烹饪书显而易见的成功，将法国各省菜肴的色香味呈现在整整一代战后英国中产阶级面前，使得这些英国人也开始在普罗旺斯买房置地。外国人的大量涌入，使得普罗旺斯地区的物价飙升，外国人于是又涌向了同样风景如画但却便宜得多的邻省加尔（Gard），继而又向该国的西南部蔓延，特别是多尔多涅省（Dordogne）和洛特省。

20世纪初移民法国的英国人，绝大多数是迷恋法国的富裕的中产人士，至少对法国语言和文化有相当的了解。然而，到了20世纪80年代，一批新型的旅游者开始从不列颠海岸涌来。在前广告经理和性手册作家彼得·梅尔（Peter Mayle）1989年大获成功的书《普罗旺斯的一年》（*A Year in Provence*），以及随后的一系列电视剧如《郎心似铁》（*A Place in the Sun*）等的驱动下，加之航空公司新推出的折扣机票使得深入法国内地成为可能，新的入侵者并非骑马仗剑而来，而是乘坐易捷航空公司的廉价航班，带着板球拍和Farrow &

Ball壁纸，以及成罐成罐的马麦酱（Marmite）到来。许多人除了"bonjour"（你好）和"au revoir"（再见）外，一个法语单词也不认识了，但他们也不认为自己需要认识，他们来法国，当然是奔着生活方式，而不是语言、政治或文化而来的。外国人涌入的高峰出现在1995年易捷航空公司成立后的十年，最初主要由退休人士构成的涓涓细流，到了21世纪初终于汇成了家庭的洪流。英国家庭前来寻找被废弃因而价格极低廉的农舍或旧城堡，改造成"法国乡村风格"的民居，养羊，甚至养英国花栗鼠。以至于某些地区——例如已被戏称为"郡"的多尔多涅省——英国人口已与法国人口不相上下，甚至大有超越之势。① 例如在多尔多涅的埃梅村（Eymet），居然有一个专门卖令人思乡怀旧产品的英国食品杂货店，出售车轮（Wagon Wheels）面包、《天命物语》（Angel Delight）唱片和弗兰克·库珀（Frank Cooper）的牛津橘子果酱［又称"厚切"果酱（Thick Cut）］。当地小酒馆不仅有法国山羊乳酪沙拉（salade de chèvre），也有咖喱和香辣肉酱（chilli con carne）。夏日下午不时传来的，不是法国滚球的噼啪声，而是板球撞击草地和柳树的柔和的砰砰声，还有飘仙甜酒（Pimm's）碰杯的乒乓声。

总之，目前大约有20万英国侨民居住在法国。[7]那么硬币的另一面是什么情况呢——有多少法国人定居英国呢？对这个数字的估计千差万别，但来自法国驻英国大使馆的数据是，涌进不列颠的高卢人多达30万。[8]其中三分之二居住在伦敦，以至伦敦目前被称为法国第六大城市，不过苏格兰、东英格兰和威尔士也有法国人的

---

① 根据税收记录，过去五年来到法国的英国侨民，定居最多的地区是巴黎/巴黎大区（Île de France）；其次是气候温和的西部普瓦图－夏朗德大区（Poitou-Charentes）；再次是南部－比利牛斯大区（Midi-Pyrénées）和阿基坦大区（Aquitaine）。

英国人占领了法国乡村……法国人占领了英国城市

飞地。苏格兰法语学院（Scottish French Institute）声称该院已成为"爱丁堡（Edinburgh）心脏地带的一个法国小角落"；东英格兰的诺维奇市（Norwich）现在有定期的法国集市，出售从法式奶油蛋卷到科西嘉香肠的各种产品；威尔士首府加的夫（Cardiff）的"奶酪太太"（Madame Fromage）出售品质最佳、气味最冲的法国奶酪。在伦敦，南肯辛顿区（South Kensington）的法语学院（French Institute）和夏尔·戴高乐中学（Lycée Charles de Gaulle）一带——包括正式名称为西南七区比特街（Bute Street，SW7），但人们都称之为"蛙巷"（Frog Alley）的街道——咖啡馆早餐卖出的法国挞丁（tartine）比英国传统的培根、煎蛋还要多，很多穿着高翻领毛衣的年轻人在法文书店里热切而认真地讨论着萨特的学说。实际上，定居英国的法国人，数量自1991年起每年都在增长，单是2006年一年就飙升了1万人——是20年来最大的一次增长。英国目前是法国人在欧洲最偏爱的移居目的地，正如法国也是英国人最青睐的地方一样。

　　法国人最近为什么如此热衷于英国生活呢？2011年法国《费加罗报》（Le Figaro）进行的一项研究发现，对于大多数来到英国的法国侨民来说，最大的吸引力来自工作机会、薪酬水平和个人自由（在所有这些方面，英国都远高于法国）。[9]伦敦的法国侨民不可否认的事实是，在英国，你无需酿酒学博士学位就可以得到一份酒吧服务员的工作；你只需几英镑就可以在一天之内成立一个新公司，而在法国则需要好几个星期，须填无数复杂的表格，还要花好几百欧元的会计师费和律师费；当你赢利时，也不至于最终将利润的三分之二都缴了税和支付员工成本。在法国，将自己的企业办得红红火火的商人会被视为粗鄙的暴发户，遭到嫉妒和憎恶；法国最聪明的学生都会拼命去争公务员职位，或争当法国大公司的

PDG①，而不想当暴发户，不想去做自己创业、精明经营的人。②法国人热衷于嘲笑英国人的倾向——而英国前首相玛格丽特·撒切尔就是这一倾向的热心推手——支持中低收入阶层，鼓舞他们对国家图腾——众所周知拿破仑曾嗤之以鼻的"小店主之国"（nation of shopkeepers）——的热望。然而，当法国最聪明、最优秀的人才纷纷用脚投票，摒弃了耍笔杆子的文人寡头政治，而对小店主之国趋之若鹜时，法国人恐怕越来越撇不起嘴了。

英国也并非法国移民唯一的第二故乡。尽管英国是法国侨民在欧洲的头号目的地，法国游子在全世界的头号目的地却是加拿大，尤其是加拿大说法语的魁北克省（Québec）。过去十年魁北克的法国移民呈爆炸式增长，目前总数已逾11万，过去30年，法国移民的人数也超过了来自阿尔及利亚、中国和摩洛哥的移民。在法国驻魁北克领事馆登记的法国公民人数过去十年翻了一倍。[10]法国人涌入魁北克的原因与投奔伦敦类似——工作机会、自由等——而且还不像在伦敦那样要经受语言挑战。然而进入英国的法国移民一旦征服了语言关，往往都会蓬勃发展，而大量原打算定居魁北克的法国人却郁郁不乐地回到了祖国。为什么呢？似乎是因为他们对魁北克的设想是错误的。在一般法国人的梦想中，那是一片小木屋和哈士奇犬拉动雪橇的土地，人民像法国各省的乡下人一样快活热情。简而言之，那是美洲的一片法国。然而实际上——令他们震惊和懊恼的是——他们面对的是一块说法语的美洲。那里有强烈的个人主义伦理道德、自由市场经济，以及远离了法国之根而更多地拥抱了美

---

① 即"President Director General"，在法国相当于首席执行官（CEO）。
② 假如乔治·W. 布什（George W. Bush）当真说过法语中没有称呼企业家的词，那么他即使从语言学的角度来说是错了，在精神上也是正确的。

洲遗产的饮食，魁北克人——太可怕了——更像是盎格鲁-撒克逊人。出于这样的原因，每年移民魁北克的3000—4000法国人中，[11] 18%—20%在五年内返回了法国，[12]也许就不足为奇了。

也不是只有思想丰富但囊中羞涩的聪明青年在离开法国，去寻找水草肥美的新草场。正如1981年社会党总统弗朗索瓦·密特朗当选后，大批富人悄悄地逃离了巴黎市中心最富的几个大区一样，2012—2013年，随着号称要实行更激进的税收政策的新的社会党总统当选，富人们又一次小心翼翼地用路易威登包打好了行李，一队队豪华轿车连夜沿着黑漆漆的公路迤逦而行，奔向私人机场。法国商人、名人（包括演员杰拉尔·德帕迪约）和企业老板，悄悄地逃往异国他乡，去寻找久居之地，转移财产，改换瑞士或比利时国籍（或者像德帕迪约那样，变成俄罗斯人）。最大的风波发生在2012年，跨国奢侈品集团路易威登①的老板、法国最富的人贝尔纳·阿诺（Bernard Arnaud）加入了比利时籍，据说是为了逃避新的财富税——他的收入的75%，超过100万欧元（他否认了这种说法）。"滚吧，你这为富不仁的阔佬！" 2012年9月10日，法国左翼日报《解放报》（*Libération*）的醒目大标题怒吼着，像默多克（Murdoch）在英国的媒体一样破口大骂。

如今，"泰晤士河上的巴黎" 的街边露天咖啡馆和法文书店，与 "多尔多涅郡" 的茶馆和小酒馆同样蔚为壮观，似乎法国佬最终对率先入侵的英国佬实施了甜蜜的报复。但是法国将他们最聪明、最优秀的青年赶过了海峡，而其本身却变成了英国退休老人的家

---

① 即酩悦·轩尼诗-路易威登集团（Louis Vuitton Moët Hennessy），法国一些最著名的奢侈品品牌的拥有者。其旗下品牌包括：酩悦香槟（Moët et Chandon）、路易威登（Louis Vuitton）、轩尼诗（Hennessy）、克里斯汀·迪奥（Christian Dior）和凯歌香槟（Veuve Clicquot）。

园。这恐怕很难说是公平交易。可法国人又能怪谁呢?

◎ **传闻评估：正确，不过现如今逃离高卢之地的法国人，比逃离不列颠的英国人还要多。**

英国人是园艺冠军

> 人们只是在自然界修路开渠，并不能改变大自然。
>
> ——伏尔泰

他们也许丧失了一个大帝国，他们将近50年没有赢得足球世界杯了，然而还有一个（非常热门的）人类活动领域，英国人可以自豪地自诩为世界冠军——那就是园艺。实际上，园艺在英国是一项全民迷恋的事情，无论你有没有花园（也许没有花园的人还甚），无论是英国男人还是英国女人，都再没有什么事比跪倒在绿草带里，脚蹬长筒雨靴，手拿修枝剪刀，做些不值一提的事更令人高兴的了。法国人则相反（反正盎格鲁-撒克逊人这样看他们），认为这完全是一件烦人的事情——花园是农民才需要有的，法国有如此令人惊叹的乡野风光，有什么必要拿着铁锹和耙子弄得一身脏呢？普通的巴黎市民们只要能在窗台上的花盆箱里种上天竺葵，就非常满足了，他们知道想看薰衣草田或者橄榄园，只消坐上高速列车兜个风就行了。为了证实其在园艺方面的优越性，英国人通常会指出他们伟大的园林设计传统。这一传统始于18世纪30年代，后来成为全世界贵族私家花园和城市公园的模范：从早期景观园林，如斯托宅第（Stowe House）和斯托海德宅第（Stourhead）等群山起伏的宏伟远景、蜿蜒曲折的河流和罗锅桥，到后来更私密，像乡村别墅花园一样的风格，如20世纪初格特鲁德·杰基尔设计的园林。

18世纪以来英国景观园林设计在欧洲的出色表现，几乎要掩盖掉一个事实，那就是在园林历史上，法国人才是曾经无可匹敌的园艺冠军。17世纪初的时候，欧洲唯一能看到的园林类型就是法式花园。经典的法式花园植根于16世纪初意大利文艺复兴时期的花园，以其几何形状的花圃（parterres）①、喷泉、迷宫和雕塑的设计，唤起人们的和谐感和平衡感，这是那个最具乐观主义精神的启蒙时代所最重视的。文艺复兴时期的法国花园，如枫丹白露（Fontainebleau）的花园和卢瓦尔河谷（Loire Valley）诸城堡［像舍农索（Chenonceau）和维朗德里（Villandry）］的花园，都以经裁切的箱状树篱上复杂的结、协调的植物展示和成排的点缀着喷泉、修剪掉枝梢的树为特色。植物的整齐划一只是为了炫耀人类文明战胜自然界的力量。

经典法式花园的格局和规范，在随后的几个世纪成了欧洲各地贵族庄园模仿的样板。最出色的园林，自然是太阳王本人的花园：绿树成行的道路和喷泉构成的巨大网络——自17世纪晚期就开始兴建的凡尔赛花园。严格地说，建造凡尔赛花园并非路易十四本人的想法。实际上，他是从一名朝臣那里偷来了主意。这个不幸的朝臣就是尼古拉·富凯（Nicolas Fouquet），路易的财政大臣。多年来，富凯一直忙于侵吞国家钱财，建设当时世界上最

---

① 指小路、树篱和花坛呈几何图案布置的观赏植物园。

壮观的建筑：巴黎东南部的沃子爵城堡（Vaux-le-Vicomte），包括一座富丽堂皇的巴洛克宫殿和一座华丽奢侈的花园，由法国著名的园林设计大师、庭园美化师和建筑师安德烈·勒诺特雷（André Le Nôtre）设计（顺便提一句，建筑这座城堡需要拆迁三个村庄）。富凯显现出像希腊神话中的伊卡洛斯（Icarus）一样的狂妄，居然于1661年鲁莽地邀请太阳王莅临他豪华的新居。结果在所难免——他也像伊卡洛斯那样失去了翅膀，坠落在地，余生都在监狱中度过。他的宫殿和花园被国王没收，头号园林师也被国王征用，去建造凡尔赛的新工程了。

> 一切事物在离开造物主之手时，全都完好无缺……然而到了人类手里，就都退化堕落了。
> ——让-雅克·卢梭，《爱弥尔：论教育》（*Émile or On Education*），1762年

富凯在永久的休假中日渐凋零了，勒诺特雷却得以自由地将他那神奇的绿手指奉献给富凯的园艺对头在凡尔赛建造的花园。其结果便是至今仍令每年数以百万计的游客惊叹和兴奋的那座辉煌、华丽的杰作。勒诺特雷将经典法式花园的设计原则——有条理，讲对称，展现人类对自然的征服——提升到令人目眩的高度。凡尔赛花园是喷泉、花圃、湖水和雕塑蔚为壮观的展示，组合起来便谱成了献给太阳神阿波罗（以太阳王的形式现身于人间）的一首赞歌。在这片封闭的围墙和密室营造出的巨大空间中，还有著名的bosquet①，里面藏匿着隐蔽的长椅和洞室，是浪漫、私通和密会的好

---

① bosquet字面上的意思是"树丛"，后来成为定义成排成簇修剪过的高大树篱的名词，再后来又指凡尔赛花园及这一时期其他经典法式花园中构成了外部小巷和密室的树林。

地方。

在长达一个世纪的时间里,凡尔赛花园一直是法国贵族的游乐场,直到1789年法国大革命后王室家族被迫返回巴黎。继而,随着太阳从太阳王的遗产上落下,太阳也从他的花园落下了。革命之后,凡尔赛花园年久失修,树篱无人修剪,阔大的水池成了当地农民洗麻布的地方。但是无论如何,在凡尔赛花园衰落50年前,自18世纪30年代起,一种全新的、对立的园林风格开始取代法式经典花园的地位。这种革命风格与先前经典法式花园的几何图案大相径庭,以起伏的山、成簇的树和蜿蜒的河为基础——打造一种既致力于模仿又顺应自然的"风景"花园。这种对立风格的发起人是建筑师威廉·肯特(William Kent)。他为诸如斯托宅第(1730—1738)等庭园引进了歪斜的废墟和如画的意大利式风景,以体现他在自己正在建造的新宅第上所运用的帕拉第奥式(Palladian)建筑风格。肯特的遗产被一位名叫朗斯洛特·布朗(Launcelot Brown)的建筑师发扬光大。他以"能人布朗"(Capability Brown)而青史留名,因为他习惯于对他富裕的主顾们说,他们的花园"能够"得到改善。在布朗和他18世纪40年代后的继承者们严苛的大斧下,英国成百上千英亩先前法式风格的园林,率先在一场绿色革命中被砍了头,与50年后发生在英吉利海峡对岸的真正革命中自然崩塌的一模一样。亵渎神明的智者和诗人理查德·欧文·坎布里奇甚至发下毒誓,他情愿死在布朗前面,以便在天堂被布朗"改善"之前住进去。

这种"不种花的花园"景观很快就成为最新时尚而风靡欧洲,其中很大一个原因是饱经战乱和革命的欧洲大陆,驯顺的农民实在太少,根本不敷使用,因此打理连绵起伏、能放牧的草地,可比修剪经典法式风格的箱状树篱要容易得多。法国人不仅从未承

> 所有文明都存在对大自然的态度的问题。我认为法国人的态度是，你必须融入大自然，控制大自然，但你也必须与大自然和谐相处。假如你冒犯了大自然，你不可能不付出代价。你的冒犯并不一定是有意为之，但你必须小心翼翼地使大自然保持心平气和的状态。
>
> ——劳伦斯·怀利（Laurence Wylie），《当代法国文化和社会》（*Contemporary French Culture and Society*），1981年

认是英国人发明了这种新风格，甚至时至今日他们仍喜欢将这种英式风景花园称为"盎格鲁－中国花园"（jardin anglochinois）。不过，不可思议的是，新近的研究表明，他们的说法也不无道理。在共同促成18世纪风景花园达到高潮的无数因素中，的确有耶稣会传教士从中国皇帝的庭园里带回的影响，在宏大华丽的花园里，还有富丽堂皇的雄伟建筑，其灵感不仅来源于艺术，也来源于大自然。有顶盖的游廊次第连接着亭子，亭子上巧妙地搭建了"观景台"，台上的人可以一边倾听风过竹林、雨打芭蕉，一边观赏皓月当空之下波光粼粼的水面上金鱼嬉戏。中国的园林哲学是，从自然界中汲取灵感，即"道法自然"，与经典的法国园林设计思想正好相反。很可能是18世纪初对中国艺术风格的兴趣爆发，引导了英国人先是欣赏，继而模仿中国园林设计，只不过他们从来没有承认过这一点。英国辉格党（Whig）的政客霍勒斯·沃波尔（Horace Walpole）和他的朋友、诗人托马斯·格雷（Thomas Gray），都对不怀好意的法国人企图将英国园林风格说成是模仿中国深恶痛绝。按照沃波尔的说法，自然主义的英国园林风格只能来源于"自由国家的丰富思想"。理查德·欧文·坎布里奇也加入了辩论。他鄙

夷地写道:"关于中国花园,无论人们说了些什么,无论是真是假,有一点是确定的,那就是:我们是最先发现了他们的审美趣味的欧洲人。"[13]

无论英式(对不起,盎格鲁-中国式)花园的真正起源是哪里,这种花园都将取代凡尔赛花园,成为欧洲的新规范,为未来几个世纪的风景花园和公园绿地积聚参数。它将为18世纪中期和晚期许多法国公园和花园的建设奠定基础,比如,卢梭的埃默农维尔(Ermenonville)花园、巴黎大区尚布尔西(Chambourcy)的雷斯荒原(Désert de Retz),以及巴黎第八区浪漫的蒙梭公园(Parc Monceau)。然而,某种程度上,法国人从来没能使"自然"当真看上去自然过,即使在蒙梭公园和雷斯荒原的花园令人惊叹的沟壑间,法国风景园林的全景依然是高度程式化的,并且有无所不在的瑕疵或人造景观点缀其间。(单是蒙梭公园就以拥有微缩的埃及金字塔、中国城堡、荷兰风车和科林斯柱而自豪。)然而,人们实在是太容易忘记了,尽管自然主义的风景公园是英国人(和/或中国人)的原创发明,但其后来的发展的确深受法国人的影响。对于英国风景园林大师格特鲁德·杰基尔来说尤其如此。20世纪初,她与建筑师埃德温·鲁琴斯(Edwin Lutyens)合作,将比例巨大的旧式"能人布朗"风格的公园,缩小为更适于爱德华国王时期宅第的更私密、比例更易打理的花园。是杰基尔将布朗宏大的远景替换为私密空间(房间)的,而这些私密空间里密聚着别墅花园的玫瑰,丛生的球茎植物和绿草带。是杰基尔提出了如今已成为经典的冷暖色调植物的搭配。然而杰基尔的配色方案没少受法国印象派画家克洛德·莫奈画风的影响。(莫奈19世纪90年代在吉维尼建造的花园中有一个睡莲池,因他以之为题材创作的系列画作而闻名。莫奈花园画作中鲜艳的色块,常令人联想到格特鲁德·杰基尔设计的花园。)

时至今日,就公共空间而言,法国的园林风格仍然(像法国儿童一样),没有走出严格约束的机制。法国公共公园(不含那些有意建成叛逆的盎格鲁–中国风格的花园)中的树,通常都排列成优美的行列,每年都要进行剪枝;花朵则被约束在几何图案的花圃中;树篱也修剪得很干净。绝对不会有像伦敦汉普斯特德荒原(Hampstead Heath)或温布尔登公园那样的嬉皮士般的狂纵。[毫不奇怪的是,凡是指修剪和整理树木,使之呈特定形状的词语——如espalier(墙树)、pleach(编筑)、cordon(围栏)等——大多出自法语。] 法国人对于约束和管制大自然的痴迷非常明显,每年秋天他们都要为树剪枝,不放过任何一棵,于是在拿破仑开辟的大路两旁就会出现大量可怜的断枝残茎。法国前总统夏尔·戴高乐也许不像是会对园艺事务发表评论的人,但他的确曾撰文赞扬过法国的园林风格。他的颂词是这样写的:

"在法国花园里,没有任何树会企图遮蔽阳光而窒息其他树,花坛尽管被修剪成几何形状,但却欣欣向荣,水池不想成为瀑布,雕塑也不想张扬以损害花园中的其他要素。人们在花园中,会产生一种高贵的忧郁感。这种感觉也许来自于所有要素假如单独看的话,都可通过张扬炫耀而更多地获利,但那样就会伤害整体。在花园中漫步的人会感到庆幸,秩序赋予了花园美妙的和谐。"[14]

绿手指的高卢人

人们普遍传说法国人厌恶铁锹,然而事实却与此相反,也许对于一个最近开始爱上郊区的国家不足为奇的是,法国人其实很喜欢园艺。假如新近的调查结果值得参考的话,他们至少像英国人一样喜爱园艺（如果不是更多的话）。按照欧洲统计局（Office of European Statistics）的数字，法国和英国的妇女都将在家时间的3%用于打理花园。然而，法国男人会将他们13%的时间投入到花园中，不辞脏和累，而英国男人在这方面显然只花了9%的时间。于是，假如今天还有人能称为园艺冠军的话，那似乎就是法国男人了。

说到法国人的梦幻花园，答案多少有些出人意料。既不是经典法式花园，也不是盎格鲁-中国式花园。实际上，根据最新的研究，大部分法国人心目中的理想花园，竟然是简朴的神甫花园（jardin de curé）——就是传统的有围墙的乡村助理牧师的花园，用草径围出一个钻石形状的菜园。菜园里种着蔬菜，可供给厨房；种着一些生命力旺盛的寻常的花，供装饰圣坛用；种着一两棵葡萄树，供酿造圣餐葡萄酒用；再种上几株药草。没有任何宏大、正式、伪自然或张扬炫耀的东西，只是简单地回归最本质和最实用——其实，英国以前的乡村花园，或者最近重新兴起的社区农圃，也差不多是这样。

资料来源：欧洲统计局（Eurostat）空闲时间调查，2004年；法国企业联盟（French Union of Businesses）为保护花园和绿色空间所做的调查，2004年

秩序、规矩、等级、个人欲望服从于集体利益，对垒奔放的个人主义的狂纵混乱……法国和英国园林风格的两极性，似乎反映了两个国家的文化差异。一边是法国花园有条理、有规划的僵化刻板；另一边是英国乡村花园的漂亮、无组织但又莫名其妙地显得和

谐的杂乱。正如巴黎仍然是由豪斯曼男爵（Baron Haussmann）拓宽的大道构成的规划精妙、合理的城市，伦敦仍然是狄更斯笔下的"村庄"凌乱但却辉煌的大杂烩。两种对立的审美观，就像两种不同的政治观念，都有助于塑造我们今天观察和生活的这个世界，但是最终，无论哪种观念都不是争夺战的终极胜利者。

◎ **传闻评估：错误。法国人和英国人都曾是园艺冠军，只不过所在的历史阶段不同。**

餐后酒

> 万能的上帝以其无边的智慧,仍不认为应当按照英国人的印象来创造法国人。
>
> ——温斯顿·丘吉尔(1874—1965),英国政治家

当我的最后一篇关于法国的"传闻"也被无情地抬上手术台,接受检查、分析,或者被保留或者被丢进垃圾箱时,我坐下来陷入了沉思。从这番为辩论而进行的调查研究中,我学到了什么呢?我对围绕高卢民族的五花八门的流言、传说和故事的考察和分析,使我对法国和法国人有了更多了解。但这也使我对自己——或者毋宁说,对我们,盎格鲁-撒克逊人——了解得更多了。因为在几乎所有这些我们构想的法国传闻背后,都有一个浪漫而模糊的向往……一种效仿、嫉妒和欲求的感觉。仿佛我们就是不能接受法兰西是一个不同的民族和文化,不能客观地分析他们——而我们对其他民族,比如对日本人,就不存在这样的问题。一旦说到法国人,我们就必然要将他们浪漫化、偶像化,仿效他们、羡慕他们,或者——当他们不符合我们的期望时——谴责他们。他们或者是胡乱、无意

识的崇拜对象，或者是刻薄责难对象。我们不知为何总是不放过他们，一定要对他们说三道四，将他们作为我们自己梦想的心像描述。而他们则反抗我们对他们进行人格占有的企图。

然而，你也许要问，为什么要进行这番调查，破坏我们对法国人浪漫的幻想呢？在英国一个寒冷的冬日午后，我因为看了一本粉色封皮的书而产生了一派对高卢永无岛（Gallic Neverland）的梦想，从而我一下午的心情都好了起来，这有什么害处？对这种观点的最早回答必然是：真相无论多么令人难以接受、令人震惊或令人厌恶，最终都比虚构要更令人满意。然而也不是所有关于法国的传说都是不好的。历史书上也充满了讹误和夸大的故事，对史实的解释也是与生活本身密不可分的。关于苹果挞的惊人发现、历史上法国传奇大厨的故事，或者罗克福尔奶酪的发现，都丰富了我们对法国食品的文化体验，间接地也增进了我们对法国本身的了解。有谁在乎这些传说是否真实呢？

但另一方面，被扭曲成定义整个一个国家的成见的传闻，的确值得仔细地探究。我们应该问问自己：公然唐突无礼或毁损贬抑的传闻——比如法国人不洗澡之类——果然是真的吗。其他成见更加微妙。诸如法国女人不会长胖、法国儿童不会丢弃食品，或者法国农村都如田园诗一般等传闻，表面上似乎全然无害，甚至是对法国人的赞美。但是，假如它们掩盖了起初的肥胖问题，或者隐藏了法国农村遭到大规模破坏的事实，该怎么办？当我们来到梦寐以求的朴实的度假乡居，却只看到村口耸立着巨大的家乐福超市，而农舍内部全是宜家家具时，我们该是怎样的失望？法国是一块美丽、怡人的土地，但它也是世界上一个主要的工业国，未遭破坏、风景如画的乡村和美妙的乡村体验正变得越来越稀少、越来越隐秘，需要下定决心独辟蹊径才有可能发现。预先警告才能使人预先准备。最重要的事情就是别失望。

无论如何，我们也许应当问自己一个不同的问题。并非法国是否符合我们的期望，而是我们是否有权利对法国提出这样的期望。毕竟，难道法国没有权利像任何其他工业国一样，出现移民、工业化、快餐、拥挤和大众市场等弊端吗？为什么她就应当像一座陵墓，永远被禁锢在一个吃奶酪、嚼大蒜、拥有妩媚苗条的女人的永无岛中，只为满足英美人士的梦想呢？引人注目的一点是，虽然我在为撰写本书做调查时积聚了大量来自不同的权威机构的资料，但其中的大部分资料都来自于公开出版的来源，那些实际居住在法国、精通法语又非常了解今天法国令人感兴趣的热点问题的人们，很容易得到这些资料。我不需要贿赂法国政府官员以得到法国女性肥胖度的数据，也不需要秘密会见教育部门不愿透露姓名的线人以确认法国儿童的确丢弃食物。然而，那些Froglit作家——那些他们在英国和美国的同胞们的信使，那么多盎格鲁–撒克逊人都在屏气凝神地翘首盼望他们长着翅膀的信函——他们却仍然不报道真相，而在很多情况下，这些真相对任何在法国住过一段时间，稍许了解法国文化的人来说，都是显而易见的。相反，他们却坚持循环利用那些令人厌倦然而（必须承认）显然很有销路的陈词滥调。就像无数关于巴黎的浪漫电影——包括伍迪·艾伦的《午夜巴黎》（*Midnight in Paris*）——在描绘"光之城"时，完全忽略了像拉德芳斯新区（La Défense）那样的科尔布耶风格（Corbusian）的丑陋建筑，然而所有真正到过巴黎的人，都不可能对那些高楼大厦视而不见。我们看到的法国，总是扭曲的、歪斜的，为我们的想象所量身定制的。

我们对法国人的印象，超过对任何其他民族的印象，更易于建筑在一系列"悖论"的基础上。例如，法国女人喝葡萄酒，吃鹅肝酱,却仍然不会发胖;法国人工作时间少于大多数其他国家,生产率却仍然是世界上最高的之一。这些矛盾的说法更加剧了我们对法兰西是一个神秘的民族,天然具有超出盎格鲁–撒克逊人理解力的神奇品质这一看法。但实际上,这些所谓的"悖论"一旦揭去伪装,就都是可以解释的了。其实,它们的存在并不说明法国人拥有任何神秘能力,反倒是我们对他们缺乏了解的证据。尤其是,在Froglit亚流派作品的刺激下,盎格鲁–撒克逊人有一种倾向,过分关注法国人生活方式中被大规模理想化的方面(如漫长的假日、较短的工作时间、在地方小店购物会令人感到亲切的文化、较长的午休时间等等),同时又忽略了其实是法国的政治和政策使得这种生活方式成为可能。仅举一例,法国是独立小书店的天堂:全国共有3000家小书店,其中400家在巴黎,而英国全国只有1000家(其中只有130家在伦敦)。为什么?因为法国国家强制所有图书执行同一定价,不管是在互联网上销售,还是在连锁书店或角落书店出售。所有在周末闹哄哄的小商场和面包房也都是如此:法律至今仍禁止大超市在星期天营业,这项政策帮助了它们的生存。法国国家政策发挥的作用,也能解释另一个"奇迹"产生的原因:法国妇女能生养一大群孩子,却又能同时保住工作,那是因为有成网络的低价托儿所、周日和课后托管服务,以及大规模的儿童福利和儿童税收优惠,这些政策都帮助女性相对容易地做到了维持工作和生活的平衡。与此同时,法国是个严重的大男子主义社会,只是在最近才开始废除"小姐"这样的称呼,制定针对性骚扰的法律。法国也是一个总是视女性的主要功能和职责为装饰和美化公共空间的国家。这些态度和想法是法国女性风格的存在基础,因而也与之密不可分。但是我们愿意将它们移植到我们自己的国家来吗?

下次当你读到一本断言法国女性风度的秘密,或赞扬法国人生活方式的书时，请问问你自己一些探索性的问题。你愿意为保住在小书店买书的权利，而付出16欧元一本的书价吗？你愿意付多一倍的税，让女人都能把她们的孩子送进托儿所吗？你愿意牺牲穿着运动鞋和休闲裤，在星期天上午溜进超市的自由吗？假如回答都是"不"，那么你喝多少钱的卷心菜汤，在阿尼亚斯贝（Agnès B）专卖店买多少件衣服，或者是否打算遵循休息（la pause）准则以让你的婴儿入睡，就都不重要了。你将永远不会明白法国人生活方式的基础。因为，在许多方面，"法国人的生活方式"——正式、注重等级、国家控制或予以规范——都是与被盎格鲁-撒克逊社会视为核心的个人主义和个人自由格格不入的。

如今我在法国已经生活了将近十年。我的三个孩子都在这里度过了童年。他们在英式橄榄球比赛中为法国队助威，他们也将参加由拿破仑首创的"法国中学毕业会考"（baccalauréat）。他们的确偶尔会遇到引发他们跨文化心理冲击的问题，但不知怎么，他们似乎都应付了过去。至于我本人，多年来我已经对我的东道国产生了巨大的感情、相当的尊重和些许的保留。

但是有一件事情是肯定的，那就是，盎格鲁-撒克逊人永远不会变成法国人；他们也不愿意变成法国人。正如英国女王伊丽莎白二世（Elizabeth Ⅱ）在一次公共讲演中（顺便提一句，是用非常流利的法语说的）所说的：相互理解，求同存异万岁！（vive l'entente cordiale, et vive la différence!）

致　谢

一本像这样的书，假如得不到众多领域的大量专家的建议和帮助，是不可能完成的。这些专家中，当然少不了精通本书主要话题——法国——的最重要的专家们！我首先应当感谢曾经深入研究本书所涉话题的许多历史学家、社会学家和其他方面的专家们，他们中既有法国人，也有英国人，他们见解精辟的论文和专著令我在探索众多"传闻"时深受启发（详见"注释"和"参考书目"部分）。然后，我还要感谢那些或者以专业知识帮助了我，或者同我一起思考、推敲和讨论了许多问题的人们：衷心感谢你们所有人！尤其是下列诸位（排名不分先后）：

JFB Architectes的Jean-François和Hélène Bourdet；Martine Bourelly；Obépi/Roche的Christine Moisan博士；Delphine Siino Courtin；Paul Bichot；Nina Wasilewska-Bichot；Mégane Quere；Alain Huisier；*SizeUK*团队；Clifford Chance Europe LLP的Catherine Dawson；Charles Dalglish；剑桥大学女王学院（Queens' College, Cambridge）的Eatwell勋爵；Katharine Axten；Pascal Petit，巴黎

第十三大学法国科学研究中心（CNRS, Université Paris 13）主任；Azouz Guizani；Shelley Thevathasan；经济合作与发展组织（OECD）的Veerle Miranda和Julie Harris；Dominique Le Martret；伦敦剑桥都德斯学院（Cambridge Tutors College，London）工作人员；圣日耳曼昂莱国际高中（International de Saint-Germain-en-Laye）的Nicholas Baker和James Cathcart；Maternité Port Royal de Paris的Arlette Garih；Stoffel Munck教授；法国认知疗法研究所（French Institute of Cognitive Therapy）Didier Pleux所长；Famille Summerbelle的Julie Marabelle；Sarah Ardizzone；Osez le féminisme的Julie Muret；Ella Gaffuri；以及Allegro Fortissimo的代表们。

当然，毋庸赘言，本书中所有观点、见解和结论，都完全是我自己的。

感谢我不知疲倦的代理人Andrew Lownie，献上我永恒的祝福。衷心地感谢你，我的编辑Richard Milbank，因为你，这本书才变得如此精美。

最后，我还应当感谢始终对我抱有信心的母亲Sarah Das Gupta，还有我吃尽苦头的丈夫Nikolaï Eatwell。

注 释

餐前酒

1 这最后一家传统贝雷帽制造厂叫作Béatex,2012年7月被军服生产集团Cargo-Promodis收购。
2 *L'Armée US abandonne le béret,* Le Figaro 14 juin 2011.

I

1 *Lettres de Madame de Sévigné de sa famille*, Vol. I, Paris: Hachette 1863, pp. 286–288.
2 Elizabeth David, *French Provincial Cooking*, Penguin 1970, p. 476.
3 2010年5月由Kantar市场调查公司进行的调查。
4 对于19世纪在法国促成了吃马肉习惯的风潮,更详细的探讨可参见Pierre, Eric: *L'hippophagie au secours des classes laborieuses.* Communications, 74, 2003, pp. 177 – 200。
5 *Larousse Gastronomique* (English edition), Hamlyn/Octopus Publishing Group Ltd. 2009, p. 549.
6 Frederick J. Simoons, *Eat Not this Flesh: Food Avoidances from Prehistory to the Present*, University of Wisconsin Press 1994, p.190.
7 From *Diary of the Besieged Resident in Paris* by Henry Du Pré Labouchère, Hurst & Blackett, 1871.
8 *La Viande Chevaline: un patrimoine, juridiquement encadré, indispensable à la*

filière cheval, Fédération Nationale du Cheval, May 2008, p. 5.
9 Simoons, *Eat Not this Flesh*, 同前, p. 190。
10 Simoons, 同前, p. 190。
11 *La Viande Chevaline: un patrimoine, juridiquement encadré, indispensable à la filière cheval,* 同前, p.17。
12 数字来自 *Production Viande Chevaline, chiffres clés*, Fédération Nationale du Cheval, Supplément à Tendances No. 164, 2006年12月。
13 *Production Viande Chevaline, chiffres clés*,同上。
14 *Production Viande Chevaline, chiffres clés*,同上。
15 见 *Le Monde à table*, 2013年2月10日。
16 *Pourquoi la viande de cheval estun tabou en Grande-Bretagne, Le Monde*, 2013年2月12日。
17 如欲更详细地了解法国人与青蛙或蛤蟆的历史联系，可参见E. Cobham Brewer (1894), *Brewer's Dictionary of Phrase and Fable – Revised and Updated Edition*, 19th revised edition, Hodder Education, 31 August 2012。
18 见Jonathon Green所编 *Dictionary of Slang*（《俚语词典》），Chambers Harrap 2012, Frog和Froglander词条。
19 红色军装在滑铁卢战役后变成指代英国人的俚语，见 *Le Grand Robert de la langue française*。
20 有记录的这样的叫法出现在1847年，见 *Le Grand Robert de la langue française*。
21 Altherr, S.et al. (2011): *Canapés to extinction – the international trade in frogs' legs and its ecological impact.* A report by Pro Wildlife, Defenders of Wildlife and Animal Welfare Institute (eds), Munich (Germany), Washington D. C. (USA).
22 *Escargot: une industrie ralentie par la sécheresse*, Les Marchés (l'agroalimentaire au quotidien), 9 juin 2011.
23 根据加拿大乳业信息中心（Canadian Dairy Information Centre）发布的2010年法国、英国和美国人均奶酪消费数字（总人均消费量）。
24 法国的AOC标签从保护葡萄酒开始，继而溯及食品，2012年起在乳制品方面被欧盟的AOP标签取代。实际上，AOC与AOP的含义是相同的。

25 Curnonsky, *Lettres de Noblesse*, Les Éditions Nationales 1935, p. 29.
26 *Enquête annuelle laitière 2009*, Agreste Primeur No. 264, June 2011; *Les petits entreprises du commerce depuis 30 ans*, INSEE No. 831, February 2002.
27 *La bataille pour la survie des fromages français*, Laprovence.com, 30 mars 2008.
28 这一总人均消费量数字来自加拿大乳业信息中心发布的2010年数据，如上。
29 Alix Lefief-Delcourt, *L'Ail Malin,* LEDUC.S Éditions 2011, p. 17.
30 Alix Lefief-Delcourt, 同上。
31 Temple of Cybele. Alexandre Dumas, Grand Dictionnaire de cuisine.
32 *Dictionnaire Étymologique*, Larousse 2001, p. 16.
33 *112 Gripes about the French*, US military occupation forces pamphlet, 1945, Kessinger Legacy Reprints.
34 数字来自LMJ International Limited; 也见Andy Mukherjee, *South Korea's Mr Garlic strives for openness*, Bloomberg June 7, 2004.
35 *Economie et marché de l'ail*, Matthieu Serrurier, Centre Technique Interprofessionel des Fruits et Légumes, 16 mars 2011.
36 *Economie et marché de l'ail*, 2011, 同上。
37 *Garlic – tracing its country of origin*. US Customs today, Vol 38, no. 8.
38 关于这个问题及对若泽·博韦事件的精彩分析，见Richard F. Kuisel, *The French Way: How France Embraced and Rejected American Values and Power*, Princeton University Press, 2010。
39 Caroline Castets, A la Une egalement – French paradox, Le Nouvel Economiste.fr, 27 avril 2011.
40 根据麦当劳发布的2011年售餐量和营业额等重要数据。
41 Caroline Castets, 同上。
42 *Le boom de la restauration rapide*, Le Figaro, 10 février 2010.
43 根据市场调查机构NPD集团的一项调查，法国平均每人每年在餐厅里消费14个汉堡包，低于英国（17个），但高于德国（12个）、西班牙（9个）和意大利（5个）(*Les Français, deuxième plus gros consommateurs de hamburgers en Europe*, L'Express, 16 juillet 2012)。

44 大巴黎地区（Isle de France）32%的人和其他地区36%的人超重。见法国国家统计局（INSEE）的报告 *Un tiers des Franciliens presente un excès de poids*，2007年。

45 *Du vin et du haschich* (1851).

46 2010年世界葡萄酒生产量和消费量数字，来自于美国加利福尼亚州的葡萄酒学会（The Wine Institute）。

47 据法国国家葡萄酒同业公会（VINIFLHOR）/法国国家农业科学研究院（INRA）关于法国葡萄酒消费的研究报告（2008年）。

48 *Boissons alcoolisées: 40 ans de baisse de consommation*, INSEE no. 966, mai 2004, p. 3.

49 Lorey, T. and Poutet, P. (2011), *The representation of wine in France from generation to generation: a dual generation gap, Int. J. Entrepreneurship and Small Businesses*, Vol. 13, No. 2, pp. 162–80.

50 WSTA (Wine and Spirit Trade Association), 2012 UK wine and spirit market overview, p. 5.

51 见 *L'Avenir de la viticulture française: entre tradition et défi du Nouveau Monde*. Sénat, 4 octobre, 2012。在1998—2001年期间，智利用于种葡萄的土地增长了21%，澳大利亚增长了63%。

52 接受《大西洋》（The Atlantic）月刊记者威廉·朗格维舍（William Langewiesche）采访时所说，载《大西洋》月刊2000年第12期，题为《百万美元的鼻子》（*The Million Dollar Nose*）——00.12; Volume 286, No. 6; pp. 42–70。

53 FranceAgriMer, VINS/COMMERCE EXTERIOR, Bilan 2011/du 1er janvier au 31 décembre, p.13.

54 魏尔伦致埃德蒙·勒佩勒捷（Edmond Lepelletier）信，引自勒佩勒捷所著 *Paul Verlaine: sa vie, son œuvre*, Réimpression de l'édition de Paris, 1923, p. 299。

55 *Mythologies* (New York, The Noonday Press, 1957), p. 59.

56 Dominique Picard, *Politesse, savoir-vivre et relations sociales*, Presses Universitaires de France, 1998, p. 31.

57 Dominique Picard, 同上, p. 42。

58 Baronne Staffe, *Usages du monde: règles du savoir-vivre dans la société*

  moderne (1891), Éditions Tallandier, 2007, p. 257.
59 根据法国医疗保险公司SMENO提供的数据。
60 见"欧洲学校酒精和其他药品调查计划"(European School Survey Project on Alcohol and Other Drugs，简称ESPAD)2011年关于法国、英国和欧洲总体的结果。

II

1 如欲了解对与人的外表相关的"良好教养"规则的全面阐述，请参阅 Dominique Picard, *Politesse, savoir-vivre et relations sociales*, P.U.F. 1998, pp. 30–34。
2 根据2008年Kairos Future公司为Fondation pour l'innovation politique基金会所做的调查。
3 *Enquête épidémiologique nationale sur le surpoids et l'obésité* (ObÉpi 2012), Inserm/Kantar Health/Roche.
4 数据来自*SizeUK* (UK National Sizing Survey) 2004，以及*Résultats de la champagne nationale de mensuration*, 2 février 2006。
5 *L'Obésité en France: les écarts entre catégories sociales s'accroissent*, INSEE2007年2月报告。体重与受教育程度、阶级、地理位置之间的密切联系，也见于ObÉpi/Roche报告，同上。
6 见INSEE报告，同上，p.3。
7 *Obesity and the Economics of Prevention: Fit not Fat –France Key Facts*. OECD, 2011.
8 Baronne Staffe, *Usages du monde: règles du savoir-vivre dans la société moderne* (1891). Éditions Tallandier, 2007, p. 257.
9 Elizabeth David, French Provincial Cooking (1960), Grub Street 2007, pp. 22–24.
10 Stephen Mennell, *All Manners of Food: Eating and Tasting in England and France from the Middle Ages to the Present*. Univ. of Illinois Press 1996, p.201.
11 Martine Bourelly, *Le Pouvoir dans la cuisine, Fondation Gabriel Péri*, 26 octobre 2009, p. 3.
12 Martine Bourelly, *Le Pouvoir dans la Cuisine*, 同上。
13 *Les Français et la cuisine*, Ipsos/Logica Business Consulting, 21 septembre

2011.

14 Miranda, V. (2011). *Cooking, Caring, and Volunteering: Unpaid Work Around the World*. OECD Social, Employment and Migration Working Papers, No. 116, OECD publishing, p. 25 Figure 12.
15 据法国外交部数据，超过80%的法国妇女在就业工作。（见*La France, championne d'Europe des naissances*，法国外交部通告，2011年3月。）
16 Ovid, *Ars Amatoria* Book Ⅲ Part Ⅳ lines 1-2, translated by A.S. Kline, 2001.
17 Mary Lutyens' biography, *Millais and the Ruskins*, John Murray 1967, p. 156,footnote.
18 *Courbet : l'enquête à l'œuvre* by Claude Habib, *L'Express*, 3 August 2006.
19 'L'Origine du monde' de Courbet interdit de Facebook pour cause de nudité, A.F.P. 16 février 2011.
20 MarcAlain Descamps, *L'invention du corps*, P.U.F. Paris 1986, p. 124.
21 尽管好争辩的女性主义者早在20世纪初就在美国女性杂志上谈论"腋下战争"了，想获得更详细的信息，请参阅Christine Hope所作《白种女人的体毛和美国文化》（"Caucasian Female Body Hair and American Culture"），载《美国文化杂志》（*Journal of American Culture*），1982年春第一期第五卷，第93—99页。
22 S.A. Basow, *The hairless ideal: women and their body hair*. Psychology of Women Quarterly, 1991, 15, pp. 83–96.
23 Descamps, 同上，p. 124。
24 Descamps, 同上，p. 124–125。
25 *Enquête sur les Français et l'épilation: opinions, attitudes, et comportements*, Ipsos, mai 2006.

Ⅲ

1 L. Daudet, *Clemenceau*, 1942, p. 116.
2 Bruce M. Rothschild, *History of Syphilis*, Clinical Infectious Diseases 2005:40 (15 May).
3 如欲更详细地了解梅毒从欧洲传播到亚洲的情况，可参阅Aine Collier, *The humble little condom: a history*, Prometheus Books 2007, pp. 47–54。

4 Jonathon Green's *Dictionary of Slang*, Hodder Education 2010.
5 *Les Français et la sexualité dans le couple*, Ifop, septembre 2010.
6 *Give and Receive Global Sex Survey*, Durex, 2005.
7 *LifeStyle*, 2011; Channel 4 Great British Sex Survey, 2011.
8 George Mikes, How to be an Alien, *Penguin Books 1966*, p. 29.
9 如欲了解关于19世纪法国婚外关系的发展的启发性论见，可参阅Alain Corbin, *La Fascination de l'adultère, Marianne l'Histoire hors-série*, juillet–août 2012, pp. 68–73。
10 Corbin, 同上。
11 *Infidélité: les Français passent aux aveux, Madame Figaro*/CSA poll, 23 juillet 2009.
12 Stephen T. Fife and Gerald R. Weeks, *Extramarital Sex/Infidelity*. In J. T. Sears (Ed.) *The Greenwood Encyclopedia of Love, Courtship, and Sexuality Through History,* Vol. 6, *The Modern World* (pp. 126–9). Westport, CT: Greenwood Pub. Group.
13 Dimitri Casali & Sandrine Gallotta, *Sexe & Pouvoir: secrets d'alcôves de César à DSK, Éditions de la Martinière*, Paris, 2012.
14 Jean-Claude Laumond, *Vingt-cinq ans avec lui*, Ramsay, 11 septembre 2001.
15 L'Union des Familles en Europe, *les enfants du divorce*, février 2011.
16 悲惨下场，例如，《包法利夫人》（福楼拜著）和《德蕾丝·拉甘》（左拉著）。
17 数据来自法国外交部, La France, championne d'Europe des naissances, 2011年3月。
18 *Does Fertility Respond to Work and Family-life Reconciliation Policies in France?* Olivier Thévenon, CESifo Conference on Fertility and Public Policy, 1st February 2008, pp. 9–10.
19《论法的精神》（*De l'esprit des lois*），1758年。
20 Louis Boucoiran, *La famille nombreuse dans l'histoire de nos jours*, 1921, p. 39.
21 Boucoiran, 同上，p. 45。
22 例如1920年的海报Journée Nationale des Mères de Familles Nombreuses，现藏于巴黎的现代历史博物馆（Musée d'histoire contemporaine/

BDIC）。

23 在女权运动付出了巨大努力后，1920年禁止避孕的法律最终于1967年（在引发1968年5月革命的风潮中），被通常称为《诺伊维尔特法》（la Loi Neuwirth）的新法律所废除。1975年，在著名法国作家和女权主义者西蒙娜·韦伊（Simone Weil）的推动下，颁布了《韦伊法》（la Loi Weil），人工流产也在一定条件下获得了允准。

24 Olivier Thévenon, *Family Policies in OECD Countries : A Comparative Analysis.* Population and Development Review 37(1): 57–87 (March 2011), p. 78 (Appendix Table A1).

25 2012年1月的数据〔欧洲和国际社会保障联络中心数据库(Centre of European and International Liaisons for Social Security database）〕。

26 Thévenon, 同上2。

27 《虎妈战歌》（*Battle Hymn of the Tiger Mother*），蔡美儿（Amy Chua）著(Bloomsbury, February 2012)。

28 M.J Challamel and Marie Thirion, *Mon enfant dort mal, Éditions Retz-Pocket*, 1993.

29 H. Stork, *Le sommeil du jeune enfant et ses troubles. Une étude Clinique comparative entre trois cultures*, in *Neuropsychiatrie de l'enfance et de l'adolescence*, février 2000, 48(1): 70–9, cited by Nathalie Roques, *Dormir avec son bébé*, L'Harmattan 2002, p. 52.

30 Study by SFAE/BVA 2009 : *Les parents insuffisamment conscients de ce qui se joue au moment du repas.*

31 M.F. Le Heuzey, *Troubles du comportement alimentaire du jeune enfant: 0–6 ans* in *Troubles du comportement alimentaire de l'enfant du nourrisson au préadolescent*, Elsevier Masson 2011, p.31.

32 法国电视台France 5在2012年5月3日系列日间节目*Les Maternelles*播出了对"打屁股"这个话题进行的电视辩论后，进行了一项民意调查。在1080位接受调查的父母中，57.5%承认"有时"打孩子，6.94%承认"经常"打孩子。

33 Prof. Dr. Kai-D. Bussmann, Claudia Erthal, and Andreas Schroth, *The Effect of Banning Corporal Punishment in Europe: a Five Nation Comparison*, University of Wittenberg, October 2009.

34 Peter Gumbel, *On achève bien les écoliers*, Grasset 2010 (有英文Kindle版, *They shoot school kids, don't they?*)。这是一篇批评法国教育制度的热情洋溢且具说服力的文章。

35 Lucy Wadham, *The Secret Life of France*, Faber and Faber 2009, p. 123.

36 OECD Pisa in Focus, *Has discipline in school deteriorated?* 2011/4 (May), p. 2.

37 *Une enquête de victimation et climat scolaire auprès d'élèves du cycle 3 des écoles élémentaires,* Unicef France, March 2011.

38 Fédération Française de Cardiologie, *Les jeunes et leur coeur*, 13 mars 2012.

IV

1 *The Titanic Awards*, Doug Lansky, Perigee, 2010.

2 Pierre-Jean Grosley, *Ephémérides troyennes*, 1758–1769, 引自Roger-Henri Guerrand, *Les Lieux: Histoire des Commodités*, Editions La Découverte, 2009, p. 17。

3 据巴黎市政府（Mairie de Paris）网站。

4 Martin Monestier's *Histoire et bizarreries des excrements....des origines à nos jours*, Le cherche midi, 1997, 2012, p. 158.

5 该项研究于1993年在美国加利福尼亚进行，于1994—1996年在法国进行。见前引Martin Monestier著作，pp. 24–25，61。这项研究还发现了一个（比较有趣的）现象，大部分美国人在如厕后擦屁股时依然坐着（58%），而大部分法国人却会站起来（61%）。

6 *Hygiene Matters: the SCA Hygiene Report 2008.*

7 Seiichi Kitayama，日本和法国厕所对比研究，引自前述Monestier著作，p.159。

8 Tobias Smollett, *Travels through France and Italy*, 1766.

9 引自Michel Musolino, 150 *Idées Reçues sur la France*, 2012年第一版, p. 133。

10 *New Scientist*, 6 November 1975, p. 348.

11 Jan de Vries, *The Industrious Revolution: Consumer Behaviour and the Household Economy, 1650 to the Present*, Cambridge University Press 2008, p. 197.

12 Vigarello, Georges, *Concepts of Cleanliness: Changing Attitiudes in France since the Middle Ages*. Translated Jean Birell, CUP 1988, p. 180.

13 Vigarello, *Concepts of Cleanliness*, 同上, pp. 174–175。

14 John Hassan, *History of Water in England and Wales*, Manchester University Press 1998, pp. 54 & 55.

15 Jean Watin-Augouard, *Dop: le plaisir de passer un savon, Historia* 31 mars 2004, Mensuel No. 688, p. 84.

16 Katherine Ashenburg, *Clean: An Unsanitised History of Washing*, Profile Books 2008, p. 192.

17 *112 Gripes about the French*, US Military leaflet, 1945, Gripe Nos. 45 and 70.

18 *112 Gripes about the French*, 同上, Gripe Nos. 42 and 44.

19 Stephen Clarke, *1000 Years of Annoying the French*, Random House eBooks p. 483.

20 Yves Stavridès, *Les Français se lavent, L'Express*, 9 février 1995.

21 *Les habitudes d'hygiène des Français*, BVA/Tork2012年9月进行调查,《每日电讯报》(*The Daily Mail*) 2012年10月17日报道。

22 *France* 24电视台于2011年6月28日报道。

23 *Hygiene Matters: the SCA Hygiene Report 2008*, p. 29.

24 Ashenburg, 同上, p. 196。

25 Corbin, *The Foul and the Fragrant : Odour and the French Social Imagination*, Roy Porter and Christopher Prendergast (Cambridge, Harvard University Press 1986), p. 173.

26 Katherine Ashenburg, *Clean: an unsanitised history of washing*, Profile Books 2009, p. 151.

27 Julia Csergo and Roger-Henri Guerrand, *Le Confident de dames. Le bidet du XVIIIe au XXe siècle: histoire d'une intimité*. Éditions La Découverte, 1997, 2009, p. 36.

28 Ashenburg, 同上, p. 151。

29 *Le Grand Robert de la langue française*.

30 Brassaï, George. *Le Paris secret des années 30*, Paris, Gallimard, 1976. (Translated as *The Secret Paris of the 30s* by Richard Miller, Thames & Hudson, 2001), chapter entitled 'Ladies of the Evening'.

31 Csergo and Guerrand, 同上, pp. 22–23。

32 *Le Grand Robert de la langue française.*

33 见Csergo and Guerrand, 同上, pp. 187–188。也见*God save le bidet, Libération,* 16 août 1995。

V

1 A. Goujon, *Manuel de l'homme de bon ton* (1825), Frédéric Rouvillois引自 *Histoire de la politesse: de 1789 à nos jours,* Éditions Flammarion, 2008年9月。

2 Alphonse Karr, *Revue Anecdotique,* 1858, Vol. VII, p. 551, 引自Rouvillois, 同上。

3 Plath, *Unabridged Journals,* August 26, 1956, p. 260.

4 *Fielding's Travel Guide to Europe*: 1953–54, p. 321.

5 Steinbeck, *One American in Paris, in Holiday in France,* by Ludwig Bemelmans (Cambridge : Houghton Mifflin, 1957), p. 148.

6 'Rude surprise: French fed up with own incivility', *The Guardian,* 27 July 2012.

7 *Opus Polyhistoricum de Osculis* (Frankfurt, 1680)。Keith Thomas引自Karen Harvey主编之*The Kiss in History,* Manchester University Press 2005, p.187。

8 D.M.C. Rose, Lieutenant-Colonel, letter in *The Spectator,* 10 May 2003.

9 Frédéric Rouvillois, *Histoire de la politesse de 1789 à nos jours,* Edition lammarion 2008, p.428.

10 例如，可参见Hélène Crié-Wiesner, *La bise, un ritual 'so chic' qui déroute les Américains,* Rue 89, 24 juillet 2012。

11 Henri A. Junod, *The Life of a South African Tribe,* 引自Karen Harvey, 同上, p. 187。

12 OECD key tables on health, *Tobacco consumption: Percentage of population who are daily smokers,* 2011年12月21日 (数字来自2008年，这是能够得到可供比较的各国统计数字的最后一年)。

13 Inpes (Institut national de prévention et d'éducation pour la santé), *Premiers résultats du baromètre santé 2010 : Evolutions récentes du tabagisme en France,* 28 janvier 2010, p. 3.

14 Inpes, 同上, p. 4。

15 Inpes press release, *Première hausse du tabagisme chez les femmes depuis la Loi Evin selon le Baromètre santé 2010.*

16 CNCT (Comité National Contre le Tabagisme), *Le tabac coûte cher à la société*.
17 Eric Godeau, *Comment le tabac est-il devenu une drogue?* Vingtième Siècle no. 102, avril–juin 2009.
18 Ipsos, *Tabac et cinéma*, 1 juin 2012.
19 P. Singer and J. Mason, *The ethics of what we eat,* New York, Rodale, 2006.
20 *Les plats préférés des Français*, Study by TNS Sofres for Vie Pratique Gourmand, 21 october 2011, p. 5.
21 数据来自欧洲素食者联合会（European Vegetarian Union）。
22 根据法国猎手联合会(Fédération Nationale des Chasseurs)的说法。
23 来自法国猎手联合会（French Hunters' Federation）的信息。根据该会的说法，法国40%的猎人是手工劳动者(ouvriers)。
24 *Des chasseurs accusés de ne pas tuer assez de lapins,* Le Figaro 14 septembre 2012.
25 数据来自动物保险公司Santé Vet的研究，2011年5月。

VI

1 Wordsworth's poem, 'French Revolution as it Appears to Enthusiasts', 1804.
2 Hobsbawm, E. J., *Echoes of the Marseillaise: Two Centuries Look Back on the French Revolution*, London: Verso 1990.
3 *Le Gaulois*, July 1886.Cited in Alain Rustenholz, *Les grandes luttes de la France Ouvrière*, Éditions Les Beaux Jours 2008, p. 102.
4 Léon Trotsky, *Their Morals and Ours* (1938).
5 Georges Sorel, *Réflexions sur la violence* (1908).
6 Alain, *Propos*, 1934, *Droit des fonctionnaires*.
7 *Le Grand Robert de la langue française*.
8 Alain Rustenholz，同上，pp. 70–71。
9 Ministère des Affaires, étrangères, site franco-allemand, *Les syndicats en France*.
10 Stéphane Sirot, *La grève en France: une histoire sociale* (XIXe–XXe siècle), Éditions Odile Jacob, septembre 2002, p. 34.
11 OECD *Pensions at a Glance* 2011, France.
12 Richard Darbéra, Rapport Attali: *les craintes des taxis étaient-elles fondées ?*

Transport, No. 448, mars–avril 2008, pp. 86–91.

13 François Denord et al., *Le Champ du Pouvoir en France, Actes de la recherche en sciences sociales*, 2011/5 – No. 190 pp. 24–57, p. 50.

14 Hervé Joly, *Grand patrons, grandes écoles : la fin de l'endogamie?* Laboratoire de recherches historiques Rhône-Alpes, 13 mars 2008。位置靠继承而来的老板不计算在内。

15 François Denord，同上，p. 52。

16 Harold Bloom主编之*Honoré de Balzac*，Chelsea House Publishers 2003, p. 46。

17 见Christophe Barbier的记录，载2010年5月8日法国*l'Express*报。

18 见Clotilde de Gastines, *Congés payés: le classement européen*, Metis 16 juillet 2009; 也见Rebecca Ray和John Schmitt, *No-Vacation U.S.A. – a comparison of leave and holiday in OECD countries*, Centre for Economic and Policy Research, 2007。

19 OECD Better Life Index, Work-Life Balance – France.

20 OECD Better Life Index, 同上。

21 欲简明扼要地了解所谓"法国生产率现象"的真实情况，可参阅Olivier Passet, *Productivité: le faux record de la France*, Canal Xerfi, 2012年11月。

22 *Goodyear: Arnaud Montebourg répond au lettre du PDG de Titan*, Le Monde, 19 February 2013.

23 Philip Gooden and Peter Lewis, *Idiomantics: the Weird World of Popular Phrases*, Bloomsbury 2012, pp. 104–105.

24 引自Raymond Horricks, *Marshal Ney: the Romance and the Real*, Midas Books 1982, p. 271.

25 法国的阵亡军人数字为1,397,800，系卡内基国际和平基金会（Carnegie Endowment for International Peace）于1931年发布。英国的阵亡军人数字为886,939，系英联邦战争公墓委员会（Commonwealth War Graves Commission）2009—2010年年度报告。

26 Harvey Levenstein, *We'll Always have Paris: American tourists in France since* 1930, University of Chicago Press 2004, p. 133.

27 例如，Pierre-Olivier Lombarteix, *Pourquoi les Français n'aiment pas les Anglais... et réciproquement*, éditions du temps 2008, p. 95.

28 Robert Gibson, *Best of Enemies: Anglo-Saxon Relations since the Norman Conquest*, second edition, Impress Books 2004, Chapter 8.

Ⅶ

1 *Sur la necessité et les moyens d'anéantir les patois et d'universaliser l'usage de la langue française*, Abbé Grégoire, 1794。引自Dennis Ager, *Identity, Insecurity, and Image: France and Language*, Multilingual Matters Ltd 1999, p. 24。

2 引自Ager，同上，p. 25。

3 见Ager，同上，p. 28。

4 René Etiemble, *Parlez-vous franglais?* Paris: Gallimard 1964, p. 238.

5 2012年10月OpinionWay为French festival XYZ对1015人做的调查。引自2012年10月30日《巴黎人报》(*Le Parisien*)，p.13。

6 在互联网站Dotmusic于2000年举行的两次民意调查中，分别被评为史上最烦人的歌曲中的第四位和第一位。

7 法国版的《小鸟之歌》(*The Birdie Song*)——《跳舞的鸭子》(*Danse des canards*)，在史上最畅销的法国流行歌曲榜上名列第二(Infodisc)。

8 这个电影是洛朗·杜尔（Laurent Tuel）导演的《让-菲利普》(*Jean-Philippe*)。

9 引自Sylvie Simmons, *Serge Gainsbourg: a fistful of Gitanes*, Da Capo Press 2002, p. xii.

10 Survey Opinion Way/Sacem 2011/2012.

11 《法国字幕片》(*French Subtitled Film*)是BBC播出的喜剧系列片《巨蟒剧团的飞行马戏团》(*Monty Python's Flying Circus*)第2季，第10集，1970年12月。

12 *Weekend*, Jean-Luc Godard/Athos Films, 29 December 1967.

13 *Trois Couleurs: Bleu*, Krzysztof Kieślowski/Eurimages/France 3 Cinéma/Canal +, 1993.

14 数据来自J.P.'s Box Office。

15 *Camping*, Fabien Ontoniente/France 2 Cinéma/France 3 Cinéma/Pathé, 2006.

16 *Intouchables*, Olivier Nakache/Eric Toledano/Gaumont (France), 23 September 2011.

VIII

1 W. Scott Haine, *The World of the Paris Café: Sociability among the French Working Class,* 1789–1914, Baltimore: Johns Hopkins University Press 1996, p. 7.
2 Robert L. Herbert, *Impressionism: Art, Leisure and Parisian Society*, New Haven: Yale University Press 1988, p. 65.
3 *Charles Baudelaire: Intimate Journals*，Christopher Isherwood翻译，W. H. Auden作序，London: Panther Books 1969, p.10。
4 引自Colin Jones, *Cambridge Illustrated History: France*, CUP 1994, p. 277.
5 Colin Jones，同上，p. 277。
6 Janet Flanner (Genêt), *Paris Journal* 1944–1955, Harcourt Publishers 1988, p. 92.
7 选自画册*Au Ras des pâquerettes*, Virgin 1999。
8 *Marché immobilier à Paris: les prix par arrondissements.* Droits-finances, October 2012.
9 参看纪录片《卡特琳娜·德诺芙在左岸》(*Catherine Deneuve Rive Gauche*)，Loïc Prigent/Paris Première出品，2012年9月。
10 *The Independent*, 19 December 1998.
11 Olivier Thiery, *La fabrication de l'atmosphère de la ville et du Métro*, ethnographiques.org, No. 6 – novembre 2004.
12 *Romans* II, *Œuvres complètes de Raymond Queneau*, La Pléiade / Gallimard 2006.
13 Layla Demay & Laure Watrin, *Une vie de Pintade à Paris*, 2009.
14 资料来自法国环境市场营销机构Planetoscope/consoGlobe。
15 同上。
16 Nathalie Blanc, *Les animaux et la ville*, Éditions Odile Jacob octobre 2000, p. 60.
17 资料来自Mairie of Paris.
18 Planetoscope资料，同上。
19 *Les rats se plaisent à Paris, Le Nouvel Observateur*, 12 janvier 2011.
20 Nathalie Blanc，同上。

IX

1 Jean-Claude Richez and Léon Strauss, *Un temps nouveau pour les ouvriers: les*

conges payés (1930–1960), in Alain Corbin ed., *L'Avènement des Loisirs* 1850–1960, Aubier (Paris) 1995, pp. 376–412.

2 Richez and Strauss，同上，p. 393。

3 Richez and Strauss，同上。

4 Stéphane Lecler, *Tourisme pour tous!*, Alternatives Economiques No. 271, juillet 2008.

5 Pierre Perret, Vogue 1966.

6 见法国政府战略文件：*Les vacances des français: favoriser le départ du plus grand nombre*, juillet 2011 no. 234.

7 同上。

8 *Le gouvernement promet un bon déroulement des colonies de vacances cet été*, WEKA 29 mars 2012.

9 例如，Le Figaro, *La mort d'un cheval relance le débat sur les algues vertes*, 5 August 2009.

10 见欧洲环境署（European Environment Agency）报告《2011年的欧洲洗浴用水质量》(*European bathing water quality in* 2011), EEA Report No. 3/2012。

11 原载1927年9月11日《小日报》(*Le Petit Journal*)。引自*Batailles de plage. Nudité et pudeur dans l'entre-deux-guerres*中Christophe Granger所言，Rives éditerranéennes 30/2008。

12 Bernard Andrieu, *Bronzage: Une petite histoire du soleil et de la peau.* CNRS Editions, Paris, 2008, p. 8.

13 见*Les femmes et la nudité*，Ifop/Tena所做民意调查，2009年5月5日。

14 即1928年7月的*Loi Loucher*，为在郊区建设私人住宅提供财政刺激。

15 *Comment la France est devenue moche*, Enquête Télérama 13/02/2010, Xavier de Jarcy and Vincent Remy.

16 INSEE, *Les Petits Commerces depuis 30 ans*, No. 831, February 2002.

17 Consommation et Modes de Vie, CREDOC, *Être propriétaire de sa maison*, September 2004.

18 Roland Beufre & Dominique Dupuich, *Dictionnaire Pratique et Illustré des Styles Décoratifs Actuels*, Éditions du Chêne 1997, p. 47.

19 John Pile, *A History of Interior Design*, Laurence King Publishing Limited

2005 (2nd Edition), pp. 182–184.
20 Edith Wharton and Ogden Codman Jnr., *The Decoration of Houses*, B.T. Batsford 1898, Chapter I: *The historical tradition*.
21 Elsie de Wolfe, *The House in Good Taste*, The Century Co., 1913.
22 欲更详细地了解南希·兰开斯特（Nancy Lancaster）对英国乡村房屋风格的"创造"，见Louise Ward所著*Chintz, swags and bows: the myth of English country house style* 1930–1990，收录在Susie McKellar和Penny Sparke主编的*Interior Design and Identity*一书中，曼彻斯特大学出版社（Manchester University Press）2004年版。
23 Terence Conran, *Terence Conran's France*, Conran Octopus Limited 1991.

X

1 *Désirs et pratiques alimentaires des visiteurs étrangers en France,* French Ministry of Tourism, June 2004.
2 例如Colin Spencer对英国烹饪史的精彩分析，见*British Food: an extraordinary thousand years of history*, Grub Street 2011。
3 George Orwell, *In Defence of English Cooking*, *Evening Standard*, 15 December 1945.
4 *La cuisine italienne: cuisine étrangère préférée des français*. Mingle Trend, mars 2011.
5 *The 'Full English' Crowned World's Favourite Breakfast*, Hotels.com新闻发布, 14 July 2011.
6 毛姆的话引自Ted Morgan, *Somerset Maugham: A Biography*，1980。
7 数据来自英国驻巴黎大使馆。
8 数据来自法国驻伦敦大使馆。
9 Cyrille Vanlerberghe, *Heureux comme un Français à Londres*, Le Figaro 22/04/2011.
10 数据来自法国驻魁北克领事馆。
11 同上。
12 Fannie Olivier, *The Failures of French Immigration in Québec*, *The Wall Street Journal*, August 13, 2007.
13 欲更详细地研究中国对英国园林设计的影响及18世纪的审美趣味，参见Yu Liu, *Seeds of a Different Eden: Chinese Gardening Ideas and a New English Aesthetic Ideal*,美国南卡罗来纳大学出版社(University of South Carolina Press)2008年版。

14 Charles de Gaulle, *La Discorde chez l'ennemi,* Paris: Berger-Levrault, 1944.

参考书目

BIBLIOGRAPHY

Ager, Dennis. *Identity, Insecurity, and Image: France and Language.* Multilingual Matters Ltd. 1999.

Alac, Patrik. *La grande histoire du Bikini.* Parkstone Press 2002.

Andrieu, Bernard. *Bronzage: Une petite histoire du soleil et de la peau.* CNRS Éditions, Paris, 2008.

Ashenburg, Katherine. *Clean: An Unsanitised History of Washing.* Profile Books 2009.

Augé, Marc. *Un ethnologue dans le métro.* Hachette 1986. (Translated with an Afterward by Tom Conley under the title of *In the Metro*, University of Minnesota Press, 2002).

Basow, S.A. *The hairless ideal: women and their body hair.* Psychology of Women Quarterly 1991, 15, pp. 83–96.

Baudelaire, Charles. *Intimate Journals.* Translated by Christopher Isherwood with an Introduction by W.H. Auden. London: Panther Books 1969.

Beufre, Roland, & Dupuich, Dominique. *Dictionnaire pratique et illustré des styles décoratifs actuels.* Éditions du Chêne 1997.

Blanc, Nathalie. *Les animaux et la ville.* Éditions Odile Jacob, octobre 2000.

Boucoiran, Louis. *La famille nombreuse dans l'histoire de nos jours,* 1921, p. 3. Bibliothèque Nationale de France/Gallica Bibliothèque Numérique.

Bourelly, Martine. *Le Pouvoir dans la Cuisine,* Fondation Gabriel Péri, 26 octobre 2009.

Brassaï, George. *Le Paris secret des années 30,* Paris, Gallimard, 1976. Translated as *The Secret Paris of the 30s* by Richard Miller, Thames & Hudson, 2001.

Bussmann, Prof. Dr. Kai-D., Claudia Erthal and Andreas Schroth, *The Effect of Banning Corporal Punishment in Europe: a Five-Nation Comparison.* University of Wittenberg, October 2009.

Campagne Nationale de Mensuration, Résultats. Dossier de presse, 2 février 2006.

Clarke, Stephen. *1,000 Years of Annoying the French.* Random House eBooks.

Collier, Aine. *The humble little condom: a history.* Prometheus Books 2007.

Conran, Terence. *Terence Conran's France.* Conran Octopus Ltd. 1991.

Convention on International Trade in Species. *Report on International Trade in*

Frogs' Legs. March 2012.
Corbin, Alain, ed. *L'Avènement des loisirs 1850–1960*. Aubier (Paris) 1995.
CREDOC. Consommation et Modes de Vie. *Être propriétaire de sa maison*. Septembre 2004.
CSA/Marianne 2. *L'Image des Parisiens auprès des Français*. Marianne 2, 26 février 2010.
Csergo, Julia, and Guerrand, Roger-Henri. *Le Confident de dames. Le bidet du XVIIIe au XXe siècle : histoire d'une intimité*. Éditions La Découverte, 1997, 2009.
Curnonsky. *Lettres de Noblesse*. Les Éditions Nationales, 1 janvier 1935.
Delétang, Henri. *La Tarte Tatin – Histoire et Légendes*. Éditions Alan Sutton, 30 novembre 2011.
Denord, François, et al. *Le Champ du Pouvoir en France*. Actes de la recherche en sciences sociales, 2011/5 – no. 190, pp. 24–57.
Descamps, Marc-Alain. *L'invention du corps*. P.U.F. Paris, 1986.
de Vries, Jan. *The Industrious Revolution: Consumer Behaviour and the Household Economy, 1650 to the Present*. Cambridge University Press 2008.
de Wolfe, Elsie. *The House in Good Taste*. The Century Co. 1914.
Drouard, Alain. *Histoire des cuisiniers en France XIXe–XXe siècle*. Paris, CNRS Éditions 2004.
Druckerman, Pamela. *French Children Don't Throw Food*. Doubleday 2012.
Dumas, Alexandre. *Grand Dictionnaire de Cuisine* (1873). Reprinted General Books, 6 January 2012.
Durex. *Give and Receive Global Sex Survey*. Durex, 2005.
European Environment Agency. *European bathing water quality in 2011*. EEA Report 3/2012.
ESPAD (European School Survey Project on Alcohol and Other Drugs) 2011. Results for France, United Kingdom and Europe.

Eurobarometer. *Attitude of EU citizens towards animal welfare*. March 2007.
Fédération Nationale du Cheval. *La Viande Chevaline : un patrimoine, juridiquement encadré, indispensable à la filière cheval*. Mai 2008.
Flanner, Janet (Genêt). *Paris Journal 1944–55*. Harcourt Publishers 1988.
FranceAgriMer, VINS/COMMERCE EXTERIOR, Bilan 2011/du 1er janvier au 31 décembre.
Gibson, Robert. *Best of Enemies: Anglo-Saxon Relations Since the Norman Conquest*. Impress Books, second edition 2004.
Godeau, Eric. *Comment le tabac est-il devenu une drogue?* Vingtième Siècle no. 102, avril-juin 2009.
Gooden, Philip and Lewis, Peter. *Idiomantics: the Weird World of Popular Phrases*. Bloomsbury 2012.
Granger, Christophe. *Les corps d'été: Naissance d'une variation saisonnière XXe siècle*. Éditions Autrement 2009.
———. *Batailles de plage. Nudité et pudeur dans l'entre-deux-guerres*. Rives méditerranéennes 30/2008.
Guerrand, Roger-Henri. *Les lieux : Histoire des commodités*. Éditions la Découverte 2009.
Guiliano, Mireille. *French Women Don't Get Fat: the Secret of Eating for Pleasure*. Vintage, 2 February 2006.
Gumbel, Peter. *On achève bien les écoliers*, Grasset, 2010 (available in English as a Kindle edition, *They shoot school kids, don't they?*).
Haine, Scott W. *The World of the Paris Café: Sociability among the French Working Class, 1789–1914*, Baltimore: Johns Hopkins University Press 1996.
Hallyday, Johnny, and Sthers, Amanda. *Dans mes yeux*. Éditions Plon, 2013.
Harvey, Karen, ed., *The Kiss in History*. Manchester University Press 2005.
Hassan, John. *History of Water in England and Wales*. Manchester University Press

1998.

Herbert, Robert L. *Impressionism: Art, Leisure and Parisian Society*. New Haven: Yale University Press 1988.

Hobsbawm, E. J. *Echoes of the Marseillaise: Two Centuries Look Back on the French Revolution*. London: Verso 1990.

Hope, Christine. *Caucasian Female Body Hair and American Culture*. *Journal of American Culture*, Vol. 5, Issue 1, Spring 1982, pp. 93–9.

Ifop. *Les Français et la sexualité dans le couple*. Septembre 2010.

Inpes (Institut national de prévention et d'éducation pour la santé). *Premiers résultats du baromètre santé 2010 : Évolutions récentes du tabagisme en France*. 28 janvier 2010.

INRA. *Qu'est-ce que le lait cru? Agriculture, alimentation, environnement*, janvier 2008.

INSEE. *Un tiers des Franciliens présente un excès de poids*. INSEE Île de France, 2007.

————. *Les Petits Commerces depuis 30 ans*. INSEE no. 831, février 2002.

————. *Boissons alcoolisées : 40 ans de baisse de consommation*. INSEE no. 966, mai 2004.

————. *L'Obésité en France : les écarts entre catégories sociales s'accroissent*. INSEE no. 1123, février 2007.

psos. *Enquête sur les Français et l'épilation : opinions, attitudes, et comportements*. Ipsos/Nair, mai 2006.

————. *Les Français et la cuisine*. Ipsos/Logica Business Consulting, 21 septembre 2011.

————. *Tabac et cinéma*. Ipsos/Ligue contre le cancer, 1 juin 2012.

oly, Hervé. *Grand patrons, grandes écoles : la fin de l'endogamie?* Laboratoire de recherches historiques Rhône-Alpes, 13 mars 2008.

ones, Colin. *Cambridge Illustrated History: France*. CUP 1994.

Kruck, William E. *Looking for Dr. Condom*. University of Alabama Press 1981.

Kuisel, Richard F. *The French Way: How France Embraced and Rejected American Values and Power*. Princeton University Press 2010.

Labouchère, Henry Du Pré. *Diary of the Besieged Resident in Paris*. Hurst & Blackett 1871.

Larousse, *Le Grand Larousse Gastronomique*, French Edition. Larousse 2007.

————. *Larousse Gastronomique*, English Edition. Octopus Publishing Group 2009.

————. *Dictionnaire Étymologique*. Dubois/Mitterand/Dauzat. Larousse/VUEF 2001.

Lecler, Stéphane. *Tourisme pour tous! Alternatives Économiques*. No. 271, juillet 2000.

Lefief-Delcourt, Alix. *L'Ail malin*. Leduc S. 17 mai 2011.

Levenstein, Harvey. *We'll always have Paris: American tourists in France since 1930*, University of Chicago Press 2004.

Liu, Yu. *Seeds of a Different Eden: Chinese Gardening Ideas and a New English Aesthetic Ideal*. University of South Carolina Press 2008.

Lombarteix, Pierre-Olivier. *Pourquoi les Français n'aiment pas les Anglais… et réciproquement*. Éditions du temps 2008.

Lorey, T. and Poutet, P. 'The representation of wine in France from generation to generation: a dual generation gap', *International Journal of Entrepreneurship and Small Businesses*, Vol. 13, No. 2, 2011, pp. 162–80.

Madame Figaro/CSA. *Infidélité : les Français passent aux aveux*. 23 juillet 2009.

Marianne, L'Histoire. *Le Couple*. Hors-Série, juillet–août 2012.

McKellar, Susie, and Sparke, Penny, eds. *Interior Design and Identity*. Manchester University Press 2004.

Mennell, Stephen. *All Manners of Food: Eating and Tasting in England and France from the Middle Ages to the Present*, Univ. of Illinois Press 1996.

Mikes, George. *How to be an Alien*. Penguin Books 1966.
Miranda, V. *Cooking, Caring, and Volunteering: Unpaid Work Around the World*. OECD Social, Employment and Migration Working Papers, No. 116, OECD publishing 2011.
Monestier, Martin. *Histoire et bizarreries des excréments… des origines à nos jours*, Le Cherche midi, 1997, 2012.
Musolino, Michel. *150 Idées reçues sur la France*. Éditions First-Gründ, Paris 2012.
Nadeau, Jean-Benoît and Barlow, Julie. *Sixty million Frenchmen can't be wrong: what makes the French so French*. Portico 2008.
NHS Information Centre, Lifestyle Statistics. *Statistics on obesity, physical activity and diet* 2012.
ObÉpi/Roche. *Enquête nationale sur l'obésité et le surpoids*. Octobre 2012, 6ème édition.
OECD (Organisation for Economic Co-operation and Development). *Obesity and the Economics of Prevention: Fit not Fat – France Key Facts* 2011.
――――. OECD Pisa in Focus, *Has discipline in school deteriorated?* 2011/4 (May).
――――. OECD *Pensions at a Glance* 2011.
――――. OECD key tables on health. *Tobacco consumption: Percentage of population who are daily smokers*. 21 December 2011.
――――. OECD Better Life Index. Reports for France.
Orwell, George. *In Defence of English Cooking*. Evening Standard, 15 December 1945.
Ota, H. et al. 'Les Japonais en voyage pathologique à Paris: un modèle original de prise en charge transculturelle'. *Nervure : Journal de Psychiatrie*, 5:31–34.
Picard, Dominique. *Politesse, savoir-vivre et relations sociales*. Presses Universitaires de France 1998.
Pierre, Eric. *L'hippophagie au secours des classes laborieuses*. Communications, 74, 2003, pp. 177–200.
Pile, John. *A History of Interior Design*. Laurence King Publishing Ltd. 2005 (2nd Edition).
Poulain, Jean-Pierre and Neirinck, Edmond. *Histoire de la cuisine et des cuisiniers*. Éditions JT Jacques Lanore 2004.
Rambourg, Patrick. *Histoire de la cuisine et de la gastronomie françaises*. Éditions Perrin 2010.
Rogov, Daniel. *Rogues, Writers & Whores: Dining with the Rich and Infamous*. AmazonEncore 2007.
Roques, Nathalie. *Dormir avec son bébé*. L'Harmattan 2002.
Rothschild, Bruce M. 'History of Syphilis', in *Clinical Infectious Diseases*, 2005:40 (15 May).
Rouvillois, Frédéric. *Histoire de la politesse : de 1789 à nos jours*. Éditions Flammarion 2008.
Rustenholz, Alain. *Les grandes luttes de la France Ouvrière*. Éditions Les Beaux Jours 2008.
SCA. *Hygiene Matters: the SCA Hygiene Report* 2008.
Serrurier, Matthieu. *Economie et marché de l'ail*, Centre Technique Interprofessionel des Fruits et Légumes, 16 mars 2011.
Simon, François. *Pique-Assiette : la fin d'une gastronomie française*. Grasset & Fasquelle, 5 novembre 2008.
Simoons, Frederick J. *Eat Not this Flesh: Food Avoidances from Prehistory to the Present*. University of Wisconsin Press 1994.
Singer, P. and Mason, J. *The Ethics of What We Eat*. New York: Rodale 2006.
Sirot, Stéphane. *La grève en France: une histoire sociale (XIXe–XXe siècle)*. Éditions Odile Jacob, septembre 2002.
SizeUK (UK National Sizing Survey), 2004.
Staffe, Baronne. *Usages du monde : règles du savoir-vivre dans la société moderne* (1891). Éditions Tallandier 2007.
Steinberger, Michael. *Au Revoir to All*

That: The Rise and Fall of French Cuisine. Bloomsbury 2010.

Thévenon, Olivier. *Does Fertility Respond to Work and Family-life Reconciliation Policies in France?* CESifo Conference on Fertility and Public Policy, 1 February 2008.

———. *Family Policies in OECD Countries: A Comparative Analysis.* Population and Development Review 37(1): 57–87 (March 2011).

Thiery, Olivier. *La fabrication de l'atmosphère de la ville et du métro.* ethnographiques.org, No. 6 – novembre 2004.

TNS Sofres/*Vie Pratique Gourmand. Les plats préférés des Français*, 21 octobre 2011.

Toklas, Alice B. *The Alice B. Toklas Cookbook* (1954). Abridged as *Murder in the Kitchen*, Penguin 2011.

Unicef France. *Une enquête de victimation et climat scolaire auprès d'élèves du cycle 3 des écoles élémentaires*, March 2011.

US military leaflet, *112 Gripes about the French*, 1945.

Wadham, Lucy. *The Secret Life of France.* Faber and Faber 2009.

Watin-Augouard, Jean. *Dop : le plaisir de passer un savon. Historia* 31 mars 2004, Mensuel No. 688.

Wharton, Edith, and Codman Jnr., Ogden. *The Decoration of Houses.* B.T. Batsford 1898.

Zola, Émile. *Germinal* (1885), translated with an Introduction by Havelock Ellis. Everyman's Library 1894.

新知文库

01 《证据：历史上最具争议的法医学案例》[美] 科林·埃文斯 著　毕小青 译
02 《香料传奇：一部由诱惑衍生的历史》[澳] 杰克·特纳 著　周子平 译
03 《查理曼大帝的桌布：一部开胃的宴会史》[英] 尼科拉·弗莱彻 著　李响 译
04 《改变西方世界的26个字母》[英] 约翰·曼 著　江正文 译
05 《破解古埃及：一场激烈的智力竞争》[英] 莱斯利·罗伊·亚京斯 著　黄中宪 译
06 《狗智慧：它们在想什么》[加] 斯坦利·科伦 著　江天帆、马云霏 译
07 《狗故事：人类历史上狗的爪印》[加] 斯坦利·科伦 著　江天帆 译
08 《血液的故事》[美] 比尔·海斯 著　郎可华 译　张铁梅 校
09 《君主制的历史》[美] 布伦达·拉尔夫·刘易斯 著　荣予、方力维 译
10 《人类基因的历史地图》[美] 史蒂夫·奥尔森 著　霍达文 译
11 《隐疾：名人与人格障碍》[德] 博尔温·班德洛 著　麦湛雄 译
12 《逼近的瘟疫》[美] 劳里·加勒特 著　杨岐鸣、杨宁 译
13 《颜色的故事》[英] 维多利亚·芬利 著　姚芸竹 译
14 《我不是杀人犯》[法] 弗雷德里克·肖索依 著　孟晖 译
15 《说谎：揭穿商业、政治与婚姻中的骗局》[美] 保罗·埃克曼 著　邓伯宸 译　徐国强 校
16 《蛛丝马迹：犯罪现场专家讲述的故事》[美] 康妮·弗莱彻 著　毕小青 译
17 《战争的果实：军事冲突如何加速科技创新》[美] 迈克尔·怀特 著　卢欣渝 译
18 《口述：最早发现北美洲的中国移民》[加] 保罗·夏亚松 著　暴永宁 译
19 《私密的神话：梦之解析》[英] 安东尼·史蒂文斯 著　薛绚 译
20 《生物武器：从国家赞助的研制计划到当代生物恐怖活动》[美] 珍妮·吉耶曼 著　周子平 译
21 《疯狂实验史》[瑞士] 雷托·U. 施奈德 著　许阳 译
22 《智商测试：一段闪光的历史，一个失色的点子》[美] 斯蒂芬·默多克 著　卢欣渝 译
23 《第三帝国的艺术博物馆：希特勒与"林茨特别任务"》[德] 哈恩斯-克里斯蒂安·罗尔 著　孙书柱、刘英兰 译
24 《茶：嗜好、开拓与帝国》[英] 罗伊·莫克塞姆 著　毕小青 译
25 《路西法效应：好人是如何变成恶魔的》[美] 菲利普·津巴多 著　孙佩妏、陈雅馨 译
26 《阿司匹林传奇》[英] 迪尔米德·杰弗里斯 著　暴永宁、王惠 译

27	《美味欺诈：食品造假与打假的历史》[英]比·威尔逊 著	周继岚 译
28	《英国人的言行潜规则》[英]凯特·福克斯 著	姚芸竹 译
29	《战争的文化》[以]马丁·范克勒韦尔德 著	李阳 译
30	《大背叛：科学中的欺诈》[美]霍勒斯·弗里兰·贾德森 著	张铁梅、徐国强 译
31	《多重宇宙：一个世界太少了？》[德]托比阿斯·胡阿特、马克斯·劳讷 著	车云 译
32	《现代医学的偶然发现》[美]默顿·迈耶斯 著	周子平 译
33	《咖啡机中的间谍：个人隐私的终结》[英]吉隆·奥哈拉、奈杰尔·沙德博特 著	毕小青 译
34	《洞穴奇案》[美]彼得·萨伯 著	陈福勇、张世泰 译
35	《权力的餐桌：从古希腊宴会到爱丽舍宫》[法]让-马克·阿尔贝 著	刘可有、刘惠杰 译
36	《致命元素：毒药的历史》[英]约翰·埃姆斯利 著	毕小青 译
37	《神祇、陵墓与学者：考古学传奇》[德]C. W. 策拉姆 著	张芸、孟薇 译
38	《谋杀手段：用刑侦科学破解致命罪案》[德]马克·贝内克 著	李响 译
39	《为什么不杀光？种族大屠杀的反思》[美]丹尼尔·希罗、克拉克·麦考利 著	薛绚 译
40	《伊索尔德的魔汤：春药的文化史》[德]克劳迪娅·米勒-埃贝林、克里斯蒂安·拉奇 著 王泰智、沈惠珠 译	
41	《错引耶稣：〈圣经〉传抄、更改的内幕》[美]巴特·埃尔曼 著	黄恩邻 译
42	《百变小红帽：一则童话中的性、道德及演变》[美]凯瑟琳·奥兰丝汀 著	杨淑智 译
43	《穆斯林发现欧洲：天下大国的视野转换》[英]伯纳德·刘易斯 著	李中文 译
44	《烟火撩人：香烟的历史》[法]迪迪埃·努里松 著	陈睿、李欣 译
45	《菜单中的秘密：爱丽舍宫的飨宴》[日]西川惠 著	尤可欣 译
46	《气候创造历史》[瑞士]许靖华 著	甘锡安 译
47	《特权：哈佛与统治阶层的教育》[美]罗斯·格雷戈里·多塞特 著	珍栎 译
48	《死亡晚餐派对：真实医学探案故事集》[美]乔纳森·埃德罗 著	江孟蓉 译
49	《重返人类演化现场》[美]奇普·沃尔特 著	蔡承志 译
50	《破窗效应：失序世界的关键影响力》[美]乔治·凯林、凯瑟琳·科尔斯 著	陈智文 译
51	《违童之愿：冷战时期美国儿童医学实验秘史》[美]艾伦·M.霍恩布鲁姆、朱迪斯·L.纽曼、格雷戈里·J.多贝尔 著 丁立松 译	
52	《活着有多久：关于死亡的科学和哲学》[加]理查德·贝利沃、丹尼斯·金格拉斯 著	白紫阳 译
53	《疯狂实验史Ⅱ》[瑞士]雷托·U.施奈德 著	郭鑫、姚敏多 译
54	《猿形毕露：从猩猩看人类的权力、暴力、爱与性》[美]弗朗斯·德瓦尔 著	陈信宏 译
55	《正常的另一面：美貌、信任与养育的生物学》[美]乔丹·斯莫勒 著	郑嬿 译

56	《奇妙的尘埃》[美] 汉娜·霍姆斯 著　陈芝仪 译
57	《卡路里与束身衣：跨越两千年的节食史》[英] 路易丝·福克斯克罗夫特 著　王以勤 译
58	《哈希的故事：世界上最具暴利的毒品业内幕》[英] 温斯利·克拉克森 著　珍栎 译
59	《黑色盛宴：嗜血动物的奇异生活》[美] 比尔·舒特 著　帕特里曼·J.温 绘图　赵越 译
60	《城市的故事》[美] 约翰·里德 著　郝笑丛 译
61	《树荫的温柔：亘古人类激情之源》[法] 阿兰·科尔班 著　苜蓿 译
62	《水果猎人：关于自然、冒险、商业与痴迷的故事》[加] 亚当·李斯·格尔纳 著　于是 译
63	《囚徒、情人与间谍：古今隐形墨水的故事》[美] 克里斯蒂·马克拉奇斯 著　张哲、师小涵 译
64	《欧洲王室另类史》[美] 迈克尔·法夸尔 著　康怡 译
65	《致命药瘾：让人沉迷的食品和药物》[美] 辛西娅·库恩等 著　林慧珍、关莹 译
66	《拉丁文帝国》[法] 弗朗索瓦·瓦克 著　陈绮文 译
67	《欲望之石：权力、谎言与爱情交织的钻石梦》[美] 汤姆·佐纳 著　麦慧芬 译
68	《女人的起源》[英] 伊莲·摩根 著　刘筠 译
69	《蒙娜丽莎传奇：新发现破解终极谜团》[美] 让－皮埃尔·伊斯鲍茨、克里斯托弗·希斯·布朗 著　陈薇薇 译
70	《无人读过的书：哥白尼〈天体运行论〉追寻记》[美] 欧文·金格里奇 著　王今、徐国强 译
71	《人类时代：被我们改变的世界》[美] 黛安娜·阿克曼 著　伍秋玉、澄影、王丹 译
72	《大气：万物的起源》[英] 加布里埃尔·沃克 著　蔡承志 译
73	《碳时代：文明与毁灭》[美] 埃里克·罗斯顿 著　吴妍仪 译
74	《一念之差：关于风险的故事与数字》[英] 迈克尔·布拉斯兰德、戴维·施皮格哈尔特 著　威治 译
75	《脂肪：文化与物质性》[美] 克里斯托弗·E.福思、艾莉森·利奇 编著　李黎、丁立松 译
76	《笑的科学：解开笑与幽默感背后的大脑谜团》[美] 斯科特·威姆斯 著　刘书维 译
77	《黑丝路：从里海到伦敦的石油溯源之旅》[英] 詹姆斯·马里奥特、米卡·米尼奥－帕卢埃洛 著　黄煜文 译
78	《通向世界尽头：跨西伯利亚大铁路的故事》[英] 克里斯蒂安·沃尔玛 著　李阳 译
79	《生命的关键决定：从医生做主到患者赋权》[美] 彼得·于贝尔 著　张琼懿 译
80	《艺术侦探：找寻失踪艺术瑰宝的故事》[英] 菲利普·莫尔德 著　李欣 译
81	《共病时代：动物疾病与人类健康的惊人联系》[美] 芭芭拉·纳特森－霍洛威茨、凯瑟琳·鲍尔斯 著　陈筱婉 译
82	《巴黎浪漫吗？——关于法国人的传闻与真相》[英] 皮乌·玛丽·伊特韦尔 著　李阳 译

83 《时尚与恋物主义：紧身褡、束腰术及其他体形塑造法》[美]戴维·孔兹 著　珍栎 译

84 《上穷碧落：热气球的故事》[英]理查德·霍姆斯 著　暴永宁 译

85 《贵族：历史与传承》[法]埃里克·芒雄-里高 著　彭禄娴 译

86 《纸影寻踪：旷世发明的传奇之旅》[英]亚历山大·门罗 著　史先涛 译

87 《吃的大冒险：烹饪猎人笔记》[美]罗布·沃乐什 著　薛绚 译

88 《南极洲：一片神秘的大陆》[英]加布里埃尔·沃克 著　蒋功艳、岳玉庆 译

89 《民间传说与日本人的心灵》[日]河合隼雄 著　范作申 译

90 《象牙维京人：刘易斯棋中的北欧历史与神话》[美]南希·玛丽·布朗 著　赵越 译

91 《食物的心机：过敏的历史》[英]马修·史密斯 著　伊玉岩 译

92 《当世界又老又穷：全球老龄化大冲击》[美]泰德·菲什曼 著　黄煜文 译

93 《神话与日本人的心灵》[日]河合隼雄 著　王华 译

94 《度量世界：探索绝对度量衡体系的历史》[美]罗伯特·P. 克里斯 著　卢欣渝 译

95 《绿色宝藏：英国皇家植物园史话》[英]凯茜·威利斯、卡罗琳·弗里 著　珍栎 译

96 《牛顿与伪币制造者：科学巨匠鲜为人知的侦探生涯》[美]托马斯·利文森 著　周子平 译

97 《音乐如何可能？》[法]弗朗西斯·沃尔夫 著　白紫阳 译

98 《改变世界的七种花》[英]詹妮弗·波特 著　赵丽洁、刘佳 译

99 《伦敦的崛起：五个人重塑一座城》[英]利奥·霍利斯 著　宋美莹 译

100 《来自中国的礼物：大熊猫与人类相遇的一百年》[英]亨利·尼科尔斯 著　黄建强 译